Juliana Raupp · Jens Vogelgesang

Medienresonanzanalyse

Juliana Raupp
Jens Vogelgesang

Medienresonanz-analyse

Eine Einführung
in Theorie und Praxis

VS VERLAG FÜR SOZIALWISSENSCHAFTEN

Bibliografische Information der Deutschen Nationalbibliothek
Die Deutsche Nationalbibliothek verzeichnet diese Publikation in der
Deutschen Nationalbibliografie; detaillierte bibliografische Daten sind im Internet über
<http://dnb.d-nb.de> abrufbar.

1. Auflage 2009

Alle Rechte vorbehalten
© VS Verlag für Sozialwissenschaften | GWV Fachverlage GmbH, Wiesbaden 2009

Lektorat: Barbara Emig-Roller

VS Verlag für Sozialwissenschaften ist Teil der Fachverlagsgruppe
Springer Science+Business Media.
www.vs-verlag.de

Das Werk einschließlich aller seiner Teile ist urheberrechtlich geschützt. Jede Verwertung außerhalb der engen Grenzen des Urheberrechtsgesetzes ist ohne Zustimmung des Verlags unzulässig und strafbar. Das gilt insbesondere für Vervielfältigungen, Übersetzungen, Mikroverfilmungen und die Einspeicherung und Verarbeitung in elektronischen Systemen.

Die Wiedergabe von Gebrauchsnamen, Handelsnamen, Warenbezeichnungen usw. in diesem Werk berechtigt auch ohne besondere Kennzeichnung nicht zu der Annahme, dass solche Namen im Sinne der Warenzeichen- und Markenschutz-Gesetzgebung als frei zu betrachten wären und daher von jedermann benutzt werden dürften.

Umschlaggestaltung: KünkelLopka Medienentwicklung, Heidelberg
Druck und buchbinderische Verarbeitung: Krips b.v., Meppel
Gedruckt auf säurefreiem und chlorfrei gebleichtem Papier
Printed in the Netherlands

ISBN 978-3-531-16000-9

Inhaltsverzeichnis

Abbildungsverzeichnis 8
Tabellenverzeichnis 9
Listenverzeichnis und Didaktik des Lehrbuchs 10
Vorwort 11

Teil I Theorie der Medienresonanzanalyse

1   Erkenntniszusammenhang: Warum Medienresonanzanalysen wichtig sind 17
   1.1 Normative Grundlagen der Massenmedien und des Journalismus 17
       1.1.1 Funktionen und rechtliche Verfasstheit der Massenmedien 18
       1.1.2 Rechte und Pflichten von Journalisten 21
   1.2 Ökonomische Grundlagen des Journalismus 23
       1.2.1 Medienkonzentration 23
       1.2.2 Anzeigenabhängigkeit der Medien 24
   1.3 Einflussfaktoren auf die Medienberichterstattung 28
   1.4 Die Berufsfelder Journalismus und Öffentlichkeitsarbeit 31
       1.4.1 Berufsbild Journalismus 31
       1.4.2 Berufsbild Öffentlichkeitsarbeit 34
       1.4.3 Empirische Methoden zur Untersuchung von PR und Journalismus 38

2   Forschungskontext: Medienresonanzanalysen in der Kommunikationswissenschaft 43
   2.1 Theorien der Nachrichtenauswahl 43
       2.1.1 Gatekeeper-Forschung 44
       2.1.2 Nachrichtenwert-Forschung 46
       2.1.3 News Bias-Forschung 48
   2.2 Agenda-Building-Forschung 50
   2.3 Determinationsforschung 56

2.4 Rezeption des Determinationsansatzes und Folgestudien 62
    2.4.1 Verschiedene Arten der Überschneidungsanalysen........ 66
    2.4.2 Verschiedene Definitionen von „Quelle" und
          „Einfluss" 70
    2.4.3 Journalistische Transformation...................................... 72
2.5 Das Intereffikationsmodell.. 73
2.6 Weiterführende theoretische Modellierungen....................... 81

3 Anwendungskontext: Medienresonanzanalysen in der PR-Evaluation 93

3.1 Grundlagen der Evaluation 93
3.2 Evaluation in der PR 95
    3.2.1 Die Diskussion über Evaluation in der PR 95
    3.2.2 Evaluation als Bestandteil des PR-Planungsprozesses ... 97
    3.2.3 Methoden der PR-Evaluation 101
    3.2.4 Ebenen der PR-Evaluation... 103
3.3 Von der Erfolgskontrolle zum Kommunikationscontrolling .. 105
    3.3.1 Managementorientierte Konzepte der Evaluation 105
    3.3.2 Kennzahlen in der PR-Evaluation 107
3.4 Medienresonanzanalyse als Dienstleistung......................... 110
3.5 Entscheidungen im Vorfeld einer Medienresonanzanalyse.... 112

Teil II Praxis der Medienresonanzanalyse

4 Forschungstand, Forschungsfragen und Begriffsdefinitionen.. 119

4.1 Forschungsstand... 119
4.2 Qualitative Vorstudie.. 120
4.3 Forschungsfragen.. 121

5 Untersuchungsanlage.. 125

5.1 Untersuchungsobjekte und Untersuchungsmaterial.............. 125
5.2 Untersuchungszeitraum 127
5.3 Untersuchungseinheiten.. 129

6 Grundgesamtheit und Stichprobenverfahren 137

6.1 Grundgesamtheit... 137
6.2 Stichprobenverfahren.. 140

7 Untersuchungsinstrument ... 151
- 7.1 Erhebungstechnische Besonderheiten einer Input-Output-Analyse ... 151
- 7.2 Operationalisierung ... 152
- 7.3 Aufbau des Untersuchungsinstruments ... 156
- 7.4 Variablen und Variablenausprägungen ... 160
- 7.5 Gütekriterien: Objektivität, Reliabilität und Validität ... 168

8 Feldphase ... 177
- 8.1 Vorbereitung der Feldphase: Codiererschulung und Pretest ... 177
- 8.2 Bereitstellung des Untersuchungsmaterials ... 178
- 8.3 Datenerfassung während der Feldphase ... 179
- 8.4 Organisation der Feldarbeit ... 180

9 Ergebnisse ... 183
- 9.1 Berechnung der Ergebnisse ... 183
- 9.2 Rahmendaten der Beispielstudie ... 183
- 9.3 Zentrale empirische Ergebnisse ... 186

10 Bilanz der Beispielstudie ... 195

Anhang: Codebuch ... 199

Abbildungsverzeichnis

Abbildung 1:	Einflüsse auf Medieninhalte	29
Abbildung 2:	„Zwiebelmodell"	30
Abbildung 3:	Abgrenzung zwischen Journalismus und PR/Öffentlichkeitsarbeit	37
Abbildung 4:	Funktionale Unterscheidung zwischen Öffentlichkeitsarbeit und Journalismus	58
Abbildung 5:	Verschiedene Arten der Überschneidungsanalyse: Typ A	67
Abbildung 6:	Verschiedene Arten der Überschneidungsanalyse: Typ B	68
Abbildung 7:	Zentrale Elemente des Intereffikationsmodells	76
Abbildung 8:	Induktionstypen in der sachlichen Dimension	78
Abbildung 9:	Quellen und Redaktionsinitiative in verschiedenen Leipziger Studien	80
Abbildung 10:	Phasen des Konzeptionsprozesses	98
Abbildung 11:	„Preparation, Implementation and Impact Model"	102
Abbildung 12:	Logik des Codeplans	159
Abbildung 13:	Auszug aus dem Papiererfassungsbogen der Beispielstudie	180
Abbildung 14:	Auszug dem dem EXCEL®-Erfassungsbogen der Beispielstudie	180
Abbildung 15:	Untersuchungseinheiten der ersten und zweiten Codierstufe der Beispielstudie	184
Abbildung 16:	Meist genannte MPG-Wissenschaftler in der überregionalen Zeitungsberichterstattung im Jahr 2007	185
Abbildung 17:	Ergebnis der Input-Output-Analyse	187

Tabellenverzeichnis

Tabelle 1:	Thematisierungsleistung: Dominanz standardisierter Quellen (Öffentlichkeitsarbeit) in Medienbeiträgen	61
Tabelle 2:	Überblick über Forschungsanlagen und Befunde von Input-Output-Analysen zum Verhältnis von Journalismus und Öffentlichkeitsarbeit	64
Tabelle 3:	Forschungsfragen, theoretische Begriffe und Begriffsdefinitionen	122
Tabelle 4:	Bezug der Codierstufen der Beispielstudie zu den Forschungsfragen	132
Tabelle 5:	Beispielhafte Definitionen von Grundgesamtheiten mit inhaltlicher und zeitlicher Abgrenzung	139
Tabelle 6:	Definition der Stichprobeneinheiten der Output-Analyse	145
Tabelle 7:	Dreistufiges Stichprobenverfahren der Output-Analyse	145
Tabelle 8:	Verfahren zur Ziehung von Stichproben zur Abdeckung definierter Zeiträume	147
Tabelle 9:	Thema als theoretischer Begriff, Begriffsdefinition und seine Operationalisierung	154
Tabelle 10:	Variablentypen im Überblick	160
Tabelle 11:	Entwicklung der Variable „Thema"	164
Tabelle 12:	Nachrichtenfaktoren der MPG-Pressemitteilungen	191
Tabelle 13:	Themen der MPG-Pressemitteilungen	192
Tabelle 14:	Quellen der MPG-Berichterstattung in den untersuchten Medien	193

Listenverzeichnis

Liste 1: Endgültige Form der Themenvariable 167
Liste 2: Einrichtungen der MPG 209

Didaktik des Lehrbuchs

Jedes Kapitel wird durch einen kursiv gesetzten Text eingeleitet, der in die jeweilige Problemstellung einführt. Fett gesetzte Begriffe dienen der rascheren Orientierung innerhalb des Kapitels. Mit folgenden Symbolen wird der Text erschlossen:

> **Wichtige Begriffe und Definitionen**
> werden in einem Kasten gerahmt.

Auszüge
aus Schlüsseltexten heben die Thematik eines Kapitels hervor.

Literatur
verweist auf wichtige Werke zum jeweiligen Kapitel, die zur weiteren Vertiefung genutzt werden können.

Kapitelzusammenfassungen
- Zum Abschluss eines Kapitels werden die wichtigsten Punkte zusammengefasst.

Praxistipps
1. Im zweiten Teil des Lehrbuchs werden je Kapitel abschließend praktische Anleitungen gegeben.

Vorwort

In diesem Lehrbuch geht es um inhaltsanalytische Verfahren, die wir mit dem Oberbegriff „Medienresonanzanalysen" bezeichnen und die primär auf einen Vergleich der Medienberichterstattung mit ihren Quellen abzielen. Im Rahmen von Medienresonanzanalysen geht es neben einem Input-Output-Vergleich auch häufig um die Frage, wie über eine bestimmte Organisation oder eine bestimmte Person in den Medien berichtet wird.

Journalisten nutzen bei der Erstellung von Medienbeiträgen verschiedene Quellen, beispielsweise Informationen von Pressestellen, Aussagen von Politikern oder Texte von Bürgerinitiativen. Die Frage, welchen Einfluss diese Quellen auf die Medienberichterstattung haben, ist aus verschiedenen Gründen wichtig: Eine Analyse der Verwendung von Quellen in der Medienberichterstattung sagt etwas darüber aus, welche Politiker, welche Parteien oder welche Unternehmen mit ihren Aussagen in der Medienöffentlichkeit durchdringen. Medienresonanzanalysen ermöglichen somit Rückschlüsse über den journalistischen Umgang mit Quellen sowie über das Verhältnis von Journalismus und Öffentlichkeitsarbeit insgesamt. Eine Medienresonanzanalyse kann aber auch ein wichtiges Forschungsinstrument sein, um die Wirkung der Presse- und Medienarbeit im Hinblick auf die mediale Berichterstattung zu untersuchen. Aus diesem Grund werden Medienresonanzanalysen seit etwa 30 Jahren sowohl in der Kommunikationswissenschaft als auch in der angewandten PR-Forschung eingesetzt. Dabei haben sich viele verschiedene Vorgehensweisen und Begrifflichkeiten herausgebildet. Man spricht etwa von Resonanzanalysen, Determinationsanalysen, Clip-Tracking-Analysen oder Input-Output-Analysen. Was dabei jeweils als Input – also als Quelle – behandelt wird, und welcher Output – also welcher Teil der Medienberichterstattung – untersucht wird, variiert von Untersuchung zu Untersuchung. Das Ziel des vorliegenden Lehrbuchs ist es deshalb, die Verfahren und vielfältigen Anwendungsbereiche von Medienresonanzanalysen systematisch darzulegen. Gleichzeitig sollen den Lesern sowohl Anleitungen als auch Maßstäbe an die Hand gegeben werden, um die Güte und Aussagekraft von Medienresonanzanalysen bewerten und um darüber hinaus auch selbst Medienresonanzanalysen durchführen zu können.

Der zweite Teil des Lehrbuchs ist einem Fallbeispiel gewidmet: einer Medienresonanzanalyse der Berichterstattung über die Max-Planck-Gesellschaft. Die Fallstudie entstand im Rahmen des BA-Studiengangs Publizistik- und Kommunikationswissenschaft an der Freien Universität Berlin. Die meisten Studierenden des Projektseminars „Fallstudie Medienresonanzanalyse" hatten nur geringe Vorkenntnisse im Entwickeln, Durchführen und Auswerten von Inhaltsanalysen. Wir haben innerhalb des Wintersemesters 2007/2008 gemeinsam mit den Studierenden das Codebuch der Input-Output-Analyse entwickelt. Bei der Entwicklung der Fallstudie und auch beim Schreiben des zweiten Teils des Lehrbuchs haben wir versucht, uns stets von der Idee bester Forschungspraxis leiten zu lassen. Wir machen kein Geheimnis daraus, dass uns das nicht immer so gelungen ist, wie wir uns das ursprünglich vorgestellt hatten. Statt aber klammheimlich die eine oder andere methodische Unzulänglichkeit der Fallstudie elegant auszusparen, haben wir uns aus didaktischen Erwägungen vielmehr dazu entschlossen, gerade auch die Unzulänglichkeiten der Beispielstudie zu dokumentieren. Wir meinen, dass insbesondere durch die Erläuterung des Zustandekommens von methodischen Unzulänglichkeiten die Leser sehr viel über die Methode der Medienresonanzanalyse lernen können. Im Lichte dieser methodischen Unzulänglichkeiten wollen wir zugleich aber auch deutlich machen, wie eine gute oder gar beste Forschungspraxis hätte aussehen sollen oder können.

Auf der Homepage des VS-Verlags (www.vs-verlag.de) finden sich auf der Seite zu diesem Band weitere Zusatzmaterialien, die praktische Anleitungen zur Anwendung von Stichprobenplänen, zur Berechnung von Reliabilitätskoeffizienten und zur Datenauswertung beinhalten.

Kein Lehrbuchprojekt gelingt, wenn es im Umfeld der Autoren nicht Menschen gäbe, die das Projekt mit vereinten Kräften unterstützten: In unserem Fall danken wir zu allererst den engagierten Studierenden des Studiengangs Publizistik- und Kommunikationswissenschaft, die am Projektseminar teilgenommen und die Feldarbeit geleistet haben. Insbesondere hervorheben möchten wir in diesem Zusammenhang die Studierenden Lars Asmussen, Janine Greyer, Nelli Hergenröther, Leandra Herklotz, Stephan Hladky, Ana Ivanova, Eva Morhacova, Alexander Sängerlaub, Anett Sattler, Christin Schink, Alisa-Dorin Schmitz, Franziska Schultze, Ingo Struck, Marco Wegfahrt und Dinah Zimmermann, ohne deren detaillierte Sitzungsprotokolle die Entwicklung einzelner Teile des Codebuchs für uns ex post nur noch schwer nachvollziehbar gewesen wären. Wir möchten uns außerdem bei der Max-Planck-Gesellschaft zur Förderung der Wissenschaften e.V. bedanken, die es ermöglichte, dass wir mit zwei Verantwortlichen aus dem Bereich der Organisationskommunikation vorbereitende Experteninterviews durchführen konnten. Ana Ivanova, Merja Mahrt, Torsten Maurer, Michael Scharkow und Britta Wiessner haben bereits während des Entstehungsprozesses des Lehrbuchs die eine oder andere Passage gelesen und hilfreich kommentiert – Ihnen herzlichen Dank dafür. Ein ganz besonderer Dank gilt Armin Scholl, der für uns mit seinem Wissen und seiner Erfahrung als Lehrbuchautor ein unschätzbarer Lektor des Gesamtmanuskripts war. Ebenso danken wir Friederike Schultz für ihr aufmerksames und hilfreiches Lektorat. Benjamin Fretwurst möchten wir für die Überlassung des Codeplans seiner Dissertation danken. Gabriele Andersch danken wir für das sorgfältige Korrekturlesen. Emese Domahidi gebührt abschließend unser besonderer Dank für ihre umsichtige Schlusskorrektur und die hervorragende Ausgestaltung des Manuskripts.

Berlin/Stuttgart-Hohenheim, März 2009
Juliana Raupp   Jens Vogelgesang

Teil I
Theorie der Medienresonanzanalyse

1 Erkenntniszusammenhang: Warum Medienresonanzanalysen wichtig sind

Presseinformationen und andere PR-Materialien stellen eine zentrale Quelle des Journalismus dar. Wie die Medienberichterstattung ausfällt, hängt zu einem großen Teil davon ab, wie Journalisten[1] mit diesen Quellen der Öffentlichkeitsarbeit umgehen. Welche Bedeutung haben Pressemitteilungen für die Auswahl von Themen, über die berichtet wird, welche Informationen werden aktiv recherchiert, wie werden die Quellen weiterverarbeitet? Medienresonanzanalysen sind inhaltsanalytische Verfahren, die Antworten auf diese Fragen geben können. Um die Ergebnisse von Medienresonanzanalysen interpretieren zu können, ist es sinnvoll, sich die Rahmenbedingungen zu vergegenwärtigen, die das Verhältnis von Journalismus und PR/Öffentlichkeitsarbeit[2] beeinflussen. Rechtliche, ökonomische und politische Bedingungen prägen das alltägliche Handeln, die Berufsrollen und das berufliche Selbstverständnis von Journalisten und PR-Verantwortlichen. Im folgenden Kapitel werden die normativen und ökonomischen Grundlagen insbesondere des Journalismus sowie die Berufsfelder Journalismus und Öffentlichkeitsarbeit skizziert, um so den gesellschaftlichen und publizistischen Kontext aufzuzeigen, in den das Verhältnis von Journalismus und PR/Öffentlichkeitsarbeit eingebettet ist.

1.1 Normative Grundlagen der Massenmedien und des Journalismus

Kennzeichen moderner Mediendemokratien sind eine massenmedial verfasste Öffentlichkeit und medial vermittelte öffentliche Meinungsbildungsprozesse. Die Informationsfunktion der Presse und des Rundfunks

---

[1] Wenn in diesem Buch die männliche Form verwendet wird, so geschieht dies aus Gründen der besseren Lesbarkeit. Selbstverständlich schließen die Bezeichnungen „Journalist", „Kommunikationsmanager" u.a. immer auch weibliche Berufsangehörige mit ein.
[2] In diesem Lehrbuch werden, dem gängigen akademischen Sprachgebrauch folgend, die Begriffe Public Relations, abgekürzt PR, und Öffentlichkeitsarbeit synonym verwendet.

ist eine grundlegende Voraussetzung für das Zustandekommen der öffentlichen Meinungs- und Willensbildung. Den Massenmedien kommt somit eine Schlüsselrolle für das Funktionieren moderner Demokratien zu. Deshalb hat der Gesetzgeber rechtliche Grundlagen definiert, die die Unabhängigkeit der Medien gegenüber dem Staat sicherstellen sollen.

Für Journalisten, ebenso wie für alle Bürger, gilt zunächst das in Artikel fünf des Grundgesetzes verbürgte **Grundrecht auf freie Meinungsäußerung**: Dieses Grundrecht schützt die freie Äußerung und Verbreitung von Meinungen in Wort, Schrift oder Bild. Eng mit der Meinungsfreiheit verbunden ist die **Informationsfreiheit**, die besagt, dass sich alle Bürger ungehindert aus allgemein zugänglichen Quellen unterrichten können. Die Meinungsfreiheit und die Informationsfreiheit sind wichtige Pfeiler der Pressefreiheit.

Eingeschränkt werden diese Rechte durch generelle gesetzliche Schutzbestimmungen. Dazu zählen die Achtung der Menschenrechte, die Bestimmungen zum Jugendschutz, die Achtung sittlicher und religiöser Überzeugungen und das Recht auf persönliche Ehre. Neben diesen allgemeinen Rechtsgrundlagen hat der Gesetzgeber eine Reihe spezifischer rechtlicher Vorgaben formuliert, die sich ausschließlich auf Massenmedien beziehen. Aus der Pressefreiheit und den medienspezifischen Vorgaben lassen sich wiederum besondere Funktionen der Massenmedien (vgl. Kap. 1.1.1) sowie Rechte und Pflichten für die einzelnen Journalisten (vgl. Kap. 1.1.2) ableiten.

1.1.1 Funktionen und rechtliche Verfasstheit der Massenmedien

Die Medienfreiheit wird gewährt, damit die Massenmedien einen Beitrag zur öffentlichen Meinungs- und Willensbildung leisten können. Verschiedene politische Instanzen haben in den vergangenen 60 Jahren medienpolitische Entscheidungen getroffen (vgl. für einen Überblick Vowe/ Opitz/Dohle 2008). Auch das Bundesverfassungsgericht hat seit den 1950er Jahren die allgemeinen Gesetzesgrundlagen immer wieder in medienbezogenen Urteilen substantiiert und konkretisiert. Im sogenannten „Spiegel-Urteil" aus dem Jahr 1966 hat das Bundesverfassungsgericht die Funktionen der Presse beschrieben. Aus diesem Urteil wird die „**öffentli-**

che Aufgabe" der Presse abgeleitet (Branahl 2006: 16). Sie soll als orientierende Kraft in der öffentlichen Auseinandersetzung wirken, indem sie Informationen beschafft und verbreitet, dazu selbst Stellung bezieht und an der öffentlichen Meinungsbildung mitwirkt. Aus der Vorstellung, die Presse solle die öffentliche Meinung repräsentieren, rührt auch das bereits im 19. Jahrhundert geprägte Bild der Presse als „vierte Gewalt im Staat" her. Die drei Staatsgewalten Exekutive, Legislative und Judikative sind entsprechend der Gewaltenteilung voneinander getrennt und sollen sich gegenseitig kontrollieren. Durch ihre Kritik- und Kontrollfunktionen solle die Presse als „vierte Gewalt" die Rolle eines öffentlichen Wächters einnehmen.

Weniger normativ, sondern deskriptiv spezifiziert Schulz (1997: 47) die **politischen Vermittlungsleistungen** von Massenmedien wie folgt:

- Massenmedien sammeln und selektieren politische Informationen und verbreiten diese an ein großes, prinzipiell unbegrenztes Publikum.
- Sie entscheiden nach medienspezifischen Relevanzgesichtspunkten über den Zugang politischer Akteure zur Öffentlichkeit.
- Sie interpretieren und bewerten in einer medienspezifischen Weise das politische Geschehen,
- und schließlich interagieren sie bei der Berichterstattung mit dem berichteten politischen Geschehen und schaffen auf diese Weise „Pseudo-Ereignisse".

Die **Informationsverarbeitung** und die **Herstellung von Öffentlichkeit** stellen dabei aus funktionaler Sicht die **Primärfunktionen** der Presse dar (Schulz 1997: 48). Eine Voraussetzung dafür, dass die Medien ihre Politikvermittlungsfunktion wahrnehmen können, ist ein „Meinungsmarkt", auf dem die Vielfalt der in der Gesellschaft vertretenen Meinungen unverkürzt zu Wort kommen kann (vgl. Branahl 2006: 69). Um dies zu gewährleisten, hat der Staat weitergehende Regelungen getroffen, die sich auf die Struktur des Mediensystems beziehen (vgl. zum Folgenden Altendorfer 2001; Beck 2003; Tonnemacher 2003; Branahl 2006; Jarren/Donges 2006: 147ff.; Donges 2007; Puppis 2007).

Die jeweiligen Medientypen sind in der Bundesrepublik Deutschland unterschiedlich organisiert: Während die Presse privatwirtschaftlich verfasst ist, existieren im Bereich des Rundfunks mit dem dualen Rundfunksystem öffentlich-rechtliche und private Rundfunksender nebeneinander. Aus der unterschiedlichen Verfasstheit der Medientypen leiten sich verschiedene Zuständigkeiten für die Mediengesetzgebung und medienspezifische Regelungen ab.[3]

- **Rechtliche Verfasstheit der Presse**: Die **Presse** ist wegen ihres privatwirtschaftlichen Charakters grundsätzlich frei von staatlicher Kontrolle. Im Bereich der Presse hat der Bund lediglich die Kompetenz zur Rahmengesetzgebung für die allgemeinen Rechtsverhältnisse. Es obliegt den einzelnen Bundesländern, konkrete journalistische Aufgaben in den jeweiligen Landespressegesetzen auszugestalten. Der Staat stellt im Hinblick auf die Presse also lediglich sicher, dass die Berichterstattung frei von staatlicher Beeinflussung ist. Aus der Vielfalt der miteinander konkurrierenden Zeitungen und Zeitschriften, so die Annahme, ergibt sich **Meinungsvielfalt**. Man spricht in diesem Zusammenhang auch von der **Außenpluralität** der Presse (vgl. Pürer/Raabe 2007).
- **Rechtliche Verfasstheit des Rundfunks**: Die Vielfalt des Rundfunks wird im Rahmen des dualen Rundfunksystems geregelt. Der Begriff **duales Rundfunksystem** verweist darauf, dass neben dem öffentlich-rechtlichen Rundfunk private Rundfunkanstalten existieren. Für den öffentlich-rechtlichen Rundfunk gelten besondere Regelungen: Er hat einen sogenannten **Grundversorgungsauftrag** und muss ein umfassendes Angebot auch für Minderheiten bereitstellen. Die Grundversorgung setzt eine Mehrzahl von Programmen voraus, die von den öffentlich-rechtlichen Rundfunkanstalten ARD (inklusive der Dritten Programme) und ZDF erbracht werden müssen. Dabei muss eine Vielfalt in der Darstellung der bestehenden Meinungsrichtungen beachtet werden (**Binnenpluralität**).

Für die privaten Rundfunkanstalten gelten andere inhaltliche Anforderungen an die Programme als für den öffentlich-rechtlichen Rundfunk. Die Meinungsvielfalt soll durch das sogenannte **Marktanteilmodell** gesichert werden. Dieses gilt nur für bundesweit verbreitete **Vollprogramme** und besagt, dass die einem Sender zurechenbaren Programme einen durchschnittlichen Zuschaueranteil von 30 Prozent nicht überschreiten dürfen.

---

3 Die Digitalisierung der Medien und die daraus resultierende technische Konvergenz stellt das Medienrecht hinsichtlich der Gesetzgebungskompetenzen gegenwärtig vor neue Problemlagen.

Die rechtlichen Vorgaben für die Presse und den Rundfunk schreiben das Funktionieren der Massenmedien auf der Ebene von Organisationen fest. Es handelt sich also um strukturelle Vorgaben. Darüber hinaus gibt es Regelungen und Selbstregulierungen, die es den einzelnen Journalisten ermöglichen sollen, ihrer öffentlichen Aufgaben nachzukommen. Diese werden im Folgenden behandelt.

1.1.2 Rechte und Pflichten von Journalisten

Damit Journalisten ihre öffentliche Aufgabe wahrnehmen können, werden ihnen durch den Gesetzgeber spezielle **Informationsrechte** zugebilligt. So kann jeder Pressevertreter, der sich über einen amtlichen Presseausweis legitimiert, von Behörden, Parlamenten, Gerichten und Staatsanwaltschaften Informationen verlangen. Diese haben also Journalisten gegenüber eine **Auskunftspflicht** (vgl. Branahl 2006). Auskunftspflichtig ist immer der Behördenleiter oder eine von ihm dazu beauftragte Person, etwa ein Pressesprecher. Bei der Auskunftserteilung dürfen keine Unterschiede zwischen den Pressevertretern gemacht werden. Bei schwebenden Verfahren, bei geheimhaltungsbedürftigen Vorgängen oder bei dem Verdacht auf Verletzung eines überwiegend öffentlichen oder privaten Interesses kann die Auskunft jedoch verweigert werden. Der Auskunftsanspruch gilt nur bei öffentlichen Einrichtungen, nicht jedoch bei privaten Firmen und Unternehmen sowie bei Kirchen. Allerdings gelten auch für Unternehmen bestimmte Informations- und Publizitätspflichten, beispielsweise Berichtspflichten gegenüber Aufsichtsräten, Mitarbeitern und Anteilseignern (vgl. Zitzmann/Fischer 2007).

Neben dem Informationsrecht werden Pressevertretern relativ umfassende **Schutzrechte** gewährt. Dazu gehört das Zeugnisverweigerungsrecht, das besagt, dass Journalisten ihre Informanten und Gewährsleute nicht nennen müssen. Im Rahmen des Zeugnisverweigerungsrechts sind die Durchsuchung von Redaktionsräumen und die Beschlagnahme von Schriftstücken und Fotos verboten.[4]

---

4 Diese Schutzrechte gelten jedoch nicht, wenn Straftatbestände vermutet werden. Dann können Richter Durchsuchungen und Beschlagnahmen anordnen.

Publizistische Grundsätze (Pressekodex)

Ziffer 2 – Sorgfalt: Recherche ist unverzichtbares Instrument journalistischer Sorgfalt. Zur Veröffentlichung bestimmte Informationen in Wort, Bild und Grafik sind mit der nach den Umständen gebotenen Sorgfalt auf ihren Wahrheitsgehalt zu prüfen und wahrheitsgetreu wiederzugeben. Ihr Sinn darf durch Bearbeitung, Überschrift oder Bildbeschriftung weder entstellt noch verfälscht werden. Unbestätigte Meldungen, Gerüchte und Vermutungen sind als solche erkennbar zu machen. (…)

Ziffer 4 – Grenzen der Recherche: Bei der Beschaffung von personenbezogenen Daten, Nachrichten, Informationsmaterial und Bildern dürfen keine unlauteren Methoden angewandt werden.

Ziffer 7 – Trennung von Werbung und Redaktion: Die Verantwortung der Presse gegenüber der Öffentlichkeit gebietet, dass redaktionelle Veröffentlichungen nicht durch private oder geschäftliche Interessen Dritter oder durch persönliche wirtschaftliche Interessen der Journalistinnen und Journalisten beeinflusst werden. Verleger und Redakteure wehren derartige Versuche ab und achten auf eine klare Trennung zwischen redaktionellem Text und Veröffentlichungen zu werblichen Zwecken. Bei Veröffentlichungen, die ein Eigeninteresse des Verlages betreffen, muss dieses erkennbar sein.

Ziffer 15 – Vergünstigungen: Die Annahme von Vorteilen jeder Art, die geeignet sein könnten, die Entscheidungsfreiheit von Verlag und Redaktion zu beeinträchtigen, sind mit dem Ansehen, der Unabhängigkeit und der Aufgabe der Presse unvereinbar. Wer sich für die Verbreitung oder Unterdrückung von Nachrichten bestechen lässt, handelt unehrenhaft und berufswidrig.

Deutscher Presserat (2008)

Ergänzend zu den rechtlichen Regelungen hat der Deutsche Presserat, das Organ der Freiwilligen Selbstkontrolle der Printmedien in Deutschland, publizistische Grundsätze, den **Pressekodex**, erlassen. Darin sind sowohl gesetzlich festgelegte Bestimmungen als auch Regelungen, die über die gesetzlichen Pflichten der Journalisten hinausgehen, aufgenommen. Der Pressekodex soll den Journalisten Entscheidungshilfen für die tägliche Arbeit bieten und damit die Wahrung der journalistischen Berufsethik sicherstellen. Im Folgenden werden diejenigen Ziffern der publizistischen Grundsätze wiedergegeben, die sich auf den – im Kontext dieses Buches relevanten – Umgang mit Quellen beziehen.

Die publizistischen Grundsätze dokumentieren, dass sich aus der öffentlichen Aufgabe der Presse und des Nachrichtenjournalismus für diese eine besondere publizistische **Sorgfaltspflicht** ergibt. Demnach sind alle Nachrichten vor ihrer Veröffentlichung auf Wahrheit, Inhalt und Herkunft zu prüfen. Keine Nachprüfpflicht besteht, wenn Meldungen von Nachrichtenagenturen wie beispielsweise von dpa, ddp usw. übernommen werden. Allerdings gelten die publizistischen Grundsätze auch für Journalisten, die bei Nachrichtenagenturen arbeiten. Gerade dadurch, dass Informationen von Nachrichtenagenturen häufig ungeprüft von Journalisten zur Weiterverbreitung übernommen werden, ergibt sich für Agenturjournalisten eine besondere Verantwortung hinsichtlich der Überprüfung der Quellen.

Ein weiteres wichtiges Kriterium der journalistischen Selbstkontrolle (vgl. Ziffer 7 des Pressekodex) besteht in der Trennung von redaktionellen und werbenden Inhalten. Auf dieses Kriterium wird im Kapitel 1.2.2 genauer eingegangen.

1.2 Ökonomische Grundlagen des Journalismus

Die journalistische Arbeitsweise wird nicht nur von rechtlichen und politischen Rahmenbedingungen bestimmt. Ein weiterer Faktor, der sich auf die journalistische Arbeitsweise auswirkt, ist die wirtschaftliche Situation der Medien. Hier sind zum einen Tendenzen zur Medienkonzentration zu nennen, zum anderen die Anzeigenabhängigkeit der Massenmedien (vgl. zum Folgenden u.a. Beck 2003; Altmeppen/Karmasin 2006).

1.2.1 Medienkonzentration

Die Medienkonzentrationsforschung unterscheidet zwischen horizontaler und vertikaler Medienkonzentration. **Horizontale Konzentration** bedeutet, dass Zeitungen oder Rundfunkanstalten im Besitz einiger weniger

Großunternehmen sind. Der Höhepunkt dieser Form der Medienkonzentration wäre das Monopol. Der publizistische Wettbewerb, der als konstituierend für die Sicherung der Meinungsvielfalt angesehen wird, ist bei einer hohen Medienkonzentration gefährdet. **Vertikale Konzentration** liegt vor, wenn ein Unternehmen sowohl im Bereich der Programmproduktion, des Handels mit Programmrechten und der Veröffentlichung von Programmen zugleich tätig ist. Sogenanntes **„cross media ownership"** schließlich liegt vor, wenn ein Unternehmen auf verschiedenen Medienmärkten tätig ist, wenn also beispielsweise Rundfunkanstalten, Zeitungsverlage und Buchverlage im Besitz ein und desselben Medienunternehmens sind. Medienkonzentration findet zunehmend im globalen Rahmen statt: Beispiele für international tätige Medienunternehmen sind etwa die „News Corporation" von Rupert Murdoch, das Medienunternehmen „Time Warner" oder die „Bertelsmann AG".

Finanz- und Wirtschaftskrisen führten und führen vor allem bei privatwirtschaftlichen Medienunternehmen zu weitreichenden Einsparmaßnahmen, die die Sicherstellung einer hohen journalistischen Qualität, die sich unter anderem durch umfassende Recherchetätigkeiten auszeichnet, zunehmend schwieriger gestalten.

1.2.2 Anzeigenabhängigkeit der Medien

Zeitungen, private Rundfunkanstalten und – zu einem wesentlich geringeren Umfang – der öffentlich-rechtliche Rundfunk sind auf Einnahmen durch Anzeigenkunden angewiesen. Während der private Rundfunk ausschließlich über Werbeeinnahmen finanziert wird, ist der öffentlich-rechtliche Rundfunk überwiegend gebührenfinanziert, doch auch hier spielen Einnahmen aus Werbung eine Rolle.

Im praktischen Alltag von Journalisten soll die organisatorische Trennung von Anzeigenabteilungen und Redaktionen in den Medienorganisationen dafür sorgen, dass die finanzielle Abhängigkeit der Medien von Anzeigenkunden nicht auf die Berichterstattung durchschlägt. Darüber hinaus gibt es verschiedene rechtliche und berufsethische Grundlagen, die festlegen, dass der redaktionelle Inhalt von Medien frei von werblichen Einflüssen sein soll. Der sogenannte **Trennungsgrundsatz** von Werbung und Programm sieht vor, dass Anzeigen eindeutig als solche gekennzeichnet werden müssen und den redaktionellen Inhalt nicht beeinflussen dürfen. Bei Verstößen gegen den Trennungsgrundsatz verschwimmen nicht nur die Grenzen zwischen Journalismus und Öffentlichkeitsarbeit/PR, sondern auch die zwischen Journalismus und Werbung. Man spricht in diesem Fall von programmintegrierter Werbung, von hybriden Werbeformen, von „Advertorials" oder auch von Schleichwerbung.

Programmintegrierte Werbung und hybride Werbeformen

Nur bedingt oder nicht als solche erkennbare Werbung. Sie ist thematisch nahtlos in die redaktionellen Umfelder eingebettet, imitiert redaktionelle Teile in Inhalt und Gestaltung oder ersetzt sie. Die beworbenen Objekte werden gezielt in Sendungsabläufe oder redaktionelle Kontexte integriert und können deren Ablauf, Struktur und Dramaturgie beeinflussen.

Siegert/Brecheis (2005: 39)

Der Trennungsgrundsatz bezieht sich demnach nicht nur auf die Tätigkeiten von Journalisten, sondern gleichermaßen auf die Arbeit der PR und der Werbung. Dementsprechend haben nicht nur der Deutsche Journalisten-Verband (DJV), sondern auch der Zentralverband der Deutschen Werbewirtschaft (ZAW) und der Deutsche Rat für Public Relations (DRPR) Richtlinien zu redaktionell gestalteten Anzeigen erlassen: Der DJV hat ein „Plädoyer für die strikte Trennung zwischen Redaktion und Reklame" (2007) veröffentlicht. Der ZAW hat die „Richtlinie Redaktionell gestaltete Anzeigen" formuliert (2003). Der Deutsche Rat für Public Relations (DRPR), der gemeinsam vom Berufsverband Öffentlichkeitsarbeit (DPRG) und dem Wirtschaftsverband der deutschen PR-Agenturen (GPRA) getragen wird, hat sich in der DRPR-Richtlinie über Product Placement und Schleichwerbung ebenfalls zum Prinzip der klaren Trennung von Werbung und Redaktion bzw. Programmgestaltung in den Medien bekannt (DPRG 2003).

Der Trennungsgrundsatz ist somit sowohl rechtlich als auch in berufsethischen Grundsätzen mehrfach festgeschrieben worden:

- **Rechtliche Grundlagen:** Gesetz gegen den unlauteren Wettbewerb; Landespressegesetze; Landesrundfunkgesetze; Rundfunkstaatsvertrag; EU-Richtlinie über audiovisuelle Mediendienste
- **Berufsethische Selbstverpflichtungen:** Pressekodex, ZAW-Richtlinien für redaktionell gestaltete Anzeigen, Richtlinien der öffentlich-rechtlichen Rundfunkanstalten und der Landesmedienanstalten sowie DRPR-Richtlinie über Product Placement und Schleichwerbung

Obwohl der Trennungsgrundsatz in Gesetzen und freiwilligen Richtlinien gut verankert ist, kommt es im journalistischen Alltag zur Aufweichung. Baerns (2004) beschreibt verschiedene Strategien, wie die Trennung zwischen Werbung und redaktionellem Inhalt umgangen wird:

- Sogenannte „Koppelungsgeschäfte" werden abgeschlossen, wenn ein redaktioneller Beitrag als „Zugabe" zu einer Anzeigenschaltung gegeben wird. Es wird dafür gesorgt, dass Anzeigen in einem thematisch passenden redaktionellen Umfeld erscheinen.
- Zeitungen legen Druckerzeugnisse von Unternehmen und Organisationen bei, die so aufbereitet sind, dass sie nicht unmittelbar als Anzeige erkennbar sind. Mitunter werden diese Beilagen auch gemeinsam von den Zeitungsverlagen und Anzeigenkunden erstellt. Werblich gestaltete Pressemitteilungen werden abgedruckt, ohne dass sie redaktionell bearbeitet worden sind.
- Eine weitere Strategie ist die Veröffentlichung redaktioneller Beiträge über Produkte und Unternehmen des eigenen Konzerns zur Förderung von Konzerngeschäften (Cross promotion).

Die **Verstöße gegen den Trennungsgrundsatz** haben verschiedene Ursachen. Neben den schwierigen ökonomischen Rahmenbedingungen, die von Seiten der Medien angeführt werden, argumentieren die Werbetreibenden, dass die Rezipienten traditionelle Werbung gar nicht mehr wahrnehmen, dass sie sie überblättern, wegschalten oder weghören. So verwundert es kaum, dass Verstöße gegen den Trennungsgrundsatz in der Praxis durchaus akzeptiert sind. Eine Befragung von Pressesprechern, die Bentele und Seidenglanz durchführten, zeigt beispielsweise, dass 15 Prozent der Befragten Koppelungsgeschäfte prinzipiell für legitim, 38 Pro-

1.2 Ökonomische Grundlagen des Journalismus 27

zent sie zumindest teilweise für legitim halten (Bentele/Seidenglanz 2007: 110). In der Tat gibt es immer wieder Diskussionen darüber, ob der Trennungsgrundsatz in seiner heutigen Form noch zeitgemäß sei. So lockert etwa die neue EU-Richtlinie über audiovisuelle Mediendienste, die derzeit in Vorbereitung ist, die Vorschriften zur programmintegrierten Werbung und vor allem zum Programm-Sponsoring in Bezug auf fiktionale Medieninhalte.

Gleichwohl sind Verstöße gegen den Trennungsgrundsatz problematisch, da hierbei die Gefahr besteht, dass redaktionelle Inhalte auf unzulässige Weise von den Interessen der Werbetreibenden beeinflusst werden und die Unabhängigkeit des Journalismus nicht mehr gewahrt wird. Auf diese Weise gerät langfristig die Glaubwürdigkeit des Journalismus in Gefahr.

Aus den politischen und ökonomischen Rahmenbedingungen ergeben sich eine Reihe von Faktoren, die das tägliche journalistische Arbeiten beeinflussen. So genießen Journalisten einerseits eine Vielzahl spezieller Privilegien, andererseits sind sie aber auch an besondere Sorgfaltspflichten gebunden. Die ökonomischen Bedingungen führen zu einem erhöhten Konkurrenzdruck der Medien, aber auch der einzelnen Journalisten untereinander. Printprodukte müssen sich auf dem Markt behaupten und Rundfunksendungen, vor allem bei privaten Rundfunkanstalten, bestimmte Quoten erzielen. Denn hohe Reichweiten und hohe Einschaltquoten machen Medienprodukte attraktiv für Anzeigenkunden. Dem stehen die gesamtgesellschaftlichen und politischen Funktionen der Medien gegenüber. Insbesondere der Nachrichtenjournalismus ist den Zielen der öffentlichen Information, Kritik und Kontrolle verpflichtet.

Die politischen Funktionen der Medien stehen in einem Spannungsverhältnis zu deren ökonomischen Funktionen. Die Marktorientierung der Medien kann dabei mit dem Vermittlungsbedarf der politischen Akteure konfligieren: „Es besteht die Gefahr, dass die Medien sich immer weniger auf den von den anderen intermediären Organisationen getragenen politischen Willensbildungs- und Entscheidungsprozess mit seinen eigenen Regeln, Zeitmaßen und Akteuren beziehen" (Jarren/Donges 2006: 155).

Wie sich diese unterschiedlichen Anforderungen als Einflussfaktoren auf das journalistische Handeln auswirken, ist Gegenstand des folgenden Teilabschnitts.

1.3 Einflussfaktoren auf die Medienberichterstattung

Verschiedene Autoren haben versucht, die **Faktoren, die den Medieninhalt beeinflussen**, zu systematisieren. In Anlehnung an Östgaard (1965) kann man zwischen exogenen und endogenen Einflüssen unterscheiden. Endogen sind Faktoren, die im Nachrichtenfluss selbst angelegt sind und die Berichterstattung beeinflussen; exogene Faktoren sind Einflüsse, die von außen auf den Prozess der Nachrichtenentstehung einwirken, wie etwa politische oder rechtliche Rahmenbedingungen. Versucht man, die Einflussfaktoren in einer hierarchischen Rangfolge aufzulisten, gelangt man zu verschiedenen **Kreis- oder Ebenenmodellen**. Diese setzen meist auf einer unteren Stufe – oder im Inneren eines Kreises – beim einzelnen Journalisten an. Journalisten treffen auf einer individuellen Ebene Entscheidungen darüber, worüber und wie in den Medien berichtet wird. Dabei sind die einzelnen Journalisten jedoch von Routinen beeinflusst, wie sie sich im journalistischen Arbeitsalltag herausgebildet haben und angewendet werden. Diese Routinen wiederum hängen von der Medienorganisation ab, für die der Journalist oder die Journalistin tätig ist. Neben diesen drei medienbezogenen Ebenen gibt es extramediale Faktoren, die den Inhalt der Medienberichterstattung zumindest indirekt beeinflussen. Auf der extramedialen Ebene sind zunächst andere Organisationen und Gruppierungen zu nennen, etwa Regierungsorganisationen, Interessengruppen und Wirtschaftsunternehmen, die den Journalisten Informationen liefern und versuchen, sich in den Medien Gehör zu verschaffen. Weiter sind auf der extramedialen Ebene die Anforderungen der Politik und des Marktes zu nennen sowie gesamtgesellschaftliche Wertvorstellungen, die einen Einfluss auf die Medienberichterstattung ausüben.

Eine Visualisierung der verschiedenen Einflussfaktoren in Form eines Kreismodells stammt von Shoemaker und Reese (1996).

1.3 Einflussfaktoren auf die Medienberichterstattung 29

Abbildung 1:   Einflüsse auf Medieninhalte (nach Shoemaker/Reese 1996: 64)

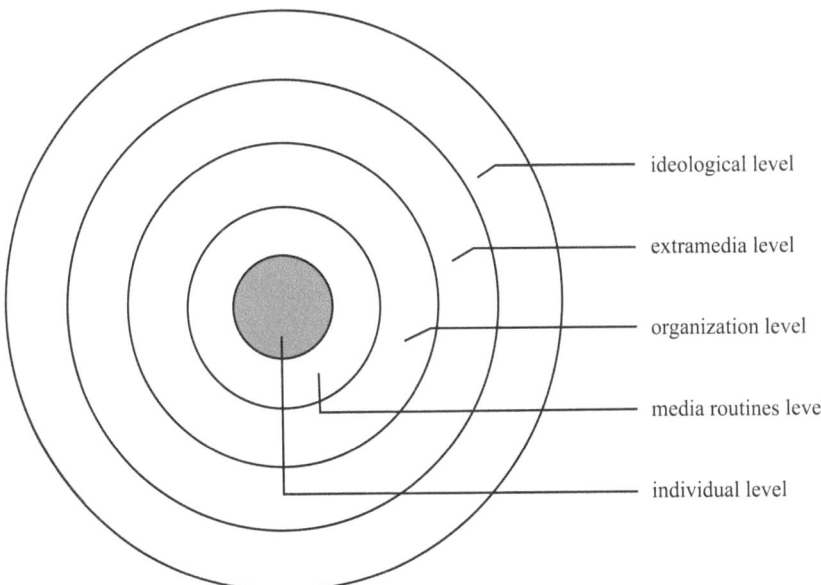

Ein vergleichbares, spezifiziertes Schichtenmodell legte Weischenberg (1992) vor. Vor dem Hintergrund einer konstruktivistischen Systemtheorie identifiziert er verschiedene Einflussgrößen, die den Journalismus ausmachen. Er schreibt: „Normen, Strukturen, Funktionen und Rollen bestimmen in einem Mediensystem, was Journalismus ist, der dann nach diesen Bedingungen Wirklichkeitsentwürfe liefert" (Weischenberg 1992: 67). Im Einzelnen unterscheidet Weischenberg vier Kontexte, die die Medienberichterstattung beeinflussen:

- **Normenkontext** (Ebene der Mediensysteme): gesellschaftliche Rahmenbedingungen, historische und rechtliche Grundlagen, Kommunikationspolitik, professionelle und ethische Berufsstandards
- **Strukturkontext** (Ebene der Medieninstitutionen): ökonomische, politische, organisatorische und technologische Imperative
- **Funktionskontext** (Ebene der Medienaussagen): Informationsquellen, Berichterstattungsmuster, Darstellungsformen, Instruktionen von Wirklichkeit

- **Rollenkontext** (Ebene der Medienakteure): demografische Merkmale, soziale und politische Einstellungen, Rollenselbstverständnis und Publikumsimage sowie Professionalisierung und Sozialisation

Abbildung 2: „Zwiebelmodell" *(nach Weischenberg 1992: 68)*

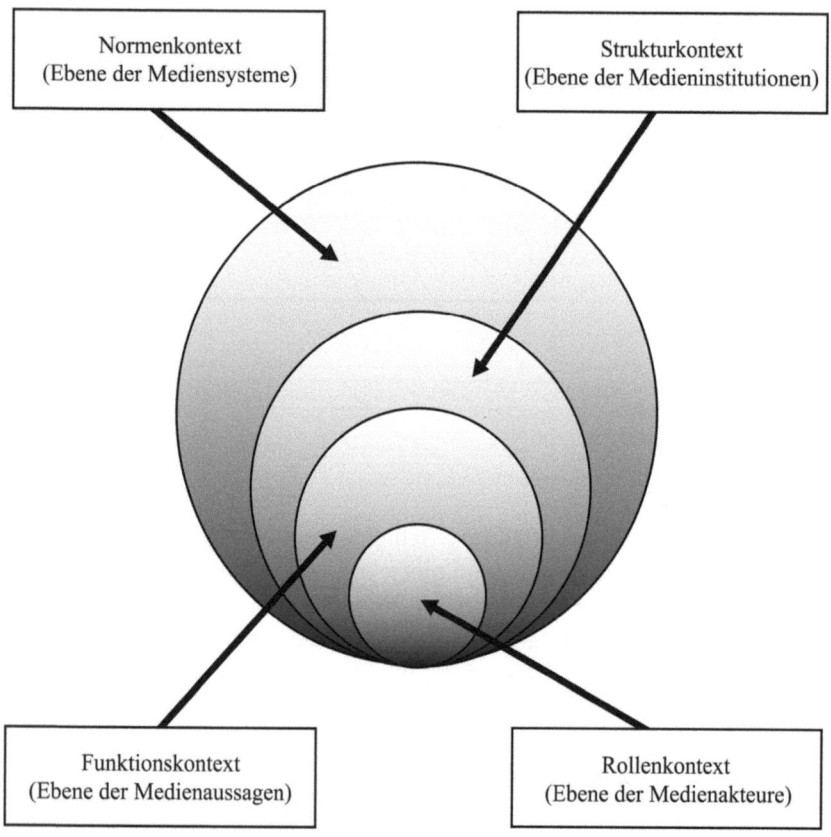

Die Unterteilungen in Ebenen, Kontexte und Faktoren helfen, die verschiedenen Einflüsse, denen der Prozess der journalistischen Aussagenentstehung unterliegt, zu systematisieren. Sie erfüllen somit einen analytischen Zweck. In der Praxis jedoch greifen die verschiedenen Ebenen ineinander, und es bestehen Spannungsverhältnisse zwischen den einzelnen Einflussfaktoren. Betrachtet man etwa die extramedialen Anforderungen des Marktes und der Politik an den Journalismus, so werden unterschiedliche Erwartungen sichtbar. So müssen Journalisten, um dem öffentlichen Informationsanspruch und der Kritik- und Kontrollfunktion gerecht zu werden, Zeit in Recherchen investieren, Informationen überprüfen und verschiedene Quellen für ihre Arbeit nutzen. Auf der anderen Seite stehen Journalisten unter dem ökonomischen Druck, schnell und möglichst effizient zu arbeiten und die Bedürfnisse des Publikums, die in Quoten und Auflagezahlen gemessen werden, zu erfüllen.

Ein weiteres, „natürliches" Spannungsverhältnis besteht zwischen den Funktionen und dem Selbstverständnis des Journalismus und den Erwartungen der Öffentlichkeitsarbeit an den Journalismus. Um das enge, aber auch spannungsgeladene Zusammenwirken zwischen Journalismus und Öffentlichkeitsarbeit/PR zu verstehen, werden im Folgenden die beiden Berufsfelder und das jeweilige berufliche Selbstverständnis miteinander verglichen.

1.4 Die Berufsfelder Journalismus und Öffentlichkeitsarbeit

Für beide Berufsfelder gilt, dass es schwierig ist, empirische Daten über die Berufsangehörigen zu erheben. Beide Berufe sind von einem freien Berufszugang geprägt und es gibt keine geschützten Berufsbezeichnungen.

1.4.1 Berufsbild Journalismus

Jedermann kann sich im Prinzip als Journalist bezeichnen. Um zu bestimmen, wer als Journalist gelten kann und wer nicht, kann man also nicht bei der Titulierung „Journalist" ansetzen: „Die Bezeichnung allein ist noch kein hinreichender Indikator für die journalistische Rolle" (Scholl 1997: 479). Eine Alternative besteht darin, bei der Beschreibung der Tätigkeiten anzusetzen. Diesen Weg geht der Deutsche Journalisten-Verband (DJV), die berufsständische Vertretung der Journalisten in Deutschland. Der DJV hat das „Berufsbild Journalistin/Journalist" veröffentlicht. Darin werden unter anderem Rahmenbedingungen und journalistische Arbeitsfelder beschrieben.

Berufsbild Journalismus

Journalistin/Journalist ist, wer nach folgenden Kriterien hauptberuflich an der Erarbeitung bzw. Verbreitung von Informationen, Meinungen und Unterhaltung durch Medien mittels Wort, Bild, Ton oder Kombinationen dieser Darstellungsmittel beteiligt ist:

Journalistinnen und Journalisten sind fest angestellt oder freiberuflich tätig für Printmedien (...), Rundfunksender (...), digitale Medien (...), Nachrichtenagenturen, Pressedienste, Presse- und Öffentlichkeitsarbeit in Wirtschaft, Verwaltung und Organisationen sowie in der medienbezogenen Bildungsarbeit und Beratung. (...)

Zu den Arbeitsfeldern heißt es u.a.:

(...) Der Tätigkeitsbereich von Journalistinnen und Journalisten in Wirtschaft, Verwaltung und Organisationen ist die Presse- und Öffentlichkeitsarbeit. Im Vordergrund steht die direkte Information der Öffentlichkeit durch eigene journalistische Publikationen in Wort und Bild, Medieninformationen an Journalistinnen und Journalisten, Pressekonferenzen und Fachveranstaltungen.

DJV (2009: 3ff)

Nach der Definition des DJV gehört somit auch die Presse- und Öffentlichkeitsarbeit zum Journalismus. Begründet wird dies damit, dass Journalisten wie Öffentlichkeitsarbeiter die gleichen Tätigkeiten ausüben: Sie sind an der Erarbeitung und Verbreitung von Informationen beteiligt. Diese Zurechnung von Öffentlichkeitsarbeit zum Journalismus mag auf den ersten Blick erstaunen. Sie erklärt sich aber aus berufspolitischen Gründen. Da es das Ziel von Berufsverbänden ist, möglichst viele Berufsangehörige zu vertreten, wird der Kreis derer, die der DJV unterstützen möchte, weit gefasst. Allerdings gibt es in den letzten Jahren auch in journalistischen Zusammenschlüssen eine rege Diskussion um die Abgrenzung von Journalismus zur Öffentlichkeitsarbeit (vgl. DJV 2007; Schnedler 2006).

1.4 Die Berufsfelder Journalismus und Öffentlichkeitsarbeit

Betrachtet man nicht die Tätigkeiten, die Journalisten und Pressesprecher bzw. Öffentlichkeitsarbeiter ausüben (berufspolitische Perspektive), sondern fragt man aus analytischer Sicht nach den **Funktionen** der beiden Berufe, dann wird offenkundig, worin sich Journalismus und Öffentlichkeitsarbeit unterscheiden. Ein zentraler Unterschied besteht darin, dass dem Journalismus entsprechend der gesetzlichen Rahmenbedingungen eine Funktion des Gemeinwohlinteresses zukommt. Öffentlichkeitsarbeit dagegen vertritt die kommunikativen Interessen einer bestimmten Organisation, zum Beispiel eines Unternehmens, einer politischen Partei, eines Vereins oder einer Regierungsorganisation. Anders als aus berufspolitischer Sicht werden aus analytischer Perspektive die Unterschiede zwischen Journalismus und anderen Tätigkeitsbereichen hervorgehoben. Scholl (1997) etwa grenzt Journalismus von Public Relations, Werbung, Kunst, Publizistik und Laien-Kommunikation ab. Seine gesellschaftliche Funktion, aktuelle Ereignisse und Entwicklungen in anderen Gesellschaftsbereichen öffentlich zu thematisieren, unterscheide den Journalismus von anderen Formen der öffentlichen Kommunikation. Weischenberg, Malik und Scholl (2006) stellen folgenden Kriterienkatalog auf, um Journalisten von anderen Medienschaffenden zu unterscheiden.

Wer ist Journalist?

Als Journalisten werden diejenigen bezeichnet, „die hauptberuflich und hauptsächlich damit beschäftigt sind, aktuelle, auf Tatsachen bezogene und (für ihr Publikum) relevante Informationen zu sammeln, zu beschreiben und in journalistischen Medien zu veröffentlichen. Damit sind die drei Kriterien genannt, anhand derer wir Beschäftigte bei Medienunternehmen als Journalisten identifizieren:

- die Arbeit für ein journalistisches Medium (und eben nicht für Unternehmenspublikationen, Spielfilme oder Rätselhefte)
- die journalistischen Tätigkeiten (im Gegensatz zu hauptsächlich technischen oder organisatorischen Arbeitsbereichen der Medienbetriebe)
- die Hauptberuflichkeit (im Gegensatz zu nebenberuflichen oder ehrenamtlichen Journalisten).

Weischenberg/Malik/Scholl (2006: 31)

Diese Definition des Journalismus stellt also nicht die Tätigkeit des Veröffentlichens von Informationen in den Mittelpunkt, sondern benennt verschiedene Kriterien für die Zugehörigkeit zu einer konkreten Berufsgruppe. Auf diese Weise wird eine deutliche Trennlinie nicht nur zur Öffentlichkeitsarbeit, sondern darüber hinaus auch zu anderen Medienberufen und Medientätigkeiten gezogen: Tontechniker, Kameraleute oder Cutterinnen sind ebenso wenig Journalisten wie Bürger, die als sogenannte Bürgerjournalisten im Internet Informations- und Diskussionsangebote bereitstellen oder Schüler, die eine Schülerzeitung herausgeben.

Eine zentrale Frage der kommunikationswissenschaftlichen Berufsfeldforschung zielt auf die Anzahl der in Deutschland tätigen Journalisten und Journalistinnen. Weischenberg führte mit Kollegen in den Jahren 1993 und 2004 Journalistenbefragungen durch (Weischenberg/Löffelholz/Scholl 1994; Weischenberg/Malik/Scholl 2006). Ein Vergleich der beiden Befragungen zeigt, dass trotz einer gestiegenen Zahl an selbstständigen Redaktionen die Zahl der hauptberuflichen Journalisten in Deutschland in den vergangenen zwölf Jahren deutlich abgenommen hat. Waren 1993 noch rund 54.000 Journalisten gezählt worden (davon zwei Drittel fest angestellt und ein Drittel Freie Journalisten), so sank diese Zahl in der Erhebung aus dem Jahr 2003 auf nur noch etwa 48.000 hauptberufliche Journalisten. Auch der Anteil der hauptberuflich Freien Journalisten hatte abgenommen; sie stellen nun noch ein Viertel aller Journalisten.

1.4.2 Berufsbild Öffentlichkeitsarbeit

Im Unterschied zu der Berufsgruppe der hauptberuflichen Journalisten ist in den vergangenen 30 Jahren die Berufsgruppe der in der Öffentlichkeitsarbeit Tätigen rapide gewachsen. Die Mitgliederzahl der Deutschen Public Relations Gesellschaft (DPRG e.V.) gibt hierauf einen Hinweis: Anfang der 1980er Jahre hatte die DPRG 500 Mitglieder, heute sind es weit mehr als 2000. Schätzungen gehen davon aus, dass insgesamt etwa 40.000 Personen in Deutschland in der Öffentlichkeitsarbeit tätig sind (vgl. Fröhlich 2008: 434; empirische Daten zum Berufsfeld finden sich weiter in Röttger 2000; Wienand 2003; Bentele/Großkurth/Seidenglanz

2007). Vor diesem Hintergrund stellt sich die Frage nach dem zahlenmäßigen Verhältnis von Journalismus und Public Relations. Merten nimmt an, dass die Zahl der PR-Schaffenden diejenigen der Journalisten langfristig übersteigen kann (Merten 2004: 34). Allerdings ist dabei zu berücksichtigen, dass ein großer Teil der PR-Arbeit nebenberuflich ausgeübt wird. Röttger (2000) hatte für Mitte der 1990er Jahre ermittelt, dass über sechzig Prozent derjenigen, die PR-Aufgaben ausüben, dies *nicht* als (Haupt-) Beruf tun, sondern im Rahmen ihrer Berufstätigkeit *auch* PR-Aufgaben übernehmen.

Analog zum Deutschen Journalisten-Verband hat auch die Deutsche Public Relations Gesellschaft (DPRG) ein Berufsbild verfasst:

Berufsbild Öffentlichkeitsarbeit

„Öffentlichkeitsarbeit vermittelt Standpunkte und ermöglicht Orientierung, um den politischen, den wirtschaftlichen und den sozialen Handlungsraum von Personen oder Organisationen im Prozess öffentlicher Meinungsbildung zu schaffen und zu sichern.

Öffentlichkeitsarbeit plant und steuert dazu Kommunikationsprozesse für Personen und Organisationen mit deren Bezugsgruppen in der Öffentlichkeit. Ethisch verantwortliche Öffentlichkeitsarbeit gestaltet Informationstransfer und Dialog entsprechend unserer freiheitlich-demokratischen Werteordnung und im Einklang mit geltenden PR-Codices.

Öffentlichkeitsarbeit ist Auftragskommunikation. In der pluralistischen Gesellschaft akzeptiert sie Interessengegensätze. Sie vertritt die Interessen ihrer Auftraggeber im Dialog informativ und wahrheitsgemäß, offen und kompetent. Sie soll Öffentlichkeit herstellen, die Urteilsfähigkeit von Dialoggruppen schärfen, Vertrauen aufbauen und stärken und faire Konfliktkommunikation sichern. Sie vermittelt beiderseits Einsicht und bewirkt Verhaltenskorrekturen. Sie dient damit dem demokratischen Kräftespiel. Voraussetzung für Öffentlichkeitsarbeit/ Public Relations sind aktive und langfristig angelegte kommunikative Strategien. Öffentlichkeitsarbeit/ Public Relations ist eine Führungsfunktion; als solche ist sie wirksam, wenn sie eng in den Entscheidungsprozess von Organisationen eingebunden ist".

DPRG (o.J.)

Das von der DPRG verfasste Berufsbild ist deutlich normativ angelegt. Es beschreibt weniger, was PR-Fachkräfte tun, als was sie tun sollten. Selbst- und (angenommenes) Fremdbild der Öffentlichkeitsarbeit klaffen nach wie vor auseinander (vgl. zusammenfassend Wienand 2003: 174). Insbesondere bei Journalisten ist das Image der PR negativ – und zwar sogar deutlich negativer als das Ansehen der PR bei der Gesamtbevölkerung (vgl. Bentele/Seidenglanz 2005: 218). Gleichwohl wird deutlich, dass die beiden Berufsfelder PR und Journalismus durch eine Vielzahl von Gemeinsamkeiten gekennzeichnet sind: Sowohl Journalisten als auch PR-Tätige erstellen und verbreiten Texte für die Öffentlichkeit, und sie bedienen sich dazu ähnlicher Arbeitsweisen und -routinen.

So kommt es in der beruflichen Praxis auch zu vielfachen **Überschneidungen von PR und Journalismus**. Lange Zeit führte der Königsweg in die Öffentlichkeitsarbeit über eine frühere Berufstätigkeit im Journalismus, und noch heute sind viele Pressesprecher und PR-Tätige ehemalige Journalisten, die ihre Kontakte aus der journalistischen Berufswelt mit in die PR nehmen. Aber auch die Durchlässigkeit von der Öffentlichkeitsarbeit in den Journalismus hat zugenommen; und es kommt überdies vielfach zu einem Wechsel vom Journalismus in die PR und wieder zurück in den Journalismus. Mitunter werden auch beide Tätigkeiten parallel ausgeübt. So nehmen freiberufliche Journalisten PR-Tätigkeiten wahr, wenn sie im Auftrag eines Unternehmens einen Artikel für eine Firmenzeitschrift verfassen oder ein Kundenmagazin erstellen. Das geht so weit, dass PR den klassischen Journalismus imitiert, so dass kaum mehr ersichtlich ist, ob es sich dabei um ein journalistisches oder ein PR-Produkt handelt (vgl. instruktiv dazu Loosen/Meckel 1999; Röttger 2002).

Vor dem Hintergrund dieser Entdifferenzierungsprozesse der beiden Berufsfelder ist eine funktionale Differenzierung zwischen Journalismus und Öffentlichkeitsarbeit für die kommunikationswissenschaftliche Forschung jedoch umso wichtiger. Die funktionale Unterscheidung zwischen Journalismus und Öffentlichkeitsarbeit ist auch die Voraussetzung dafür, Aussagen darüber zu treffen, welche Bedeutung der Öffentlichkeitsarbeit als Quelle des Journalismus zukommt.

1.4 Die Berufsfelder Journalismus und Öffentlichkeitsarbeit

Folgende Abbildung fasst aus analytisch-deskriptiver Sicht die wesentlichen Unterscheidungsmerkmale zwischen Journalismus und Öffentlichkeitsarbeit zusammen:

Abbildung 3: Abgrenzung zwischen Journalismus und PR/Öffentlichkeitsarbeit

	Journalismus	**PR/Öffentlichkeitsarbeit**
Funktion	aktuelle Ereignisse und Entwicklungen in der Gesellschaft beobachten und thematisieren	organisationsbezogene Ereignisse und Entwicklungen beobachten und thematisieren
Kommunikationsziele	<ul><li>allgemein relevante Informationen verbreiten</li><li>Bewertung/ Kommentierung</li><li>Unterhaltung</li></ul>	<ul><li>organisationsbezogene Informationen verbreiten</li><li>Vertrauensbildung</li><li>Imageaufbau und -pflege</li></ul>
Adressaten	<ul><li>breite Öffentlichkeit</li><li>bestimmte Publikumssegmente</li></ul>	<ul><li>Ziel- oder Bezugsgruppen</li><li>Medienvertreter</li><li>breite Öffentlichkeit</li></ul>
Instrumente	<ul><li>Beiträge in journalistischen Medien</li></ul>	<ul><li>Presseinformationen/ Medienarbeit</li><li>eigene Publikationen (Corporate Publishing)</li><li>Kampagnen (Einsatz verschiedener Kommunikationsinstrumente)</li><li>interpersonelle Kommunikation</li></ul>

1.4.3 Empirische Methoden zur Untersuchung von PR und Journalismus

Die unscharfen Ränder des Journalismus und der PR stellen die empirische Kommunikationsforschung vor besondere Herausforderungen. Sie benötigt erstens theoretisch-analytisch tragfähige Definitionen von PR/Öffentlichkeitsarbeit und Journalismus. Zweitens steht die empirische Kommunikationsforschung vor der Schwierigkeit, dass sowohl in Bezug auf PR wie auch auf Journalismus normative Selbstbilder und aktuelles Tun oft divergieren. Drittens sind Prozesse der Nachrichtenentstehung nur im Zuge einer anspruchsvollen Operationalisierung rekonstruierbar.

Die empirische Sozialforschung stellt prinzipiell verschiedene methodische Herangehensweisen bereit, mit deren Hilfe das Zusammenspiel zwischen Journalismus und Öffentlichkeitsarbeit untersucht werden kann (vgl. Weischenberg/Malik/Scholl 2006: 121):

- Mit der inhaltsanalytischen Methode der Medienresonanzanalyse ist überprüfbar, inwieweit Mitteilungen der Öffentlichkeitsarbeit in die Berichterstattung übernommen werden (vgl. Kap. 2 in diesem Buch).
- Mit der Methode der Befragung kann herausgefunden werden, wie Journalisten und Öffentlichkeitsarbeiter die Einflussmöglichkeiten der PR jeweils beurteilen (vgl. etwa Weischenberg/Malik/Scholl 2006; Bentele/Seidenglanz 2007).
- Mit der Methode der Beobachtung lassen sich Entscheidungsprozesse in Redaktionen und in PR-Abteilungen untersuchen (vgl. etwa Rühl 1969; Boetzkes 2007; für Online-Redaktionen vgl. Quandt 2005).

Insbesondere die Ergebnisse von Journalistenbefragungen suggerieren, dass Öffentlichkeitsarbeit nur einen sehr geringen Einfluss auf den Journalismus auszuüben vermag. So schätzten in der Befragung von Weischenberg, Malik und Scholl (2006) die befragten Journalisten den Einfluss der PR auf ihre Arbeit eher gering ein: Nur jeder sechste Journalist schrieb der Öffentlichkeitsarbeit einen sehr großen oder großen Einfluss zu.

Die Aussagekraft von Befragungen besteht darin, Selbsteinschätzungen und Zuschreibungen erheben zu können (Scholl 2003). Die Selbstauskünfte von Journalisten und Öffentlichkeitsarbeitern hinsichtlich ihrer Selbst- und Fremdbilder, ihrer Praktiken und Routinen, ihrer wahrgenommenen Einflussmöglichkeiten und Handlungszwänge liefern eine interne Bewertungsgrundlage für das Zusammenspiel von Journalismus und Öffentlichkeitsarbeit. Diese interne Sicht der Akteure kann dann mithilfe externer Bewertungsmaßstäben interpretiert werden.

Eine externe Bewertungsgrundlage ist notwendig, um die Befunde non-responsiver Verfahren – Inhaltsanalysen und Dokumentenanalysen – zu interpretieren. Medienresonanzanalysen etwa geben Aufschluss darüber, inwieweit Quellen der Öffentlichkeitsarbeit die Produkte der Journalisten in Form von Artikeln und Beiträgen zu beeinflussen vermögen.

(Teilnehmende) Beobachtungen schließlich ermöglichen eine komplexe Gesamtsicht auf das Zusammenspiel von Organisationsfaktoren und journalistischem (oder PR-bezogenem) Handeln. Beobachtungsstudien sind aber in der Regel auf den Einzelfall beschränkt.

Kapitelzusammenfassung

- Massenmedien leisten einen Beitrag zur öffentlichen Meinungsbildung, indem sie politisch relevante Informationen verbreiten und diese bewerten. Deshalb hat der Gesetzgeber medienpolitische Rahmenbedingungen geschaffen, die es den Medien ermöglichen sollen, ihre öffentliche Aufgabe wahrzunehmen.
- Neben den rechtlichen beeinflussen auch ökonomische Bedingungen, Berufsnormen, Organisationsformen, Arbeitsroutinen und -regeln das journalistische Handeln.
- Die Berufsfelder Journalismus und PR/Öffentlichkeitsarbeit ähneln sich in vielfacher Hinsicht. Verschiedene normative Bestimmungen regeln das Zusammenspiel beider Berufsgruppen (unter anderem Regelungen zum Informationszugang bzw. zur Auskunftspflicht und zum Trennungsgrundsatz). Journalismus und Öffentlichkeitsarbeit unterscheiden sich jedoch deutlich hinsichtlich ihrer Funktionen, Zielsetzungen, Adressaten und Instrumente.

Literatur

Branahl (2006), Jarren/Donges (2006), Weischenberg/ Malik/Scholl (2006)

Altendorfer, Otto (2001): Das Mediensystem der Bundesrepublik Deutschland. Wiesbaden: Westdeutscher Verlag.
Altmeppen, Klaus-Dieter/Karmasin, Matthias (Hrsg.) (2006): Medien und Ökonomie. Band 3: Anwendungsfelder der Medienökonomie. Wiesbaden: VS Verlag.
Baerns, Barbara (2004): Leitbilder von gestern? Zur Trennung von Werbung und Programm. Wiesbaden: VS Verlag.
Beck, Klaus (2003): Elektronische Medien. In: Bentele, Günter/Brosius, Hans-Bernd/ Jarren, Otfried (Hrsg.): Öffentliche Kommunikation. Handbuch Kommunikation und Medienwissenschaft. Wiesbaden: Westdeutscher Verlag, 330–348.
Bentele, Günter/Großkurth, Lars/Seidenglanz, René (2007): Profession Pressesprecher 2007. Vermessung eines Berufsstandes. Berlin: Helios.
Bentele, Günter/Seidenglanz, René (2005): Das Image der Image-(Re-)Konstrukteure. Ergebnisse einer repräsentativen Studie zum Image der Public Relations in der deutschen Bevölkerung und einer Journalistenbefragung. In: Wienand, Edith/ Westerbarkey, Joachim/Scholl, Armin (Hrsg.): Kommunikation über Kommunikation. Theorien, Methoden und Praxis. Wiesbaden: VS Verlag, 200–222.
Boetzkes, Claus-Erich (2007): Organisation als Nachrichtenfaktor. Wie das Organisatorische den Content von Fernsehnachrichten beeinflusst. Wiesbaden: VS Verlag.
Branahl, Udo (2006): Medienrecht. Eine Einführung. Wiesbaden: VS Verlag.
Deutscher Journalisten-Verband (DJV) (Hrsg.) (2007): Journalismus und Werbung. Plädoyer für die strikte Trennung zwischen Redaktion und Reklame. Bonn (DJVWISSEN: 11) [http://www.djv.de, abgerufen am 23.02.2009].
Deutscher Journalisten-Verband (DJV) (Hrsg.) (2009): Berufsbild Journalistin – Journalist. Bonn (DJVWISSEN: 4) [http://www.djv.de, abgerufen am 23.02.2009].
Deutscher Presserat (2008): Pressekodex [http://www.presserat.info, abgerufen am 23.02.2009].
Deutsche Public Relations Gesellschaft (DPRG) (o.J.): Berufsbild Öffentlichkeitsarbeit [http://www.dprg.de, abgerufen am 23.02.2009].
Deutsche Public Relations Gesellschaft (DPRG) (2003): DRPR-Richtlinie über Product Placement und Schleichwerbung [http://www.dprg.de, abgerufen am 23.02.2009].
Donges, Patrick (2007): Medienpolitik und Media Governance. In: Donges, Patrick (Hrsg.): Von der Medienpolitik zur Media Governance. Köln: Halem, 7–23.
Fröhlich, Romy (2008): Public Relations als Beruf: Entwicklung, Ausbildung und Berufsrollen. In: Bentele, Günter/Fröhlich, Romy/Szyszka, Peter (Hrsg.): Handbuch der Public Relations. Wissenschaftliche Grundlagen und berufliches Handeln. Wiesbaden: VS Verlag, 431–443.
Gehrau, Volker (2002): Die Beobachtung in der Kommunikationswissenschaft. Methodische Ansätze und Beispielstudien. Konstanz: UVK.

Literatur zu Kapitel 1

Jarren, Otfried/Donges, Patrick (2006): Politische Kommunikation in der Mediengesellschaft. Eine Einführung. Wiesbaden: VS Verlag.

Loosen, Wiebke/Meckel, Miriam (1999): Journalismus in eigener Sache. Veränderungen im Verhältnis von Journalismus und Public Relations am Beispiel Greenpeace TV. In: Rundfunk und Fernsehen 47(3), 379–392.

Merten, Klaus (2004): Mikro, Mikro-Makro oder Makro? Zum Verhältnis von Journalismus und PR aus systemtheoretischer Perspektive. In: Altmeppen, Klaus-Dieter/Röttger, Ulrike/Bentele, Günter (Hrsg.): Schwierige Verhältnisse. Interdependenzen zwischen Journalismus und PR. Wiesbaden: VS Verlag, 17–36.

Östgaard, Einar (1965): Factors Influencing the Flow of News. In: Journal of Peace Research 2(1), 39–63.

Pürer, Heinz/Raabe Johannes (2007): Presse in Deutschland. Konstanz: UVK.

Puppis, Manuel (2007): Einführung in die Medienpolitik. Konstanz: UVK.

Quandt, Thorsten (2005): Journalisten im Netz. Eine Untersuchung journalistischen Handelns in Online-Redaktionen. Wiesbaden: VS Verlag.

Riesmeyer, Claudia (2007): Wie unabhängig ist Journalismus? Zur Konkretisierung der Determinationsthese. Konstanz: UVK.

Röttger, Ulrike (2000): Public Relations – Organisation und Profession. Öffentlichkeitsarbeit als Organisationsfunktion. Eine Berufsfeldstudie. Wiesbaden: Westdeutscher Verlag.

Röttger, Ulrike (2002): Kundenzeitschriften: Camouflage, Kuckucksei oder kompetente Information. In: Vogel, Andreas/Holtz-Bacha, Christina (Hrsg.): Zeitschriften und Zeitschriftenforschung. Wiesbaden: Westdeutscher Verlag, 109–125.

Rühl, Manfred (1969): Die Zeitungsredaktion als organisiertes soziales System. Gütersloh: Bertelsmann-Universitätsverlag.

Schnedler, Thomas (2006): Getrennte Welten? Journalismus und PR in Deutschland (=NR-Werkstatt 8) [http://www.netzwerkrecherche.de, abgerufen am 23.02.2009].

Scholl, Armin (1997): Journalismus als Gegenstand empirischer Forschung: Ein Definitionsvorschlag. In: Publizistik 42(4), 468–486.

Scholl, Armin (2003): Die Befragung. Sozialwissenschaftliche Methode und kommunikationswissenschaftliche Anwendung. Konstanz: UVK.

Schulz, Winfried (1997): Politische Kommunikation. Theoretische Ansätze und Ergebnisse empirischer Forschung. Wiesbaden: Westdeutscher Verlag.

Shoemaker, Pamela J./Reese, Stephen D. (1996): Mediating the Message: Theories of Influence on Mass Media Content. White Plains, N.Y.: Longman Publishers.

Siegert, Gabriele/Brecheis, Dieter (2005): Werbung in der Medien- und Informationsgesellschaft. Wiesbaden: VS Verlag.

Tonnemacher, Jan (2003): Kommunikationspolitik in Deutschland. Konstanz: UVK.

Vowe, Gerhard/Opitz, Stephanie/Dohle, Marco (2008): Medienpolitische Weichenstellungen in Deutschland – Rückblick und Vorausschau. In: M&K 56(2), 159–186.

Weischenberg, Siegfried (1992): Journalistik, Bd. 1: Mediensysteme, Medienethik, Medieninstitutionen. Opladen: Westdeutscher Verlag.

Weischenberg, Siegfried/Löffelholz, Martin/Scholl, Armin (1994): Merkmale und Einstellungen von Journalisten in Deutschland II. In: Media Perspektiven 4, 154–167.

Weischenberg, Siegfried/Scholl, Armin/Malik, Maja (2006): Die Souffleure der Mediengesellschaft – Report über die Journalisten in Deutschland. Konstanz: UVK.

Wienand, Edith (2003): Public Relations als Beruf. Kritische Analyse eines aufstrebenden Kommunikationsberufes. Wiesbaden: Westdeutscher Verlag.

Zentralverband der deutschen Werbewirtschaft (ZAW) (2003): ZAW-Richtlinien Redaktionell gestaltete Anzeigen [http://www.zaw.de, abgerufen am 23.02.2009].

Zitzmann, Axel/Fischer, Thorsten (2007): Informations- und Publizitätspflichten von Unternehmen. In: Piwinger, Manfred/Zerfaß, Ansgar (Hrsg): Handbuch Unternehmenskommunikation. Wiesbaden: Gabler, 137–158.

2 Forschungskontext: Medienresonanzanalysen in der Kommunikationswissenschaft

Medienresonanzanalysen werden in der Kommunikationswissenschaft eingesetzt, um das Zusammenspiel von Quellen und journalistischem Output empirisch-analytisch zu untersuchen. Der größere kommunikationswissenschaftliche Kontext, in dem diese Frage eine Rolle spielt, ist das Verhältnis von Medien zur Politik sowie zu anderen gesellschaftlichen Teilbereichen, wie etwa der Wirtschaft oder dem Sport. In einem engeren Forschungskontext sind Medienresonanzanalysen in der Journalismus- und in der PR-Forschung anzusiedeln. Im Rahmen dieser kommunikationswissenschaftlichen Forschungszusammenhänge haben sich verschiedene Ansätze in der deutsch- und in der englischsprachigen Kommunikationswissenschaft herausgebildet, die jeweils unterschiedliche Aspekte betonen und Zwecke verfolgen und die im folgenden Kapitel vorgestellt werden. Zu nennen sind Theorien der Nachrichtenauswahl, die Forschung zum Agenda-Building, die Determinationsforschung und das Intereffikationsmodell.

2.1 Theorien der Nachrichtenauswahl

Wie kommen Medieninhalte zustande? Was macht ein Ereignis zur Nachricht? Nach welchen inhaltlichen Prinzipien produzieren Journalisten Informationen? Wie sammeln sie diese Informationen, und wie gehen sie mit ihren Informationsquellen um? Das sind Fragen, um die verschiedene Theorien der Nachrichtenauswahl kreisen. Dahinter steht die Annahme, dass Nachrichten nicht einfach „geschehen", sondern dass sie das Ergebnis journalistischer Auswahl- und Bearbeitungsprozesse sind: „News is what newspapermen make it". Dieses Zitat von Walter Gieber fasst die kommunikationswissenschaftliche Perspektive auf die Nachrichtenforschung zusammen, wie sie sich seit den 1950er Jahren in den USA und in Europa entwickelt hat.

Dabei haben sich verschiedene Forschungsansätze herausgebildet, die sich mit der Entstehung journalistischer Aussagen beschäftigen und die jeweils unterschiedliche Auffassungen in Bezug auf die Entstehung von Medieninhalten vertreten. Shoemaker und Mayfield (1987) fassen in einer Synopse die diversen Auffassungen zur Nachrichtenentstehung in fünf Kategorien zusammen: (1) Medieninhalte spiegeln die Realität mehr oder weniger unvermittelt wider, (2) Medieninhalte sind das Ergebnis der Sozialisation und der persönlichen Einstellungen von Journalisten, (3) Medieninhalte resultieren aus den Routinen in Medienorganisationen, (4) Medieninhalte werden von anderen sozialen Institutionen und Kräften beeinflusst, und (5) Medieninhalte werden von den Mächtigen beeinflusst und dienen dem Erhalt des Status quo.

Im deutschsprachigen Raum werden primär drei Forschungstraditionen rezipiert, die um die Frage kreisen, wie Medieninhalte oder „Medienrealität" zustande kommen: die Gatekeeper-Forschung, die Nachrichtenwert-Forschung und die News Bias-Forschung. Die Gatekeeper-Forschung interessiert sich für das persönliche Entscheidungsverhalten des Journalisten bei der Nachrichtenauswahl und setzt beim individuellen Journalisten als Schleusenwärter (Gatekeeper) an (vgl. Kap. 2.1.1). Im Unterschied dazu geht die Nachrichtenwert-Forschung einen Schritt weiter zurück in Bezug auf die Entstehung von Medieninhalten und fragt danach, wie und welche Ereignisse durch Journalisten wahrgenommen werden (vgl. Kap. 2.1.2). Die News Bias-Forschung schließlich versucht, eine systematische Verzerrung in der Medienberichterstattung (News Bias) nachzuweisen, und sie führt diese in der Regel auf subjektive (politische) Einstellungen von Journalisten zurück (vgl. Kap. 2.1.3). Methodisch unterscheiden sich die Ansätze voneinander, doch bei allen spielen Medieninhaltsanalysen eine Rolle. Eine Inhaltsanalyse, die dem Journalisten zugänglich gemachte Informationen (Input) mit der Medienberichterstattung (Output) vergleicht, wird dabei erstmals im Rahmen der Gatekeeper-Forschung durchgeführt.

2.1.1 Gatekeeper-Forschung

Die Gatekeeper-Forschung stellt den Journalisten in den Mittelpunkt und betrachtet Nachrichten als das Ergebnis **journalistischer Entscheidungsprozesse**. Ursprünglich basiert die Gatekeeper-Forschung auf Untersuchungsergebnissen des Sozialpsychologen Lewin, der das Einkaufsverhalten von Hausfrauen am Beispiel der Auswahl von Lebensmitteln untersucht hatte: Was kommt in den Einkaufskorb, was nicht? (Lewin 1947). Der Kommunikationsforscher White übertrug im Jahr 1949 dieses Konzept auf den Journalismus. So ging er von der Annahme aus, dass auch Journalisten täglich entscheiden, und zwar: Was kommt in die Zeitung, was nicht?

Beispielstudie:
The „Gate-Keeper". A Case Study in the Selection of News

Den Prozess der Nachrichtenauswahl versinnbildlichte White (1950: 162f.) mithilfe eines Flussmodells: Eine Nachricht fließt von einer Quelle (beispielsweise einer Anhörung im US-Senat in Washington) über verschiedene Stationen (beispielsweise Nachrichtenagenturen, Hauptstadtbüros einer Zeitung) bis auf den Schreibtisch eines Redakteurs einer Lokalzeitung. Dabei passiert die Nachricht verschiedene Schleusen (gates), wobei an jeder dieser Schleusen ein Journalist in seiner Funktion als Schleusenwärter darüber entscheidet, ob er die Nachricht weiter verbreitet oder nicht.

Im Rahmen einer Fallstudie hat White das Entscheidungsverhalten eines Redakteurs einer lokalen Morgenzeitung untersucht. Er bat diesen Redakteur – er nannte ihn Mr. Gates –, eine Woche lang aufzuschreiben, welche Meldungen er in die Zeitung aufnimmt und welche er nicht verwertet. Dabei sollte er Meldungen, für die keine Verwendung gefunden worden war, nicht wie üblich in den Papierkorb werfen, sondern in eine große Schachtel neben dem Schreibtisch legen. Am Abend jeden Arbeitstages sollte der Redakteur auf die Rückseite der nicht verwendeten Meldungen schreiben, weshalb er sie ausgesondert hatte („Papierkorb-Experiment"). White verglich anschließend die Meldungen, die bei dem Redakteur eingegangen waren (Input), mit denjenigen Meldungen, die auf der ersten Seite der Zeitung erschienen waren (Output). Es stellte sich heraus, dass nur rund zehn Prozent aller eingegangenen Meldungen veröffentlicht wurden. 90 Prozent hatte Mr. Gates aussortiert. Auf den Rückseiten der Meldungen hatte der Redakteur als Gründe für die Nichtverwendung angegeben, die Informationen seien „nicht interessant", es wurde „schon zu oft darüber berichtet", es handele sich um „Propaganda" oder die Meldungen seien „zu links". Neben diesen subjektiven Werturteilen fanden sich aber auch häufig Begründungen wie „kein Platz" oder „zu spät".

Ergänzend zu dem „Papierkorb-Experiment" hatte White dem Redakteur Fragen zu seinem Entscheidungsverhalten gestellt. Interessanterweise war dem Journalisten gar nicht bewusst geworden, wie sehr technisch-organisatorische Faktoren wie der begrenzte Platz in der Zeitung oder zeitliche Fristen seine Entscheidungen beeinflusst hatten. Auch White wies diesen Faktoren keine besondere Bedeutung zu und schlussfolgerte stattdessen aus seiner Untersuchung, es seien vor allem subjektive Urteile des Redakteurs, von denen es abhänge, welche Nachrichten veröffentlicht werden.[5]

Die Untersuchung von White ist ein frühes Beispiel für eine Input-Output-Analyse: der Input, in diesem Fall die Meldungen von Nachrichtenagenturen, die bei dem Redakteur eingingen, wurden mit dem Output, in diesem Fall der Berichterstattung, die der Redakteur schließlich veröffentlicht hat, verglichen. Allerdings basiert die Input-Output-Analyse von White (noch) nicht auf einer systematischen Medieninhaltsanalyse.

Während White den Journalisten als Individuum betrachtete, das frei entscheidet, erweiterten spätere Gatekeeper-Studien das Konzept um institutionelle Einflussfaktoren. Hierzu zählen berufsrollenspezifisches Verhalten, das Zusammenspiel von Journalisten in einer Gesamtredaktion sowie redaktionelle Entscheidungsprogramme. Der Journalist wurde nicht länger als isolierter Entscheidungsträger betrachtet, sondern als Mitglied einer „Nachrichtenbürokratie" (vgl. u.a. Gieber 1956; Snider 1967; Robinson 1973; für den deutschsprachigen Raum erstmals Rühl 1969; Kristen 1972).

2.1.2 Nachrichtenwert-Forschung

Die Nachrichtenwert-Forschung beschäftigt sich im Unterschied zur Gatekeeper-Forschung nicht mit dem Auswahlverhalten einzelner Journalisten oder mit Einflussfaktoren innerhalb einer Medienorganisation. Stattdessen stellt die Nachrichtenwert-Forschung ausgehend von der Annahme, Medieninhalte sollten möglichst objektiv reale Gegebenheiten

---

5   So hat Hirsch (1977) im Zuge einer Neuinterpretation der Untersuchung von White geschlussfolgert, die ablehnenden Entscheidungen des Redakteurs seien häufig durch technische Notwendigkeiten bestimmt gewesen. Darüber hinaus zeige die Input-Output-Analyse, dass sich die Struktur des eingehenden Nachrichtenangebots der Agenturen ziemlich genau in der Medienberichterstattung widerspiegelte, sich der Journalist also weit passiver verhalten habe als er dies selbst wahrgenommen hatte.

2.1 Theorien der Nachrichtenauswahl

wiedergeben, die Frage danach, welche Faktoren zu einer verzerrten Auswahl in der Berichterstattung führen. Sie konzentrierte sich dabei zunächst auf **Merkmale von Ereignissen**, über die berichtet wird (Galtung/Ruge 1965; Östgaard 1965; Schulz 1976; Staab 1990; vgl. für einen aktuellen Überblick über die Forschung Fretwurst 2008). Eine Grundannahme der Nachrichtenwert-Forschung besagt, dass Ereignisse, auf die mehrere Nachrichtenfaktoren in hohem Maße zutreffen, eher zur Veröffentlichung ausgewählt werden als Ereignisse mit einem niedrigen Nachrichtenwert. In einer Reihe inhaltsanalytischer Untersuchungen entwickelten Kommunikationsforscher verschiedene Kataloge von Nachrichtenfaktoren. Zu den meistgenannten Faktoren zählen Merkmale wie Aktualität, Nähe, Prominenz, Konflikt und Negativismus.

Während in der klassischen Nachrichtenwert-Forschung die Auswahlkriterien mit den Merkmalen der Ereignisse gleichgesetzt und als Nachrichtenfaktoren bezeichnet werden, hat die spätere Nachrichtenwert-Forschung den Fokus auf die journalistische Zuschreibung von Publikationswürdigkeit gerichtet. Nachrichtenfaktoren werden nicht länger als „objektive" Eigenschaften von Ereignissen gesehen, sondern als **journalistische Hypothesen von Realität** (Schulz 1976). Der Nachrichtenwert kann durch Umfang und Platzierung einer Nachricht operationalisiert werden. Kepplinger (1998) spricht diesbezüglich auch vom „Nachrichtenwert der Nachrichtenfaktoren", der sich aus der journalistischen Zuschreibung von Publikationswürdigkeit ergebe und die relative Bedeutung der Ereignismerkmale definiere. Staab (1990) wiederum erweiterte die Definition von Nachrichtenfaktoren als Determinanten der Auswahl (Kausalmodell) um die umgekehrte Sichtweise. Nachrichtenfaktoren sind demnach nicht nur Ursache, sondern auch Folge von Selektionsentscheidungen (Finalmodell). Diese Lesart impliziert die Möglichkeit der Instrumentalisierung von Nachrichtenfaktoren.

Bei den meisten Untersuchungen zur Nachrichtenwert-Forschung handelt es sich um Inhaltsanalysen der Medienberichterstattung. In anderen Forschungsdesigns wird die Medienberichterstattung mit Extra-Media-Daten verglichen (Rosengren 1970), oder es werden Journalisten dazu befragt, wie sie verschiedene, in ihren Nachrichtenfaktoren systematisch variierte Texte hinsichtlich ihrer Veröffentlichungswahrscheinlichkeit beurteilen (vgl. zu den Methoden Eilders 1997: 51ff.). Im Rahmen von Input-Output-Analysen schließlich wurde überprüft, ob Pressemitteilungen, die mehrere Nachrichtenfaktoren enthalten, eher Eingang in die Medienberichterstattung finden als Pressemitteilungen, auf die wenige oder keine Nachrichtenfaktoren zutreffen.

2.1.3 News Bias-Forschung

Ebenso wie die Nachrichtenwert-Forschung geht auch die **News Bias-Forschung** von der Annahme einer Verzerrung der Medienberichterstattung aus und ist bestrebt, Ursachen dafür zu finden. Im Unterschied zur Nachrichtenwert-Forschung wird hier jedoch den subjektiven Einstellungen von Journalisten eine wichtige Rolle zugewiesen. Die News Bias-Forschung versuchte in experimentellen Studien sowie mittels Inhaltsanalysen in Kombination mit Journalistenbefragungen einen Zusammenhang zwischen den subjektiven, politischen Einstellungen von Journalisten und einer (intentionalen) Verzerrung der Berichterstattung nachzuweisen. Zwar konnte dies nicht für alle Medientypen und nicht immer eindeutig aufgezeigt werden (vgl. zusammenfassend D'Alessio/Allen 2000). Aber vor allem für die deutschsprachige Presse konnte festgestellt werden, dass sich die Nachrichtengebung stark an der jeweiligen redaktionellen Linie einer Zeitung orientiert.

Bewertungen in der Berichterstattung können dabei explizit vorgenommen werden, beispielsweise in Form von Kommentaren. Sie können aber auch implizit vorgenommen werden, indem Nachrichten und Meinungen miteinander vermischt oder Beiträge durch Selektion, Platzierung und Aufmachung gewichtet werden. Schönbach (1977) belegte mittels einer Inhaltsanalyse, dass es zu einer „Synchronisation" zwischen Nachrichtenartikeln und Kommentaren in der Tagespresse kommt: Die Tendenz der Kommentare korrelierte positiv mit der Tendenz der Nachrichtenbeiträge, was der Norm der Trennung von Nachricht und Meinung zuwiderläuft („facts are sacred, comments are free"). Ein News Bias kann zudem auch auftreten, wenn überproportional häufig Aussagen bestimmter Akteure zitiert werden. So hatte Hagen (1992) im Rahmen einer Inhaltsanalyse der Berichterstattung über die Volkszählung im Jahr 1987 festgestellt, dass die Tendenz der Aussagen von Personen, die in den jeweiligen Medien zu Wort kamen, mit der entsprechenden redaktionellen Linie übereinstimmte.

Ein News Bias im Sinne einer systematischen Verzerrung der Medienberichterstattung konnte auch durch die Strategie der „**Instrumentellen Aktualisierung**" nachgewiesen werden (Kepplinger 1989). In öffentlich ausgetragenen Kommunikationskonflikten über einen Konfliktgegenstand können Massenmedien danach eingeteilt werden, ob sie sich als Anhänger einer der beiden Konfliktparteien zu erkennen geben oder ob sie dem Konflikt neutral gegenüberstehen. Eine Verzerrung in der Berichterstattung kann eintreten, wenn eine Gegebenheit öffentlich umbewertet wird. Eine instrumentelle Aktualisierung liegt vor, wenn eine instrumentelle Gegebenheit, die objektiv im Zusammenhang mit dem Konflikt steht, öffentlich in den Vordergrund gerückt wird (Kepplinger 1989: 205).

In seinem Ansatz der instrumentellen Aktualisierung unterscheidet Kepplinger (1989) verschiedene Modelle, wonach Medienberichterstattung als Ergebnis journalistischer Entscheidungsprozesse zustande kommt. Im sogenannten Selektionsmodell reagieren Journalisten weitgehend passiv und neutral auf mehr oder weniger berichtenswerte Ereignisse. Berichterstattung kann aber auch die Folge geschickter Inszenierungen politischer, wirtschaftlicher oder kultureller Akteure sein, die gezielt „Pseudo-Ereignisse" (z.B. Pressekonferenzen, Produktvorstellungen) schaffen mit dem Ziel, dass darüber in den Medien berichtet wird (Inszenierungsmodell). Und schließlich können bereits geschehene Ereignisse durch Journalisten gezielt und zweckgerichtet genutzt werden. Journalisten verfolgen dann eine bestimmte Wirkungsabsicht (Aktualisierungsmodell). Der mögliche Einfluss von Öffentlichkeitsarbeit auf die Medienberichterstattung wird im Rahmen der instrumentellen Aktualisierung am ehesten im Inszenierungsmodell mitbedacht.

Im Zentrum der Forschung zur Nachrichtenauswahl stehen Journalisten und deren Auswahlentscheidungen bzw. Konstruktionen im Hinblick auf die Medienberichterstattung. Die Quellen der Öffentlichkeitsarbeit spielen dabei nur implizit als mögliche Einflussfaktoren der Berichterstattung eine Rolle. Nicht im Mittelpunkt der Forschung zur Nachrichtenauswahl steht dagegen die Frage, welche Quellen der Öffentlichkeitsarbeit Eingang in die Medienberichterstattung finden und wie sie dort weiterverarbeitet werden.

Diese Forschungslücke schließen Ansätze, die sich seit etwa Mitte der 1960er Jahre ausdrücklich mit dem Verhältnis von Journalismus und Öffentlichkeitsarbeit beschäftigen. Medienresonanzanalysen spielen dabei eine wichtige Rolle. In der US-amerikanischen Kommunikationswissenschaft wird das Verhältnis von Journalismus und Öffentlichkeitsarbeit im Rahmen der Agenda-Setting-Forschung bzw. der Forschung zum **Agenda-Building** thematisiert. In der deutschsprachigen Forschung behandeln insbesondere die **Determinationsforschung** und das **Intereffikationsmodell** das Verhältnis von Journalismus und Öffentlichkeitsarbeit. Im Folgenden werden diese drei Forschungsrichtungen näher dargestellt.

2.2 Agenda-Building-Forschung

Mit der Frage, wie öffentliche Themen entstehen, wie öffentliche Meinung zustande kommt und welche Rolle die Massenmedien dabei spielen, setzt sich seit den 1960er Jahren die Agenda-Setting-Forschung auseinander. Eine wichtige Funktion der Medien sei es, die öffentliche Agenda mitzubestimmen. Für diese These erbrachten McCombs und Shaw (1972) erstmals einen empirischen Nachweis. Seither hat sich eine vielgestaltige Forschungsaktivität rund um die Agenda-Setting-Funktion der Massenmedien entwickelt, und die Ursprungsannahme wurde in vielerlei Hinsicht weiterentwickelt (vgl. für einen Überblick etwa Brosius 1994; Rössler 1997).

Eine Weiterentwicklung, oder genauer gesagt ein Teilbereich der Agenda-Setting-Forschung, setzt nicht bei der Frage an, welche Rolle die Medien beim Zustandekommen der Publikumsagenda spielen, sondern bei der vorgelagerten Frage danach, wer die Medienagenda setzt. Diese Forschungsrichtung, die die Quellen in den Mittelpunkt rückt, wird meist **Agenda-Building-Forschung** genannt. Doch auch Studien, die sich nicht explizit der Agenda-Building-Forschung zurechnen, können diesem Forschungskontext zugeschlagen werden. Gemeinsam ist diesen Studien das Interesse an dem Zusammenspiel zwischen Medien und den Quellen

2.2 Agenda-Building-Forschung

(sources), die den Medien Informationen liefern: „We need to better understand how the media agenda is set and by whom. The media agenda is constructed through an interactive process between the news media and their sources, in the context of competing organizations, news handling conventions and routines, and issue interest groups" (Rogers/ Dearing/Bregman 1993: 73).

Von Beginn an richtete sich das Augenmerk der Forschung auch auf die Frage nach dem unterschiedlichen **Zugang der Quellen zu den Medien**. Dahinter stand die Annahme, dass diejenigen, die über politische oder ökonomische Macht verfügen, Journalisten stärker beeinflussen können als diejenigen, die nicht über diese Macht verfügen (Gans 1979).

Gandy (1982) stellte die Bedeutung von Quellen für die Medienberichterstattung ins Zentrum seiner Ausführungen. Dabei nahm er eine kritische Perspektive der politischen Ökonomie ein. Die Informationsversorgung in kapitalistischen Mediensystemen gehorche, so Gandy (1982), dem Gesetz von Angebot und Nachfrage, und manchen Quellen gelinge es aufgrund ungleicher Ressourcenverteilung und unter Ausnutzung dieses Gesetzes besser als anderen, ihre Informationen im Mediensystem durchzusetzen. Alle Anstrengungen, die unternommen werden, um den Preis für Informationen zu reduzieren und damit den Konsum dieser Informationen zu erhöhen, bezeichnet Gandy als **„information subsidies"**.

Information subsidy

„An information subsidy is an attempt to produce influence over the actions of others by controlling their access to and use of information relevant to those actions. This information is characterized as a subsidy because the source of that information causes it to be made available at something less than the cost a user would face in the absence of the subsidy. (…)

(T)he delivery of an information subsidy through the news media may involve an effort that reduces the cost of producing news faced by a reporter, journalist, or editor. Faced with time constraints, and the need to produce stories that will win publication, journalists will attend to, and make use of subsidized information (…)".

Gandy (1982: 61f.)

In weiten Teilen der englischsprachigen Kommunikationsforschung hat sich dieser Begriff als Sammelbegriff für Informationen der Öffentlichkeitsarbeit, die dem Journalismus zur Weiterverarbeitung angeboten werden, etabliert.[6]

Mehrere Untersuchungen zur Verwendung von Quellen in der Berichterstattung gelangten zu dem Schluss, dass vor allem offizielle Quellen, das heißt amtliche Quellen der US-Regierung, Einfluss auf die Medienberichterstattung nehmen. Diese **Regierungsquellen** gelten bei den Journalisten als zuverlässig, vertrauenswürdig, und ihre Informationen sind von hoher Nachrichtenrelevanz (vgl. zusammenfassend Schudson 2003: 136f.).

Den inhaltsanalytischen Nachweis, wie wichtig Regierungsquellen für die Berichterstattung sind, erbrachte erstmals Sigal (1973). Sigal wertete über einen Zeitraum von 20 Jahren, von 1949 bis 1969, die Berichterstattung auf der Titelseite der *Washington Post* und der *New York Times* aus. Nahezu die Hälfte der knapp 1.200 Artikel stützte sich auf Quellen, die von der US-Regierung stammten. Es handelte sich dabei um Informationen aus Pressemitteilungen, Pressekonferenzen und Briefings. Die politische Berichterstattung in US-amerikanischen Zeitungen erwies sich nach Sigals Untersuchung also tatsächlich als stark von der US-Regierung beeinflusst. Eine Ursache für diese starke Dominanz von Regierungsquellen in der politischen Berichterstattung sah Sigal zum einen in der Zugänglichkeit der Regierungsquellen: Die Journalisten wüssten immer genau, wann und wo sie Informationen von den Pressestellen und Pressesprechern erhalten würden. Zum anderen würden die Journalisten den Regierungsquellen Autorität zuschreiben: Sie unterstellen den Pressestellen und Sprechern, dass sie informiert sind und dazu legitimiert, Informationen weiterzuverbreiten.

Sigals (1973) Untersuchung basiert zwar auf einer Inhaltsanalyse, doch das genaue methodische Vorgehen wurde nicht weiter ausgeführt.

---

6 In der deutschsprachigen Kommunikationswissenschaft wurde in diesem Sinn Öffentlichkeitsarbeit auch als „subsidiärer Journalismus" bezeichnet: „Der subsidiäre Journalismus dient nicht der direkten Veröffentlichung in den Massenmedien, sondern versucht, diese Veröffentlichung durch vorbereitende Tätigkeiten (Pressestelle, Public-Relations-Abteilungen von Firmen, Behörden) im Interesse seiner Institutionen zu beeinflussen." (Noelle-Neumann/Schulz/Wilke 1989: 50). Der Begriff des subsidiären Journalismus hat sich jedoch nicht durchgesetzt.

Turk (1985) veröffentlichte eine Studie zum Einfluss von „information subsidies", die genaueren Aufschluss über die Anlage der Inhaltsanalyse gibt.

Beispielstudie:
Information Subsidies and Influence

Eine vielzitierte Untersuchung über den Einfluss von Quellen auf die Medienberichterstattung stammt von Turk (1985). Ziel der Untersuchung war nicht nur herauszufinden, zu welchem Anteil staatliche Quellen von Journalisten genutzt werden, sondern auch, welche alternativen Quellen verwendet wurden und welche Quellen keine Berücksichtigung fanden. Mehrere Hypothesen leiteten die Untersuchung an:

- Tageszeitungen akzeptieren staatliche Informationsquellen häufiger als dass sie sie zurückweisen.
- Die Entscheidung darüber, ob eine staatliche Quelle in der Berichterstattung verwendet wird oder nicht, hängt in erster Linie von ihrem Nachrichtenwert ab. Andere Faktoren, wie Platz, Zeit oder die redaktionelle Linie der Zeitung, sind demgegenüber nachrangig.
- Die Themenagenda der staatlichen Quellen beeinflusst die Themenagenda in der Medienberichterstattung.
- Informationen von Kommunikationsverantwortlichen, die Zweiweg-Kommunikationsmodelle verwenden, werden häufiger berücksichtigt als Informationen von Kommunikationsverantwortlichen, die einseitig kommunizieren.

Die Medienagenda sowie die Themenagenda der staatlichen Einrichtungen ermittelte Turk inhaltsanalytisch. Sie wertete über einen Zeitraum von acht Wochen das Informationsmaterial von sechs staatlichen Akteuren im Bundesstaat Louisiana aus (Behörden, Ministerien, das Büro der Landesregierung); darüber hinaus analysierte sie die Berichterstattung über diese Akteure in acht Tageszeitungen, die in Louisiana erschienen. Zudem führte Turk Interviews mit den Journalisten. Die Kommunikationsverantwortlichen in den sechs staatlichen Einrichtungen wurden gebeten, alle schriftlichen Informationsmaterialien (Pressemitteilungen, Pressemappen und anderes Informationsmaterial) sowie alle mündlich gegebenen Informationen (Pressekonferenzen, Telefonate mit Journalisten und persönliche Kontakte) zu dokumentieren. Aufgezeichnet wurden der Zeitpunkt, zu dem die Information zur Verfügung gestellt wurde, die Art der Verbreitung, ob das Informationsmaterial den Journalisten aktiv von der staatlichen Einrichtung angeboten wurde oder auf journalistische Nachfrage hin erstellt worden ist, sowie das Thema.

Die Inhaltsanalyse der Medienberichterstattung umfasste alle Beiträge in regionalen Tageszeitungen, die über die sechs staatlichen Akteure erschienen. Dabei wurde nicht nur das Erscheinungsdatum und der Publikationsort erfasst, sondern auch die Platzierung, die Artikellänge, das Genre, der Tenor des Artikels (positiv, neutral oder negativ), das Thema und ob der Beitrag direkt auf Informationen der staatlichen Einrichtungen basierte oder nicht. Darüber hinaus wurden einmal wöchentlich die Journalisten befragt, inwiefern sie die Informationen der staatlichen Akteure berücksichtigt haben. Insgesamt gingen in die Analyse 444 staatliche Informationsquellen und 383 Zeitungsartikel ein.

Von allen Informationen der sechs staatlichen Akteure wurden 51 Prozent in der Medienberichterstattung verwendet. Sie fanden sich in 48 Prozent der ausgewerteten Beiträge. (Die Diskrepanz zwischen der Anzahl der verwendeten Quellen und der Anzahl der Artikel, die auf diesen Quellen beruhen, erklärt sich daraus, dass in einigen Beiträgen mehrere Informationen der staatlichen Akteure genutzt wurden). Dabei basierte gut die Hälfte der Beiträge über die Einrichtungen auf Informationen, die nicht von den Einrichtungen selbst stammten. Wenig überraschend wurden insbesondere diejenigen Informationen der staatlichen Akteure verwendet, die aktiv von den Journalisten nachgefragt wurden. Allerdings machten diese aktiv recherchierten Informationen insgesamt nur 21 Prozent der gesamten Informationen über die staatlichen Akteure aus.

Haben die Journalisten positiver über die Akteure berichtet, wenn sie sich in ihren Beiträgen auf deren Informationen stützten? Die Inhaltsanalyse ergab, dass dies nicht der Fall war: 94 Prozent aller Beiträge, die sich auf Informationsmaterial der staatlichen Akteure zurückführen ließen, waren neutral, nur fünf Prozent enthielten positive Bewertungen (Turk 1985: 19). Die Annahme, die Nachrichtenfaktoren seien entscheidend für die Verwendung von Informationsmaterial, überprüfte Turk anhand der Journalistenbefragung: Die Befragten gaben an, dass vor allem die Nachrichtenfaktoren Aktualität, Relevanz oder Überraschung ausschlaggebend dafür waren, ob das Informationsmaterial der staatlichen Akteure verwendet wurde oder nicht. Sehr viel seltener (in 18 Prozent aller Fälle) beeinflussten nach Auskunft der Journalisten organisatorische Faktoren wie Platz, Ressourcen oder die redaktionelle Linie die Entscheidung über die Weiterverwendung des Informationsmaterials (Turk 1985: 20).

Schließlich verglich Turk die Informationsarbeit der sechs staatlichen Akteure auch im Hinblick auf ihre Effizienz. Auf den ersten Blick schien ein Zusammenhang zwischen der Menge des zur Verfügung gestellten Informationsmaterials und der Veröffentlichungswahrscheinlichkeit zu bestehen. Doch die vergleichende Analyse relativierte diesen Eindruck. So war es beispielsweise dem Landwirtschaftsministerium gelungen, mit einer geringen Anzahl von Informationen eine relativ hohe Medienaufmerksamkeit zu generieren: Insgesamt stammten nur 16 Prozent aller staatlichen Quellen vom Landwirtschaftsministerium, diese wurden jedoch zu 84 Prozent von den Medien verwendet. Das Informationsmaterial des Justizministeriums machte dagegen 27 Prozent aller Informationen aus, wurde aber nur in gut der Hälfte aller Fälle von den Medien verwendet.

Insgesamt sah Turk (1985) ihre Hypothesen bestätigt. Lediglich der vermutete Zusammenhang zwischen der Art und Weise, wie Pressearbeit betrieben wurde (Einweg- oder Zweiwegkommunikation) konnte nicht nachgewiesen werden. Zusammenfassend gelangt Turk (1985: 22) auf der Grundlage ihrer Ergebnisse zu folgender Überlegung: Ministerien und Behörden würden den Einfluss, den ihre Kommunikationsverantwortlichen auf die Medienberichterstattung nehmen können, oft überschätzen. Die Tatsache, dass nur gut die Hälfte aller PR-Informationen Verwendung findet, zeige aber, dass dieser Einfluss begrenzt ist.

Die Schlussfolgerung aus den Daten könnte aber auch anders lauten. Ist es viel oder wenig, wenn die Hälfte der Artikel über staatliche Einrichtungen auf deren Informationsmaterial beruht? Aus Sicht der Regierungsakteure mag es wenig erscheinen, wenn „nur" gut 50 Prozent ihrer angebotenen Informationen von den Journalisten weiterverwendet wird. Betrachtet man jedoch Journalismus als „vierte Gewalt im Staat" (vgl. Kap. 1.2), dann mag der Anteil der PR-Informationen, die in der Berichterstattung genutzt werden, hoch erscheinen. Die Interpretation der Ergebnisse von Medienresonanzanalysen hängt also in hohem Maße davon ab, welche (externen) Bewertungsmaßstäbe zu Grunde gelegt worden (vgl. Kap. 1.3).

Seit den Untersuchungen von Sigal (1973) und Turk (1985) wurden in den USA immer wieder empirische Studien durchgeführt, die den Niederschlag von Pressemitteilungen und anderen PR-Informationen in der Medienberichterstattung untersuchten (vgl. zusammenfassend Shoemaker/Reese 1996: 180ff.; Cameron/Sallott/Curtin 1997; Wehmeier 2004; Sweetser/Brown 2008). Dabei wurden verschiedene Variablen miteinbezogen, zum Beispiel Nachrichtenfaktoren (Turk 1985; 1986), die sprachliche Qualität von Pressemitteilungen (Walters/Walters/Starr 1994) oder das Vorhandensein von Fotos in Pressemitteilungen (Morton/Warren 1992). Wiederholt bestätigten Untersuchungen, dass insbesondere Regierungsquellen stark von den Medien genutzt werden. Der Präsident der

Vereinigten Staaten stellt dabei die einflussreichste Quelle für die US-amerikanischen Medien dar (vgl. Weaver/McCombs/Shaw 2004: 269f.). Bennett schlussfolgert aus diesen und anderen Untersuchungsergebnissen, es gebe eine Art Zirkel der Glaubwürdigkeit, durch den die offiziellen Versionen von Ereignissen fortwährend gestützt werden: „The more official the position, the more likely it is to be reported; the more it is reported, the more credibility it gains; and the more credibility it gains, the more official it becomes" (Bennett 1988: 72). Neben der Aufbereitung des PR-Materials und der zugeschriebenen Publikationswürdigkeit des Inhalts ist also der Status der Quelle eine weitere entscheidende Variable, die den journalistischen Umgang mit Quellen beeinflusst.

Das Agenda-Building stellt in der US-amerikanischen Forschung das prominenteste Theorem dar, auf dessen Grundlage empirisch die Bedeutung von Quellen für die Medienberichterstattung untersucht wurde. Diese Studien stellten einen Anknüpfungspunkt für die deutschsprachige Kommunikationswissenschaft, insbesondere für die Determinationsforschung, dar.

2.3 Determinationsforschung

Im deutschsprachigen Raum erschien die erste Input-Output-Analyse zum Einfluss von Quellen auf die Medienberichterstattung im Jahr 1977. Die Autoren, Nissen und Menningen, bezeichneten ihre Untersuchung als Beitrag zur Gatekeeper-Forschung, doch durch das anders geartete Forschungsdesign hebt sich ihre Studie von der herkömmlichen Gatekeeper-Forschung deutlich ab.

Nissen und Menningen interessierten sich für die Frage, wie Pressemitteilungen (diese bezeichnen sie als Informationsangebot von Primärkommunikatoren) von den Medien weiterverarbeitet werden. Im Rahmen ihrer Input-Output-Analyse verglichen sie die Pressemitteilungen verschiedener politischer Akteure (Input) mit der Berichterstattung über diese Akteure in drei regionalen Tageszeitungen (Output). Vom gesamten Informationsangebot der Primärkommunikatoren wurde ein Fünftel bis ein Drittel in der Berichterstattung verwendet. Wenn die Zeitungen das Material veröffentlichten, so wurde es lediglich gekürzt und kaum kommentiert. Die Zeitungen würden, so Nissen und Menningen, in ihren Nachrichtenteilen also hauptsächlich die Funktion des Informationsvermittlers ausüben und dabei auch die Wertungen und Intentionen der Primärkommunikatoren an das Publikum weitergeben. Die Autoren schlussfolgern aus ihren Untersuchungsergebnissen: „Der Prozess der öffentlichen Meinungsbildung wird stark von den politischen Organisationen im vormedialen Bereich bestimmt. Die Primärkommunikatoren bestimmen die Themen, artikulieren die Meinungen hierzu und versuchen sie als ‚öffentliche Meinung' durchzusetzen." (Nissen/Menningen 1977: 226). Daraus leiten Nissen und Menningen die Annahme ab, bedeutender als die Macht der Journalisten sei die Macht der organisierten Gruppen, die als „bürokratische Gatekeeper-Institutionen" Einfluss auf die Kommunikationsströme ausüben (Nissen/Menningen 1977: 226).

Die Ergebnisse und die daraus abgeleitete These von Nissen und Menningen wurden zunächst in der Kommunikationswissenschaft kaum beachtet. Erst nachdem Baerns ihre Habilitationsschrift mit dem Titel „Öffentlichkeitsarbeit oder Journalismus – zum Einfluss im Mediensystem" (die 1985 in erster Auflage erschien; im Folgenden zitiert als Baerns 1991) veröffentlicht hatte, setzte eine umfangreiche Beschäftigung mit der Frage nach den Beziehungen zwischen Journalismus und Öffentlichkeitsarbeit ein. Baerns' Studie wirkte dabei wie eine Initialzündung für eine Fülle von Medienresonanzanalysen zur Bedeutung von Öffentlichkeitsarbeit für die Medienberichterstattung.

Beispielstudie:
Öffentlichkeitsarbeit oder Journalismus – zum Einfluss im Mediensystem

Baerns setzt bei der Rolle der Quellen an und modelliert die Beziehung zwischen Journalismus und Öffentlichkeitsarbeit als die zweier miteinander agierender, aber auch konkurrierender Größen. Bereits 1974 hatte Baerns eine erste Untersuchung durchgeführt, die sie 1979 veröffentlichte: eine Fallstudie über den Einfluss von Pressemitteilungen eines Industrieunternehmens auf die Berichterstattung über den Konzern (Baerns 1979). Im Ergebnis identifizierte sie 42 Prozent aller Beiträge über den Konzern als wörtliche, vollständige oder gekürzte Übernahmen des PR-Materials und sah darin eine Bestätigung für die Vermutung, dass Öffentlichkeitsarbeit die Berichterstattung inhaltlich zu strukturieren vermag, wenn Journalisten auf selbstständige Recherche verzichten (Baerns 1979: 310).

Diese Befunde sowie die Untersuchungsergebnisse von Nissen und Menningen (1977) veranlassten Baerns, den Einfluss, den die Öffentlichkeitsarbeit auf den Journalismus ausüben kann, in einer groß angelegten Studie empirisch zu untersuchen. Ihren Ausgangspunkt stellte die normative medienpolitische Annahme dar, Meinungspluralismus entstehe durch eine Vielzahl miteinander konkurrierender Medien (vgl. Kap. 1.1). Diese Annahme, so Baerns, werde durch eine mehr oder weniger gleichlautende Berichterstattung in den Medien offenkundig widerlegt. Denn alle Medieninhaltsanalysen belegten eine konsonante Berichterstattung trotz bestehender Medienvielfalt. Wie ist dieser Widerspruch zu erklären? Baerns vermutete, die konsonante Medienberichterstattung sei auf den Einfluss zurückzuführen, den standardisierte Quellen der Öffentlichkeitsarbeit auf die journalistische Berichterstattung ausüben.

Theoretisch ging Baerns von einer funktionalen Unterscheidung zwischen Journalismus und Öffentlichkeitsarbeit aus. Als Journalismus bezeichnete sie die „Fremddarstellung allgemeinen Wissens", als Öffentlichkeitsarbeit die „Selbstdarstellung partikularer Interessen durch Information" (Baerns 1991: 16). Sie nahm an, dass zwischen Journalismus und Öffentlichkeitsarbeit eine Konkurrenzbeziehung um Einfluss besteht, da beide auf das Mediensystem abzielen würden und dort Wirkungen hervorrufen wollten (vgl. Abb. 4).

Abbildung 4:   Funktionale Unterscheidung zwischen Öffentlichkeitsarbeit und Journalismus (nach Baerns 1991, eigene Abbildung)

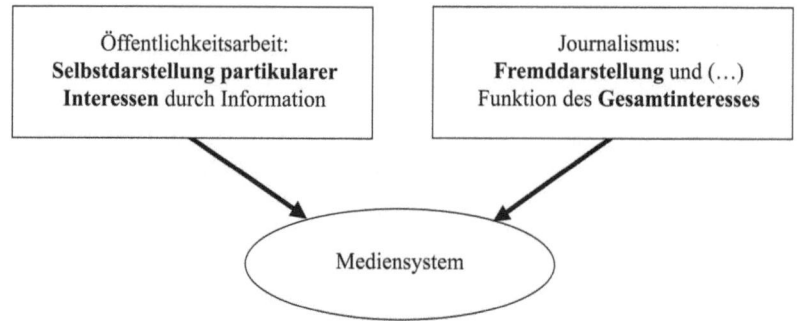

2.3 Determinationsforschung

Auf der Grundlage dieser Modellvorstellung formulierte Baerns folgende Annahme, die sie selbst nicht Determinationsthese titulierte, die aber im Nachhinein von anderen als solche bezeichnet wurde:

Determinationsthese

„Öffentlichkeitsarbeit hat erfolgreich Einfluss geübt, wenn das Ergebnis der Medienberichterstattung ohne diese Einflussnahmen anders ausgesehen hätte. (...) Journalismus hat erfolgreich Einfluss geübt, wenn das Ergebnis ohne dieses anders ausgefallen wäre. Unter der Voraussetzung, andere Faktoren existierten nicht, wäre schließlich eine gegenseitige Abhängigkeit zu konstatieren: je mehr Einfluss Öffentlichkeitsarbeit ausübt, umso weniger Einfluss kommt Journalismus zu und umgekehrt."

Baerns (1991: 17)

Diese These schränkte Baerns durch die sogenannte ceteris-paribus-Klausel ein. Folgeuntersuchungen nahmen diese Einschränkung zum Anlass, um die Determinationsthese unter Einbezug verschiedener intervenierender Variablen auf den Prüfstand zu stellen.

Thematischer Bezugspunkt der Untersuchung war die landespolitische Berichterstattung in Nordrhein-Westfalen. In ihre Input-Output-Analyse bezog Baerns Beiträge in verschiedenen Medientypen (nicht nur wie bislang üblich Zeitungsartikel) sowie Meldungen von Nachrichtenagenturen mit ein. Die **Datenbasis** stellten auf Seiten der Medien alle landespolitischen Beiträge in überregionalen und regionalen Tageszeitungen, Fernsehbeiträge und Hörfunkbeiträge sowie alle Agenturmeldungen mit landespolitischem Bezug dar. Auf Seiten der Öffentlichkeitsarbeit untersuchte Baerns Pressemitteilungen, Beobachtungsprotokolle der Landespressekonferenz sowie die amtlichen Protokolle der Landtagssitzungen und öffentlichen Landtagspublikationen.[7] Der **Untersuchungszeitraum** umfasste die Monate April und Oktober 1978 (bezogen auf die Tagespresse jeweils zwei Wochen in den entsprechenden Untersuchungsmonaten). Als **Quelle** definierte Baerns „schriftlich oder mündlich verbalisierte Textinformation in der

---

7 Insgesamt wertete Baerns 826 Agenturmeldungen, 1.797 Tageszeitungsbeiträge, 347 Fernseh- und 562 Hörfunk-Beiträge sowie 159 Pressemitteilungen und Protokolle aus.

vom Informator vorgegebenen formalen oder inhaltlichen Gestalt" (Baerns 1991: 45).

Baerns untersuchte die Leistungen des Journalismus aus drei Perspektiven:

- nach Thematisierungsleistungen,
- nach Transformationsleistungen,
- nach Quellentransparenz.

Die **Thematisierungsleistung** bezieht sich auf folgende Frage: Gehen die Anlässe beziehungsweise die Themen der Berichterstattung auf Informationen der Öffentlichkeitsarbeit zurück oder auf journalistische Recherche? Die **Transformationsleistungen** beziehen sich darauf, inwieweit Journalisten die Informationen der Öffentlichkeitsarbeit durch Nach- und Zusatzrecherchen weiterbearbeiten. Die **Quellentransparenz** schließlich bezieht sich darauf, inwieweit Journalisten die Verwendung ihrer Quellen in der Medienberichterstattung öffentlich machen und somit die Rezipienten darüber aufklären, woher die Informationen ursprünglich stammen.

Ergebnisse zur Thematisierung: Im Hinblick auf die Thematisierungsleistungen untersuchte Baerns, wie viele Medienbeiträge auf standardisierte Quellen der Öffentlichkeitsarbeit zurückzuführen waren. Sowohl in den Meldungen der Nachrichtenagenturen als auch in der Medienberichterstattung fand sie einen **hohen Anteil von Themen**, die auf die Aktivitäten der Öffentlichkeitsarbeit zurückzuführen waren. Das galt für alle Medien. In rund zwei von drei Beiträgen, so ein Ergebnis der Untersuchung von Baerns, basierte die Primärquelle – als solche definiert Baerns diejenige Quelle, die als erste im Beitrag auftaucht und den Aufhänger des Medienbeitrags bestimmt – auf Informationen der Öffentlichkeitsarbeit. Tabelle 1 zeigt, wie der Untersuchung von Baerns zufolge die Öffentlichkeitsarbeit die Thematisierung der Medienberichterstattung beeinflusst.

2.3 Determinationsforschung

Tabelle 1: Thematisierungsleistung: Dominanz standardisierter Quellen (Öffentlichkeitsarbeit) in Medienbeiträgen (nach Baerns 1991: 87)

	Primärmedien		Sekundärmedien	
	Agenturen	Presse	Hörfunk	Fernsehen
Öffentlichkeitsarbeit	59%	64%	61%	63%
Andere Quellen	41%	36%	39%	37%
Zahl der Primärquellen	826	1.768	562	347

Insgesamt, so lautet eines der meistzitierten Ergebnisse dieser Untersuchung, beruhen durchschnittlich 62 Prozent der Berichterstattungsanlässe der gesamten Agentur- und Medienberichterstattung auf Material der Öffentlichkeitsarbeit.

Ergebnisse zur Transformation: Im Hinblick auf die Transformationsleistungen, also auf die Prozesse der Informationsbearbeitung, untersuchte Baerns, inwieweit Journalisten die Informationen der Öffentlichkeitsarbeit ergänzt, verändert oder weiterverarbeitet haben. Ihrer Untersuchung zufolge spielte die journalistische Nach- und Zusatzrecherche nur eine untergeordnete Rolle. Über 80 Prozent aller analysierten Beiträge beruhten auf nur einer Quelle. Und wenn andere Quellen verwendet wurden, dann handelte es sich auch dabei überwiegend um standardisierte Quellen, also um solche, die aus der Öffentlichkeitsarbeit stammten. Die journalistische Bearbeitungsleistung erschöpfte sich fast ausschließlich im **Kürzen** der Informationen der Öffentlichkeitsarbeit.

Eine weitere journalistische Transformationsleistung sah Baerns in der **schnellen Verbreitung** der Informationen der Öffentlichkeitsarbeit. So ermittelte sie, dass über 70 Prozent der Informationen der Öffentlichkeitsarbeit noch am selben Tag durch Agenturen, Hörfunk und Fernsehen bearbeitet worden sind. Die Tagespresse verwendete das Material überwiegend am nächsten Tag (vgl. Baerns 1991: 89, Tabelle 4.24).

Ergebnisse zur Transparenz: Wird den Lesern, Zuschauern und Zuhörern der große Einfluss der Öffentlichkeitsarbeit auf die Berichterstattung deutlich? Weisen die Journalisten in ihren Beiträgen auf ihre Quellen hin? Nur wenn in der Berichterstattung die Herkunft der Informationen transparent gemacht werde, so Baerns, können die Rezipienten eine eventuelle Interessengebundenheit der Informationen erkennen. Wenn in den Artikeln Wendungen vorkamen wie beispielsweise „Erklärung vor Journalisten...", oder „Ein Ministerium teilt mit...", dann würden Baerns zufolge die Quellen offengelegt. Wird indes ein politischer Handlungsträger zitiert, ohne dass dabei ein weiterer Hinweis auf den Informationsanlass gegeben wurde (beispielsweise dass es sich um ein Zitat im Rahmen einer Pressekonferenz handelte), dann wurde dies nicht als Offenlegung kodiert (vgl. Baerns 1991: 131, Anm. 100).

Im Hinblick auf die so definierte Quellentransparenz zeigte sich ein Unterschied zwischen den Meldungen der Nachrichtenagenturen und der Berichterstattung in den Massenmedien. Während in immerhin über der Hälfte aller Agenturmeldungen auf die Herkunft der Primärquelle verwiesen wurde, war dies in nur 17 Prozent aller Beiträge im Fernsehen der Fall. In der Tagespresse war die Nennung der Quellen häufig irreführend: So waren zum Beispiel über die Hälfte aller Beiträge, die ursprünglich auf Informationen der Öffentlichkeitsarbeit beruhten, als Agenturmeldungen gekennzeichnet. Wird also in Agenturmeldungen die Quelle noch angegeben, so verliert sich dieser Hinweis häufig bei der Übernahme der Agenturmeldung in die Berichterstattung der Massenmedien.

Aus ihrer Untersuchung zog Baerns folgenden Schluss: Der Journalismus trete als autonomes Informationsbeschaffungssystem hinter die Selbstdarstellung durch Öffentlichkeitsarbeit zurück. Die Informationsvielfalt würde auf dieser Grundlage fast ausschließlich durch Selektion oder Interpretation des vorgegebenen Angebots sowie durch medientechnisch und -dramaturgisch ungleiche Umsetzung zustande kommen (vgl. Baerns 1991: 89). Bezogen auf das Verhältnis von Öffentlichkeitsarbeit und Journalismus fasst Baerns ihre Untersuchungsergebnisse so zusammen: „**Öffentlichkeitsarbeit hat** die **Themen** und indirekt auch das **Timing** der Berichterstattung **unter Kontrolle**, denn die Informationen werden mit einer geringen Umschlagzeit weitergegeben" (Baerns 1991: 98).

2.4 Rezeption des Determinationsansatzes und Folgestudien

„62. Mit dieser Zahl löste Barbara Baerns Untersuchung, Öffentlichkeitsarbeit oder Journalismus?' ein mittleres wissenschaftliches Erdbeben aus", so die Einschätzung von Hoffjann (2004: 42). Und dies, obwohl die Prozentsätze, die Baerns in ihrer Input-Output-Analyse hinsichtlich der Verwendung von PR-Informationen in der Medienberichterstattung ermittelt hat, gar nicht so sehr von den Zahlen abwichen, die in vergleichbaren US-amerikanischen Untersuchungen erhoben worden sind. Sowohl

2.4 Rezeption des Determinationsansatzes und Folgestudien

Sigal (1973) als auch Turk (1985) hatten etwas mehr als 50 Prozent erhoben, und sie hatten dabei die Nachrichtenagenturen nicht mit einbezogen. Dennoch löste die Untersuchung von Baerns ein ganz anderes Echo aus als die amerikanischen Erhebungen. Die Ergebnisse von Sigal und anderen wurden in den USA meist unter dem Aspekt des Informationszugangs verschiedener Akteure zur Berichterstattung diskutiert. Baerns' Schlussfolgerung dagegen zielte auf die Leistungsfähigkeit des Journalismus und stieß damit eine kontroverse Diskussion an.

Folgestudien teilten zwar das grundlegende Erkenntnisinteresse nach der Bedeutung der Öffentlichkeitsarbeit für die Berichterstattung, variierten aber das Untersuchungsdesign. Dabei interessierte vor allem die Frage, welchen Einfluss verschiedene intervenierende Variablen auf den journalistischen Umgang mit PR-Material haben, beispielsweise das Ressort (Riesmeyer 2007), der Status der Quelle (Saffarnia 1993; Riesmeyer 2007), Krisensituationen (Barth/Donsbach 1992), die angenommene Legitimität der Quelle (Yoon 2005) oder die redaktionelle Linie (Kepplinger/Maurer 2004; vgl. auch den Katalog von Variablen bei Szyszka 1997: 219ff. und den Überblick bei Seidenglanz/Bentele 2004; Raupp 2008).

Die meisten Studien, die im deutschsprachigen Raum in der Folge der Untersuchung von Baerns (1991) durchgeführt wurden, erschienen in Form von Aufsätzen in Fachzeitschriften oder in Form von universitären Abschlussarbeiten. Nur wenige Untersuchungen waren ähnlich umfassend angelegt wie die Ausgangsstudie von Baerns und sind als Buchpublikationen erschienen. Die folgende Tabelle gibt einen Überblick über verschiedene Arbeiten, die im Rahmen der Determinationsforschung beziehungsweise in Auseinandersetzung mit der Determinationsthese entstanden sind. Die Übersicht erhebt keinen Anspruch auf Vollständigkeit, sondern soll exemplarisch verschiedene Untersuchungsanlagen und -ergebnisse auf einen Blick zusammenfassen.

Tabelle 2: Überblick über Forschungsanlagen und Befunde von Input-Output-Analysen zum Verhältnis von Journalismus und Öffentlichkeitsarbeit (vgl. Fortsetzung auf Seite 65)

Autoren	Untersuchungsbereich[1]	Determinations- bzw. Resonanz- quote[2]
Nissen/Menningen (1977)	PM; politische Akteure; regionale Ebene	54% (R)[3]
Baerns (1979)	PM + PK; Unternehmen; lokale, regionale und überregionale Ebene	42% (D)[4]
Lang (1980)	PM; Parteien; regionale Ebene	keine genaue Angabe
Hintermeier (1982)	PM; politische Akteure; lokale Ebene	19% (R)
Baerns (1985/1991)	PM + PK; politische Akteure; regionale Ebene	62% (D)
Grossenbacher (1986)	PK; politische Akteure und Unternehmen; überregionale Ebene (Schweiz)	keine genaue Angabe
Knoche/Lindgens (1988)	PM; eine Partei; regionale und überregionale Ebene	22% (D)
Schnitzmeier (1989)	PM; eine Parteifraktion; regionale und überregionale Ebene	48% (R)
Barth/Donsbach (1992)	PK; Unternehmen, Verband und NGO; lokale, regionale und überregionale Ebene	k.g.A (R).
Fröhlich (1992)	PM; Unternehmen, überregionale Ebene	62% (D)
Saffarnia (1993)	PM; politische Akteure; überregionale Ebene	34% (D) 11% (R)

[1] Die Angaben zur Ebene (lokal, regional oder überregional) beziehen sich auf die ausgewerteten Medien, nicht auf die PR-Akteure.
[2] Die Prozentangaben sind gerundet.
[3] (R): Resonanzquoten
[4] (D): Determinationsquoten

2.4 Rezeption des Determinationsansatzes und Folgestudien 65

Tabelle 2: Überblick über Forschungsanlagen und Befunde von Input-Output-Analysen zum Verhältnis von Journalismus und Öffentlichkeitsarbeit (Fortsetzung)

Autoren	Untersuchungsbereich[1]	Determinations- bzw. Resonanz- quote[2]
Rossmann (1993)	PM; NGO; lokale, regionale und überregionale Ebene	84% (D)[3]
Salazar-Volkmann (1994)	PM; Unternehmen; überregionale Ebene	65% (D)
Schweda/Opherden (1995)	PM; Parteien; lokale Ebene	18% (D) 65% (R)[4]
Baerns (1999)	PM; Unternehmen, Behörden, Verbände; überregionale Ebene	71% (D)
Gazlig (1999)	PM; Landesregierung; regionale Ebene	36% (R)
Kolmer (2000)	PM; Treuhandanstalt; überregionale Printmedien	24% (R)
Müller-Hennig (2000)	PM; NGO; überregionale Ebene	17% (R)
Donsbach/Wenzel (2002)	PM; Fraktionen; regionale Ebene	25% (D) 28% (R)
Donsbach/Meißner (2004)	PM; politische Akteure; regionale Ebene; Agentur- berichterstattung	48% (D)
Fröhlich/Rüdiger (2004)	PM; politische Akteure; überregionale Ebene	10% (D) 17% (R)
Kepplinger/Maurer (2004)	PM; Parteien; regionale und überregionale Ebene	7 bzw. 15% (D), 33% (R)
Riesmeyer (2007)	PM; div. Akteure; regionale Ebene	22% (D)

[1] Die Angaben zur Ebene (lokal, regional oder überregional) beziehen sich auf die ausgewerteten Medien, nicht auf die PR-Akteure.
[2] Die Prozentangaben sind gerundet.
[3] (D): Determinationsquote
[4] (R): Resonanzquote

Ein Blick auf die Spalte der Untersuchungsergebnisse in Tabelle 2 zeigt, dass die Prozentzahlen, die die Verwendung von PR-Informationen in der Berichterstattung ausdrücken, stark schwanken. So stellte zum Beispiel Rossmann (1993) in seiner Auswertung der Berichterstattung über Greenpeace fest, dass 84 Prozent der Beiträge über Greenpeace durch Aktionen der Umweltschützer ausgelöst wurden. Dagegen stellte Müller-Hennig (2000), der die Resonanz der Öffentlichkeitsarbeit von Greenpeace untersuchte, eine durchschnittliche Resonanzquote von 17 Prozent fest (Müller-Hennig 2000: 61). Zwar stieß Greenpeace mit einigen Presseerklärungen auf breite Resonanz in den Medien, ein größerer Teil der Pressemitteilungen der Umweltschutzorganisation fand dagegen nur äußerst geringe Aufmerksamkeit bei den Journalisten.

Wie lassen sich diese unterschiedlichen Befunde erklären? Hierfür sind zum einen inhaltliche Gründe ausschlaggebend, d.h. die Schwankungen sind auf den Einfluss der intervenierenden Variablen zurückzuführen. Neben diesen inhaltlichen Gründen erklären aber auch unterschiedliche methodische Herangehensweisen die Schwankungsbreite der erhobenen Prozentsätze. Auf diese methodischen Unterschiede soll im Folgenden näher eingegangen werden.

Erstens definieren die Autoren der verschiedenen Studien „Input" und „Output" ganz unterschiedlich. Das führt dazu, dass **verschiedene Arten von Überschneidungsanalysen** durchgeführt werden. Weiter wird unterschiedlich operationalisiert, was unter **Quelle** zu verstehen ist und was damit zusammenhängend als Einfluss gelten kann. Und schließlich gehen die Ansichten darüber auseinander, wie die journalistische Bearbeitungsleistung, die sogenannte **Transformation**, zu messen und zu bewerten ist.

2.4.1 Verschiedene Arten der Überschneidungsanalysen

In der Regel sind Medienresonanzanalysen Input-Output-Analysen. Doch was genau gilt als Input, was als Output? Von der jeweiligen Definition hängt es ab, welche Überschneidungen zwischen Input und Output gemessen werden. Bonfadelli (2002: 183) unterscheidet idealtypisch zwischen drei verschiedenen Arten von Untersuchungen:

2.4 Rezeption des Determinationsansatzes und Folgestudien

1. Medien-Output ← PR-Input: Die Medienberichterstattung über eine Organisation oder ein Ereignis über einen bestimmten Zeitraum bildet den Medien-Output. Parallel wird untersucht, wie groß der Anteil der Berichterstattung ist, die auf den PR-Input zurückzuführen ist.
2. PR-Event als Medien-Input → Medien-Output: Diese Richtung geht von einer begrenzten Zahl von PR-induzierten Ereignissen als Medien-Input aus und vergleicht diesen mit der Resonanz in der Berichterstattung (Medien-Output).
3. PR-Input ↔ Medien-Output: Der dritte Typ forciert die medialen Transformationsprozesse. Gefragt wird nach den journalistischen Routinen der Umformung des PR-Inputs in den Medien-Output.

Ein grundlegender Unterschied besteht vor allem zwischen Untersuchungen, die ihren Ausgangspunkt bei der Gesamtberichterstattung nehmen (dies entspricht Typ 1 bei Bonfadelli) und solchen Untersuchungen, die ihren Ausgang bei den Aktivitäten der Öffentlichkeitsarbeit nehmen und die darauf basierende Berichterstattung untersuchen (dies entspricht den Typen 2 und 3 bei Bonfadelli).

Abbildung 5:   Verschiedene Arten der Überschneidungsanalyse: Typ A

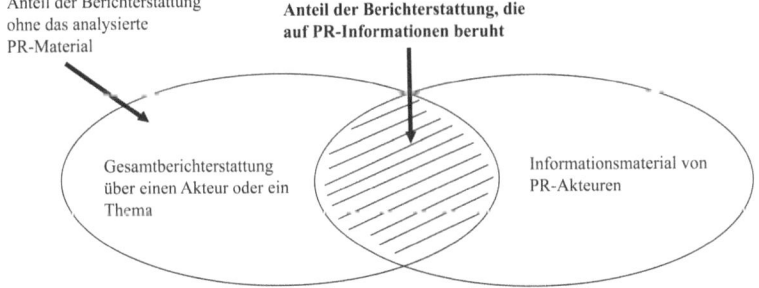

Abbildung 6: *Verschiedene Arten der Überschneidungsanalyse: Typ B*

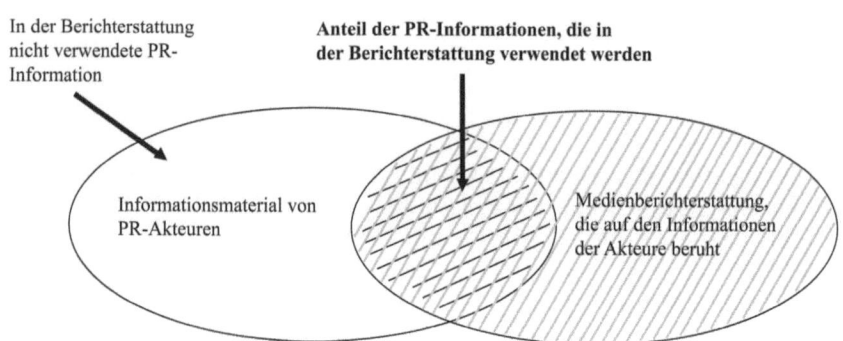

Diese beiden Typen werden im Folgenden als **Determinationsanalysen** (Typ A) und als **Resonanzanalysen** (Typ B) bezeichnet.

> **Determinationsanalysen:**
> - Vergleich PR-Input mit gesamter Berichterstattung
> - Thematisierungsleistung von ÖA
> → **fokussieren auf journalistische Leistungen**
>
> Die Determinationsquote bezeichnet den Prozentsatz der Berichterstattung, die auf PR-Quellen beruht.
>
> **Resonanzanalysen:**
> - Selektions- oder Übernahmequoten
> - „Effektivität" der Öffentlichkeitsarbeit
> → **fokussieren auf PR-Leistungen**
>
> Die Resonanzquote bezeichnet den Prozentsatz verwendeter Pressemitteilungen.

Die beiden Untersuchungstypen unterscheiden sich nicht nur hinsichtlich ihrer jeweiligen methodischen Anlage, sondern auch bezüglich des Erkenntnisinteresses. Die Spannbreite der Prozentsätze, die im Rahmen der Determinationsforschung ermittelt wurden, erklärt sich zum Teil daraus,

2.4 Rezeption des Determinationsansatzes und Folgestudien

dass es sich dabei um Determinations- oder um Resonanzquoten handelt. In Tabelle 2 ist der Typ der Überschneidungsanalyse jeweils mit einem (D) für Determinationsanalyse oder einem (R) für Resonanzanalyse gekennzeichnet.

Somit ist vor der Durchführung einer Medienresonanzanalyse festzulegen, ob damit eine Aussage über die „Determination" der Medienberichterstattung getroffen werden soll und/oder über die Resonanz, die bestimmte PR-Informationen in der Medienberichterstattung finden. In einer Untersuchung können entweder nur eine der beiden oder beide Arten der Überschneidungsanalyse durchgeführt werden.

Im Falle von **Determinationsanalysen** ist darüber hinaus zu bestimmen, wie „Gesamtberichterstattung" operationalisiert wird. Möglich ist die Berichterstattung über einen Akteur (eine Organisation oder eine Person) oder über ein bestimmtes Thema oder einen Themenbereich. Mitunter wird beides auch kombiniert. Die Untersuchung von Kepplinger und Maurer (2004) ist hierzu instruktiv. Die Autoren gehen in ihrer Studie der Frage nach, welchen Einfluss die Pressemitteilungen der Bundesparteien auf die Berichterstattung im Bundestagswahlkampf 2002 haben, und zwar anhand des Sachthemas Wirtschaftspolitik. Sie differenzieren dabei im Hinblick auf die Analyse der Medienberichterstattung zwischen einerseits allen Beiträgen über Wirtschaftspolitik, die im Untersuchungszeitraum veröffentlicht worden sind, und andererseits allen wirtschaftspolitischen Beiträge, die ein Thema behandeln, das auch in den Pressemitteilungen angesprochen wurde. Bilden alle Beiträge über Wirtschaftspolitik die auszuwertende Grundgesamtheit der Medienberichterstattung, so beträgt der Determinationsquotient (d.h. der Anteil der Artikel, die auf Pressemitteilungen basieren) sieben Prozent. Legt man nur die Anzahl der Beiträge zu Grunde, die Informationen enthalten, die auch in den Pressemitteilungen angesprochen wurden, dann erhöht sich der Determinationsquotient auf 15 Prozent. Dies erklärt sich daraus, dass die zu analysierende Teilmenge in diesem Fall kleiner ist. Auch im zweiten Fall handelt es sich jedoch nicht um eine Resonanzanalyse. Denn eine Resonanzanalyse im oben definierten Verständnis fragt danach, welche Pressemitteilungen auf publizistische Resonanz stoßen. In der Untersuchung von Kepplinger und Maurer beträgt der Resonanzquotient 33 Prozent, das heißt von allen 162 Pressemitteilungen der Parteien und Fraktionen über

Wirtschaft und Arbeit, die in die Studie einflossen, wurde gut ein Drittel von den Medien übernommen in dem Sinne, dass die Zeitungen die zentralen Botschaften der Pressemitteilungen aufgegriffen hatten.

Resonanzanalysen entfalten ihre Aussagekraft vor allem dann, wenn nicht nur danach gefragt wird, welche Pressemitteilungen verwendet werden, sondern auch danach, welche Pressemitteilungen wie oft verwendet, und welche gar nicht verwendet werden. Auf diese Weise lassen sich Aussagen zur **Resonanzeffizienz** machen. So ermittelte Kolmer (2000) in einer Untersuchung zur Nachrichtenauswahl am Beispiel der Treuhandanstalt, dass 158 von ihm ausgewertete Medienbeiträge einen Bezug zu Pressemitteilungen der Treuhandanstalt aufwiesen. Von den insgesamt 70 von ihm analysierten Pressemitteilungen stießen aber nur 47 auf publizistische Resonanz. 23 Pressemitteilungen fanden also keinerlei Resonanz, zu manchen erschien ein Beitrag, zu manchen erschienen bis zu neun Beiträge. Im Durchschnitt wurden so 17 der 70 Pressemitteilungen von den Zeitungen aufgegriffen, was eine Resonanzquote von 24 Prozent ergibt (Kolmer 2000: 135).

2.4.2 Verschiedene Definitionen von „Quelle" und „Einfluss"

Was unter einer **Quelle** zu verstehen ist, wird in der kommunikationswissenschaftlichen Literatur unterschiedlich gesehen. Blöbaum, Görke und Wied (2004: 6) differenzieren nach „Quellen im Sinn von Dokumenten, Quellen im Sinn von Personen, die Informationen an Journalisten weitergeben, [und] Quellen im Sinn einer allgemeinen Herkunftsbezeichnung für journalistisch vermittelte Informationen".

Im vorliegenden Forschungskontext handelt es sich bei Quellen in der Regel um Informationen der PR – um sogenannte standardisierte Quellen. Doch auch hier gibt es eine Vielzahl unterschiedlicher Definitionen und entsprechende Arten der Operationalisierung. Man kann den Begriff Quelle weit auslegen und darunter sämtliche Informationen von Organisationen verstehen, also beispielsweise auch Protokolle von Parlamentssitzungen und andere öffentlich zugängliche Informationen politischer oder anderer Akteure. Dies entspricht dem Quellenverständnis von Baerns (1991). Turk (1985) hatte darüber hinaus unter Quelle auch die

2.4 Rezeption des Determinationsansatzes und Folgestudien

reaktive Öffentlichkeitsarbeit erfasst, also beispielsweise telefonisch übermittelte Informationen, die von Journalisten aktiv recherchiert wurden.

In der Regel aber werden in den Untersuchungen nur solche Quellen berücksichtigt, die aktiv von den Pressestellen und Kommunikationsabteilungen zur Verfügung gestellt werden und die ausschließlich zu dem Zweck angefertigt worden sind, dass sie durch Journalisten weiterverarbeitet werden. Aus forschungsökonomischen Gründen werten die meisten Untersuchungen, die mithilfe von Input-Output-Analysen die Bedeutung der Öffentlichkeitsarbeit für die Medienberichterstattung ermitteln, Pressemitteilungen aus.

Darüber hinaus besteht ein enger Zusammenhang zwischen der Operationalisierung von „**Verwendung**" und der Definition von „**Einfluss**" und der damit verbundenen Bewertung dieses Einflussverhältnisses. Wann kann man davon sprechen, dass Öffentlichkeitsarbeit Einfluss auf die Berichterstattung ausgeübt hat? Und ist dieser Einfluss schädlich? So gelangt Baerns zu dem Ergebnis, Öffentlichkeitsarbeit habe bereits dann Einfluss ausgeübt, wenn PR-Informationen den Anlass der Berichterstattung darstellen. Andere Autoren definieren Einfluss in einem wesentlich engeren Sinne. Nur wenn Passagen aus Pressemitteilungen wörtlich in die Berichterstattung übernommen werden und damit eindeutig erkennbar ist, dass ein bestimmter Artikel oder Medienbeitrag auf eine Pressemitteilung zurückzuführen ist, wird dies als Einfluss gewertet.

In diesem Zusammenhang machen Sweetser und Brown (2008: 360) auf ein grundsätzliches methodisches Problem von Input-Output-Analysen aufmerksam. Was eine Quelle ist, präzisieren sie wie folgt: Ein Journalist, der selbst eine Person auf der Straße anspricht und dessen Angaben in der Berichterstattung verwendet, nutzt keine „information subsidy". Wenn der Journalist jedoch beispielsweise einen Kommunikationsverantwortlichen aus dem Bereich der Public Affairs anspricht, um mit dessen Hilfe eine Auskunftsperson zu finden, dann nutzt er eine „subsidy". Allerdings zitieren die Journalisten längst nicht immer alle Quellen, die sie auf diese Weise nutzen, und sie verweisen auch nicht darauf. Aus diesem Umstand ergibt sich die faktische Unmöglichkeit, die Verwendung von Quellen inhaltsanalytisch einwandfrei nachzuweisen. Sweetser und Brown (2008: 360) konstatieren: „It would be nearly impossible through mere content analysis to determine if a subsidy was used." Daraus schließen sie, ergänzend seien Interviews oder Beobachtungen durchzuführen. Beispiele für solche Mehrmethodenstudien sind etwa Turk (1985), Scholl (2004), Yoon (2005) oder Riesmeyer (2007).

Andere Autoren sehen dies grundsätzlich anders, da sie den Selbstauskünften von Journalisten oder PR-Beauftragten eher misstrauen. Denn sie befürchten, die Antworten könnten aufgrund sozialer Erwünschtheit verzerrt sein. Stattdessen wird induktiv aus einer Ähnlichkeit von Themen und Berichterstattungsanlässen, wie sie mithilfe einer Input-Output-Analyse erhoben werden können, geschlussfolgert, dass dann der Berichterstattung Informationen der Öffentlichkeitsarbeit zugrunde liegen.

2.4.3 Journalistische Transformation

Eng mit der Frage nach den Definitionen von Quelle und Einfluss ist die Frage nach der journalistischen Bearbeitungsleistung, der sogenannten **Transformation**, verbunden. Auch diese wird auf unterschiedliche Weise operationalisiert. Es hat sich folgende Kategorisierung journalistischer Bearbeitungsleistungen nach Recherche-, Kritik- und Kommentarfunktion durchgesetzt (vgl. Saffarnia 1993: 415; Riesmeyer 2007: 109):

- **Recherche**: Eine Recherche liegt vor, wenn ein Medienbeitrag zusätzliche Informationen enthält, die nicht in dem dazugehörenden PR-Text vorhanden waren, sondern erst durch den Redakteur beschafft werden müssen.
- **Kritik**: Die Transformationsleitung Kritik meint das Infragestellen von Aussagen oder Sachverhalten vorgegebener PR-Informationen. Vorzugsweise handelt es sich um Äußerungen, die sich gegen bestimmte Sachverhalte oder Personen richten.
- **Kommentar**: Kommentare umfassen Interpretationen von Sachverhalten bzw. Aussagen oder Meinungen zu bestimmten Sachverhalten.

Der journalistische Umgang mit PR-Material kann davon abhängen, welche journalistischen Bearbeitungsleistungen gerade vorgenommen werden. Darüber hinaus ist der Umgang mit PR-Material davon abhängig, wie Journalisten die Kommunikationsabsichten der Public Relations wahrnehmen und mit welchen eigenen Kommunikationsabsichten sie operieren. Scholl (2004: 46) spricht in diesem Zusammenhang von einer Kompensierung einer einseitigen Quellenabhängigkeit. Diese kann prinzipiell durch folgende journalistische Operationen erfolgen:

- **Kontrastierung**: innerhalb eines journalistischen Beitrags können konträre PR-Informationen einander gegenübergestellt werden.
- **Relevanzeinschränkung**: wenn PR-Quellen (vollständig) übernommen werden, können sie weniger exponiert platziert werden.
- **Mehrfachperspektivierung**: wenn PR-Quellen übernommen werden, können ihre Informationen durch zusätzliche Recherche ergänzt oder in einen anderen Kontext eingeordnet werden.
- **Gegenkommunikation**: neben der Veränderung der Informationen besteht die Möglichkeit, PR-Informationen zu bewerten und zu kommentieren, um den Informationsgehalt in einen (anderen) Kontext einzuordnen.

Es hängt vom jeweiligen Forschungsdesign der Medienresonanzanalyse ab, inwieweit journalistische Transformationsleistungen inhaltsanalytisch erfasst werden können. Dabei ist auch eine Abwägung zwischen qualitativen und quantitativen Verfahren der Inhaltsanalyse zu treffen: Je stärker Transformationsleistungen berücksichtigt werden sollen, desto eher sollte die Inhaltsanalyse auch qualitative Elemente enthalten.

2.5 Das Intereffikationsmodell

Die deutschsprachige Kommunikationswissenschaft fokussierte lange Zeit primär auf Journalisten als Kommunikatoren (vgl. Langenbucher 1997: 21). Mit der Determinationsforschung wurde diese Journalismuszentriertheit überwunden. Ihre Ansatzpunkte waren nicht länger Journalisten, der Redaktionsraum und die Entscheidungen, die Journalisten hinsichtlich der Publikationswürdigkeit von Informationen treffen. Stattdessen wurde im Rahmen der Determinationsforschung der Prozess der Nachrichtenentstehung konsequent im Hinblick auf die Bedeutung der Quellen betrachtet. Tatsächlich ging es Baerns vor dem Hintergrund der Forschungssituation Ende der 1970er Jahre auch darum „Öffentlichkeitsarbeit zunächst einmal zur Kenntnis zu nehmen und dann in ihren Auswirkungen – hier auf das Mediensystem – kenntlich zu machen." (Baerns

2004: 87). Die Blickrichtung war jedoch einseitig steuerungstheoretisch: Der Prozess der Nachrichtenentstehung wurde linear von der Quelle hin zur journalistischen Selektion und Bearbeitung gedacht. Dabei wurde der Journalismus auf eine scheinbar homogene Größe reduziert und journalismusinterne Differenzen kaum berücksichtigt (vgl. Löffelholz 2000: 190). Zudem blieb auch die Seite der PR eine Art Black Box. Mögliche Einflüsse, die der Journalismus auf die Öffentlichkeitsarbeit haben kann, wurden nicht in den Blick genommen.

Dabei hatte bereits Sigal (1973) nachgewiesen, dass die Regierungsstellen den Versand ihrer Presseinformationen an die Redaktionszeiten der Nachrichtenmedien anpassen. Und Boorstin (1961) führte in seinem Buch „The Image. A Guide to Pseudo-Events in America" aus dem Jahr 1961 bereits den Begriff „Pseudo-Event" ein, um zu beschreiben, wie Organisationen Ereignisse künstlich inszenieren, um so Medienaufmerksamkeit zu erlangen. Kepplinger (1992) spricht in diesem Zusammenhang von Ereignismanagement. Diese Überlegungen legen nahe, die Seite der Presse- und Öffentlichkeitsarbeit nicht nur als Quelle, sondern auch in ihrer Organisationsfunktion in den Blick zu nehmen und zu fragen, inwieweit sich die Öffentlichkeitsarbeit an die Arbeitsweise des Journalismus anpasst.

An dieser Stelle setzt das Intereffikationsmodell (Bentele/ Liebert/Seeling 1997; Bentele/Nothhaft 2004; Seidenglanz/Bentele 2004; Bentele 2008) an. Im Unterschied zur Determinationsforschung stellt das Intereffikationsmodell die Wechselseitigkeit der Beziehung zwischen Journalismus und Öffentlichkeitsarbeit in den Mittelpunkt. Es war aus einer von Bentele, Liebert und Seeling durchgeführten Studie zur kommunalen Öffentlichkeitsarbeit entstanden (Bentele/Liebert/Seeling 1997). Die Autoren verfolgten mit dem Modell das Ziel, die Beziehung zwischen Public Relations und Journalismus als reziprokes Verhältnis darzustellen, bei dem sich beide Seiten bedingen und beeinflussen. Verschiedentlich wurde das Modell als Weiterentwicklung oder als „Gegenposition zur Determinationshypothese" (Schantel 2000) rezipiert. Diese Einordnung des Modells ist insofern unzutreffend, als dass es sich bei der Untersuchung von Baerns (1991) um einen empirisch gestützten Argumentationszusammenhang im Kontext der Forschung zur journalistischen Aussagenentstehung handelt (vgl. zu dieser Rezeption Baerns 2004), bei

2.5 Das Intereffikationsmodell

dem Intereffikationsmodell dagegen um ein heuristisches Modell zum Verhältnis von Journalismus und PR, das nicht unmittelbar empirisch überprüfbar ist, sondern empirische Untersuchungen anregen soll (vgl. Bentele/Nothhaft 2004: 68).

Die zentrale Annahme des Intereffikationsmodells lautet, zwischen PR und Journalismus bestehe eine wechselseitige Ermöglichungsbeziehung.

> **Intereffikation**
>
> „Die Kommunikationsleistungen jeder Seite sind nur **möglich**, weil die jeweils andere Seite existiert und mehr oder weniger bereitwillig ‚mitspielt'. (...) PR-Praktiker können ihre jeweiligen Kommunikationsziele in der Regel nur mit Hilfe des Mediensystems erreichen. Umgekehrt ist die Existenz des Mediensystems (...) von der Zuliefer- und Kommunikationsbereitschaft des PR-Systems abhängig. (...) Weil die Kommunikationsleistungen jeder Seite nur dadurch möglich sind, dass die Leistungen der anderen Seite vorhanden sind, ergibt sich die Feststellung, dass jede Seite so die Leistungen der anderen Seite **ermöglicht.** Dies führt zu dem Begriff **Intereffikation.**"
>
> Bentele/Liebert/Seeling (1997: 240)

Das Intereffikationsmodell ist umfassend angelegt und will die Beziehungen zwischen Journalismus und PR auf allen drei sozialwissenschaftlich gängigen Betrachtungsebenen: der Makro-, der Meso- und der Mikroebene, abbilden. Auf der Makroebene versucht es die Beziehungen zwischen PR-System und journalistischem System zu erfassen, auf der Mesoebene die Beziehungen zwischen PR-Abteilungen und Redaktionen und auf der Mikroebene die Beziehungen zwischen individuellen PR-Akteuren und Medien. Auf allen drei Ebenen, so die Annahme, finden jeweils Induktionen und Adaptionen statt. Unter **Induktionen** verstehen die Autoren intendierte, gerichtete Kommunikationsanregungen oder -einflüsse, die beobachtbare Wirkungen im jeweils anderen System haben. Der Begriff **Adaption** bezieht sich auf kommunikatives und organisatorisches Anpassungshandeln, das sich an der jeweils anderen Seite orientiert. Den Autoren zufolge finden Induktionen und Adaptionen in drei Dimensionen statt: in der **Sachdimension** (diese umfasst die Selektion, Thematisierung, Platzierung, Bewertung und Präsentation), in der **zeitlichen Dimension** sowie in einer **sozial-psychischen Dimension** (diese umfasst neben psychischen Voraussetzungen auch organisatorische Rahmen und Routinen).

Abbildung 7: Zentrale Elemente des Intereffikationsmodells (nach Bentele/Liebert/Seelig 1997:242)

a) **Sachdimension** (Selektion, Thematisierung, Präsentation)

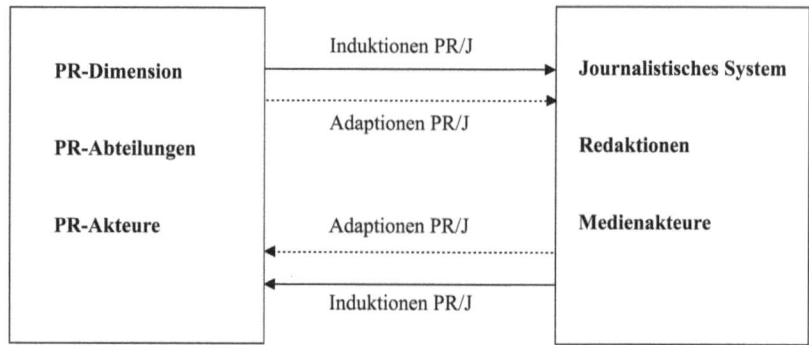

b) **zeitliche Dimension** (zeitliche Rahmen und Routinen)

c) **sozial-psychische Dimension** (psychische Voraussetzungen, organisatorische Rahmen und Routinen)

Nicht alle Dimensionen und nicht alle denkbaren Beziehungskonstellationen sind empirisch gleich gut erforscht worden. Vielmehr fokussieren die meisten empirischen Untersuchungen, die auf dem Intereffikationsmodell basieren, PR-Induktionen. Sie konzentrieren sich damit auf jene Aspekte, die bereits im Zusammenhang mit der Determinationsthese untersucht worden waren (vgl. Bentele/Nothhaft 2004: 72f.). Journalistische Induktionen, also Anregungen und Einflüsse, die beobachtbare Wirkungen auf der Seite der Öffentlichkeitsarbeit auslösen, seien in der empirischen Forschung dagegen bis dato vernachlässigt worden. Bentele führt

2.5 Das Intereffikationsmodell

dies darauf zurück, dass die Wirkungen journalistischer Berichterstattung auf PR-betreibende Organisationen nur unter Schwierigkeiten erfassbar sind. Auch seien durch mediale Berichterstattung beeinflusste oder gar ausgelöste Prozesse in PR-betreibenden Organisationen nicht der originäre Gegenstand der Kommunikationswissenschaft (vgl. Bentele/Nothhaft 2004: 73).[8]

Dementsprechend setzten die meisten Untersuchungen, die im Rahmen des Intereffikationsmodells durchgeführt wurden, den PR-Input in Beziehung zum journalistischen Output. In der Sachdimension differenziert das Intereffikationsmodell Induktionen entlang von vier Subdimensionen: (1) Themen und ihre Selektion, (2) Festlegung von Relevanzen, (3) Bewertungen von Sachverhalten, Personen und Themen und (4) Präsentationen (vgl. Bentele/Liebert/Seeling 1997: 245).

Weiter unterscheidet das Intereffikationsmodell in der sachlichen Dimension drei **verschiedene Induktionstypen**: Initiativinduktion, Textinduktion und Tendenzinduktion (vgl. Bentele/Nothhaft 2004: 75f.). Diese Induktionstypen lassen sich danach unterscheiden, auf wen die Themeninitiative zurückzuführen ist. Die Autoren fragen also, wer ein Thema angeregt oder die Berichterstattung angestoßen hat. Denkbar ist dabei sowohl, dass die Themeninitiative bei der Öffentlichkeitsarbeit liegt oder dass sie auf einen journalistischen Redakteur oder eine Redaktion zurückgeht.

Beschränkt sich die Induktionsleistung der Öffentlichkeitsarbeit darauf, journalistische Berichterstattung lediglich anzuregen, geht also nur der zeitlich-thematische Anstoß von Seiten der PR aus, was aber nicht zu einer evidenten textlichen Induktion führt, liegt eine **Initiativinduktion** vor. Die Leistung der PR besteht in diesem Falle darin, journalistische Aufmerksamkeit auf bestimmte Ereignisse oder Themen zu lenken.

Liegt die Themeninitiative auf Seiten der PR, so wird dies in der überwiegenden Zahl der Fälle mit einem Mindestmaß an empirisch evidenter Induktion von Text einhergehen: Das ist der Fall, wenn in der journalistischen Berichterstattung Formulierungen und Botschaften aus

---

8 An dieser Stelle setzt die Medialisierungsforschung an, die zum Beispiel in Bezug auf die Medialisierung politischer Akteure interdisziplinär politik- und kommunikationswissenschaftliche Perspektiven integriert.

Pressemitteilungen oder Pressemappen auftauchen, Sprecher oder Vorstände mit Äußerungen zitiert oder Daten aus Bilanzen referiert werden.

Textinduktion bezeichnet demnach die wortwörtliche oder sinngemäße Übernahme von Kernbotschaften, Argumenten oder Passagen aus PR-Produkten. Von einer **Tendenzinduktion** sprechen Bentele und Nothhaft (2004: 76f.) schließlich, wenn Journalisten Bewertungen von Seiten der Public Relations übernehmen. Tendenzinduktionen stellen damit einen untergeordneten Fall von Textinduktionen dar.

Folgende Abbildung veranschaulicht die verschiedenen Induktionstypen in der Sachdimension:

Abbildung 8: Induktionstypen in der sachlichen Dimension (Bentele/Nothhaft 2004: 76)

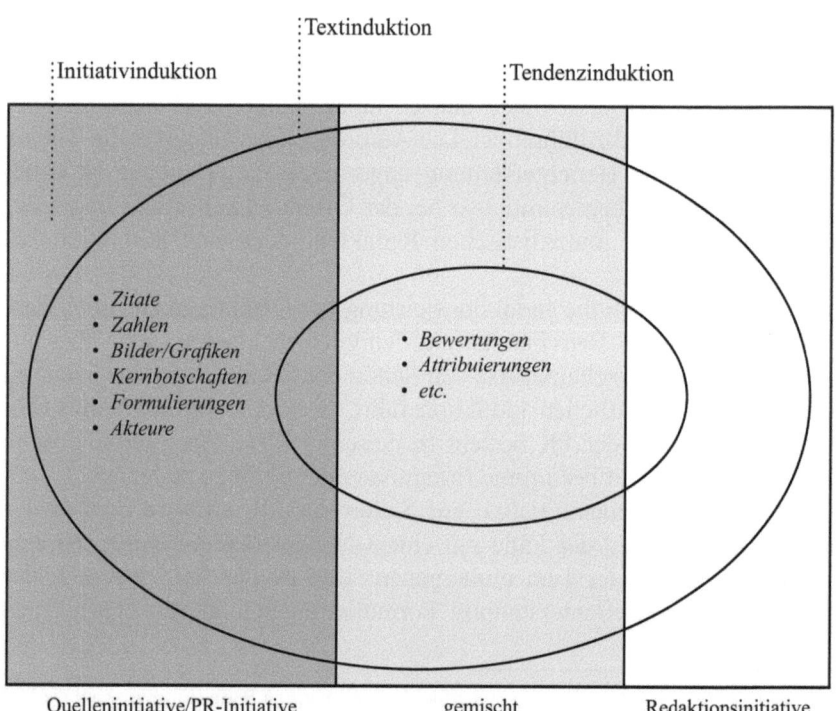

2.5 Das Intereffikationsmodell

Input-Output-Analysen, die Induktionen untersuchten, ermittelten ebenso wie die Determinationsforschung einen teilweise hohen Grad PR-induzierter Berichterstattung. Bentele und Nothhaft (2004) verweisen hierbei auf eine Reihe von Input-Output-Analysen, die am Institut für Kommunikations- und Medienwissenschaft der Universität Leipzig durchgeführt worden sind und die eine Themeninduktion durch Pressemitteilungen von weit über 60 Prozent ergeben haben. Diese Studien haben überdies gezeigt, dass die Induktionen keineswegs in der Hauptsache von Pressemitteilungen ausgehen, sondern vermutlich aus einer Vielzahl von Quellen gespeist werden, wozu auch „latente" Kommunikationsanregungen wie Äußerungen von Pressesprechern in Telefonaten und dergleichen zählen (Bentele/Nothhaft 2004: 82).

Übernehmen Journalisten auch Bewertungen seitens der Öffentlichkeitsarbeit? Die verschiedenen Untersuchungen, die am Leipziger Institut durchgeführt worden sind, verweisen auf folgenden Sachverhalt: Ist die Entscheidung, eine Pressemitteilung zu verwenden, einmal gefallen, dann übernehmen Journalisten in der Mehrzahl der Fälle auch zumindest eine der klaren Botschaften der Öffentlichkeitsarbeit. Mitunter geschieht es auch, dass alle wichtigen Botschaften und Zitate teilweise wortwörtlich übernommen werden (Bentele/Nothhaft 2004: 90). Unterscheidet man dabei mit Bentele zwischen „offiziellen PR-Kommunikatoren" (etwa Pressesprechern) und „funktionalen PR-Kommunikatoren" (etwa Politikern, Sportlern, Künstlern, vgl. Bentele 1998: 136), dann zeigt sich, dass vor allem Aussagen funktionaler PR-Kommunikatoren übernommen werden. Offizielle PR-Kommunikatoren werden dagegen seltener direkt zitiert.

Abbildung 9: Quellen und Redaktionsinitiative in verschiedenen Leipziger Studien (Bentele/Nothhaft 2004: 80)

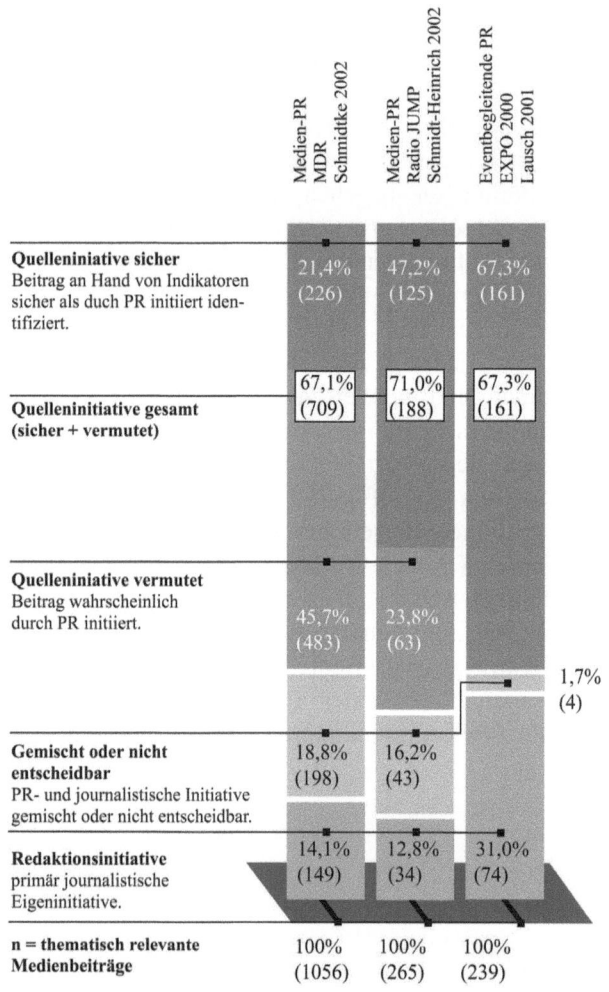

Schließlich fragten Untersuchungen, die im Rahmen des Intereffikationsmodells angestellt wurden, nach der Quellentransparenz. Ebenso wie bei Baerns (1991) oder Fröhlich (1992) zeigen sich auch in den Leipziger

Studien eine hohe Intransparenz im Hinblick auf die Nennung von Pressemitteilungen oder anderen PR-Informationen als Quelle.

Die bisher beschriebenen, von Seiten der Öffentlichkeitsarbeit in Richtung journalistischer Berichterstattung zielenden Induktionen können im Rahmen des Intereffikationsmodells nicht losgelöst von den entsprechenden, gegenläufigen Adaptionen betrachtet werden. Allerdings stößt die Kommunikationsforschung hier an methodische Grenzen, da sich verlässliche Angaben über die eine wie über die andere Seite nur in den seltensten Fällen machen lassen. Wo allerdings nicht gleichermaßen verlässliche Angaben sowohl über das Ausmaß der Induktion als auch über das Maß der Adaption vorliegen, können keine empirisch belastbaren Aussagen über „Steuerung" oder „Einfluss" getroffen werden. So ist kaum entscheidbar, welcher Anteil der von Seiten der Öffentlichkeitsarbeit angeregten Induktionen tatsächlich als Versuch zu werten ist, eigene Anliegen durchzusetzen (vgl. Bentele/Nothhaft 2004: 94).

2.6 Weiterführende theoretische Modellierungen

Die komplexe Beziehung zwischen Journalismus und Öffentlichkeitsarbeit lässt sich nicht allein auf der Produktebene erfassen (Jarren/Röttger 1999). Es bedarf vielmehr einer theoretischen Konzeption von Journalismus und von Öffentlichkeitsarbeit sowie einer Vorstellung davon, wie beide Seiten miteinander agieren beziehungsweise sich beeinflussen. Die Determinationsforschung nahm ihren theoretischen Ausgangspunkt, zumindest in der Fassung von Baerns (1991), in einer damals vorherrschenden strukturfunktionalistischen Perspektive. Ihr heuristisches Verdienst liegt unter anderem darin, deutlich zwischen Journalismus einerseits und dem Mediensystem andererseits unterschieden zu haben; eine Differenzierung, die später Altmeppen (2006) mit Nachdruck einforderte. Das Haupterkenntnisinteresse der Determinationsforschung gilt der publizistischen Aussagenentstehung. Damit knüpft die Determinationsforschung implizit an die Agenda-Building-Forschung aus den USA an. Vor diesem Hintergrund ist nachvollziehbar, dass Wehmeier (2004: 216) von der Determinationsforschung sogar als einem „Zweig im Rahmen der Agenda-Building-Forschung" spricht. Die Rezeption der – im Nachhinein sogenannten „Determinationshypothese" – unterschied sich indes deutlich von derjenigen der Agenda-Building-Forschung. In der Rezeption der Determinationsforschung wurde nicht nur die Differenzierung zwischen Journalismus und Mediensystem verwischt, sondern auch Interaktion und Auswirkung miteinander verwechselt. Die empirischen Untersuchungen, die im Rahmen der Determinationsforschung entstanden sind, fokussieren Auswirkungen im Sinne von Einfluss von Mitteilungen der Öffentlichkeitsarbeit auf publizistische Aussagen, nicht aber Interaktion im Sinne von Wechselbeziehungen.

Im Unterschied dazu beansprucht das Intereffikationsmodell, Aussagen über das Zusammenspiel, d.h. über die Interaktion von Journalismus und Öffentlichkeitsarbeit zu machen. Das Intereffikationsmodell integriert öffentlichkeitstheoretische Überlegungen und postuliert, handlungs- und systemtheoretische Perspektiven miteinander zu verknüpfen. Trotz der systemtheoretischen Diktion der Autoren ist das Modell indes eher handlungstheoretisch angelegt. Es bietet eine theoretische Perspektive, um die Gesamtbeziehung zwischen Journalismus und Öffentlichkeitsarbeit in den Blick zu nehmen, und zwar auf der gesellschaftlichen, auf der organisatorischen wie auf der individuellen Ebene. Zunächst stellte das Modell vor allem einen heuristischen Rahmen für die Betrachtung des Verhältnisses von Journalismus und PR bereit, doch mittlerweile sind eine Vielzahl empirischer Untersuchungen auf der Grundlage des Intereffikationsmodells durchgeführt worden. Auch diese richten sich in ihrer Mehrzahl auf die Untersuchung von Induktionsleistungen der PR in Richtung Journalismus und ähneln insofern in ihrer methodischen Anlage den Untersuchungen, die im Kontext der Determinationsforschung entstanden sind. Durch die Weiterentwicklung des Intereffikationsmodells, insbesondere durch die Spezifizierung verschiedener Induktions- und Adaptionsleistungen und -typen in verschiedenen Dimensionen bieten sich zahlreiche theoretisch-definitorische Anknüpfungspunkte für Medienresonanzanalysen.

Der Agenda-Building-Ansatz und die Determinationsforschung sind hauptsächlich steuerungstheoretisch, das Intereffikationsmodell primär handlungstheoretisch ausgerichtet. In den letzten Jahren sind neben diesen Ansätzen weitere Theorieentwürfe entstanden, die das Beziehungsgefüge zwischen Öffentlichkeitsarbeit und Journalismus zu beschreiben und

2.6 Weiterführende theoretische Modellierungen

zu analysieren versuchen. Die wichtigste Perspektive dieser Theorieentwürfe ist die neuere Systemtheorie, wie sie von Luhmann (1984) entwickelt wurde, sowie das konstruktivistische Paradigma. Diese teilweise elaborierten Ansätze modellieren die Beziehung zwischen Öffentlichkeitsarbeit und Journalismus wesentlich komplexer, als dies etwa die steuerungstheoretischen Ansätze tun (vgl. etwa Löffelholz 2000; Hoffjann 2001; Merten 2004). Allerdings wurden auf der Grundlage der systemtheoretisch und konstruktivistisch orientierten Theorieentwürfe kaum empirisch-analytische Untersuchungen zum Verhältnis von Journalismus und Öffentlichkeitsarbeit durchgeführt (anders aber: Scholl 2004; Blöbaum/Görke/Wied 2004), weshalb sie hier auch nicht weiter behandelt werden. Gleiches gilt für ökonomisch grundierte Ansätze zur Beziehung von Journalismus und Öffentlichkeitsarbeit (vgl. etwa Ruß-Mohl 2004; Ruß-Mohl/Fengler 2007).

Für die Analyse des Verhältnisses von Journalismus und Öffentlichkeitsarbeit (Intereffikationsansatz) und für die Untersuchung der Bedeutung, die Quellen für die Berichterstattung haben (Determinationsansatz), sind Input-Output- und Medienresonanzanalysen ein zentrales empirisches Verfahren. Mithilfe von Input-Output-Analysen können ausgehend von manifesten Produkten – schriftlichem PR-Material, Beiträgen von Nachrichtenagenturen, Artikeln in Zeitungen, Fernseh- und Hörfunkbeiträgen – Rückschlüsse auf den Einfluss der Öffentlichkeitsarbeit auf die Medienberichterstattung getroffen werden. Die verschiedenen Formen der Überschneidungsanalyse sind dabei ein Hilfsmittel, um auf der Grundlage von Textähnlichkeit nachzuweisen, inwiefern Mitteilungen der Öffentlichkeitsarbeit Eingang in die Medienberichterstattung finden, und welche journalistischen Selektions- und Bearbeitungsverfahren dabei angewendet werden.

Der Aussagenbereich von Medienresonanzanalysen ist allerdings beschränkt. So werden nur manifeste Informationen der Öffentlichkeitsarbeit untersucht. Latente PR-Quellen, beispielsweise Telefonate oder direkte Äußerungen eines Pressesprechers gegenüber einem Journalisten, können dagegen mithilfe von Medienresonanzanalyse nicht erfasst werden. Auch Informationen, die Journalisten von Sprechern oder anderen Organisationsvertretern „off-the-record" in persönlichen Gesprächen unter vier Augen erhalten, sind eigentlich als PR-Einflüsse zu werten.

Gerade die persönlichen Beziehungen zwischen Journalisten und Kommunikationsverantwortlichen in Organisationen lassen eine hohe wechselseitige Beeinflussung vermuten, doch dies ist mit den gängigen Methoden der Sozialwissenschaftler schwer nachzuweisen (vgl. Altmeppen/Röttger/Bentele 2004: 11). Bentele und Nothhaft (2004: 85) geben ferner zu bedenken, dass kaum eine Input-Output-Analyse Induktionsleistungen durch archiviertes PR-Material erfasst. Wenn betreffende Unterlagen bei nicht aktuellen Themen erst nach Wochen oder Monaten zur Verwendung gelangen oder Bestandteile des Hintergrundwissens von Journalisten werden, bleiben sie meist außen vor. In diesem Zusammenhang fordern Bentele und Nothhaft (2004), über die Durchdringung manifester PR-Miiteilungen, wie zum Beispiel Pressemitteilungen oder Pressekonferenzen, hinauszugehen und zu versuchen, auch andere PR-Quellen mit zu erfassen.

Darüber hinaus ist auch denkbar, dass Informationen von Organisationen direkt an bestimmte Zielgruppen vermittelt und über diesen Umweg an Medienvertreter weitergeleitet werden. Auch diese indirekten Einflüsse der Öffentlichkeitsarbeit sind mithilfe von Medienresonanzanalysen kaum nachweisbar.[9]

Ein weiteres Problem besteht in der unterstellten Kausalität im Zusammenhang mit PR-Informationen der Medienberichterstattung. Die Tatsache, dass Medien zunächst von einem bestimmten Thema durch eine Pressemitteilung erfahren, bedeutet nicht automatisch, dass die Medien dieses Thema aufgrund einer Themenanregung oder Induktion der Öffentlichkeitsarbeit aufgreifen. Der Zeitpunkt der Medienberichterstattung kann ein direktes Ergebnis der Pressemitteilung sein, doch lässt sich dies mithilfe einer Inhaltsanalyse nicht eindeutig „beweisen". Wenn das Ereignis von einer solchen Reichweite ist, dass die Medien ohnehin darüber berichtet hätten, unabhängig davon, von welchen Quellen sie zuerst davon erfahren haben, kann zudem nicht eine PR-Quelle ursächlich für die Berichterstattung angesehen werden, so Shoemaker (1989: 214).

---

9   So sind Einflüsse des Lobbying – wenn man dieses zu PR rechnen will –, das häufig „über Bande" spielt, auf die Medienberichterstattung mithilfe inhaltsanalytischer Verfahren praktisch nicht mehr rekonstruierbar.

2.6 Weiterführende theoretische Modellierungen

Trotz dieser Begrenzungen sind Medienresonanzanalysen alternativlos, wenn der Einfluss der Öffentlichkeitsarbeit auf die Medienberichterstattung erhoben werden soll. Jedoch sollten alle Aussagen, die auf der Grundlage von Medienresonanzanalysen getroffen werden, sorgfältig formuliert werden: Sie beziehen sich ausschließlich auf die Verwendung von medienexternen Informationen in der Berichterstattung. Durch die Einbeziehung intervenierender Variablen können darüber hinaus Rückschlüsse auf Gründe für die Verwendung oder nicht Verwendung gezogen werden. Geht es allerdings darum, weitergehende Aussagen über das Zusammenspiel von Journalismus und PR als rollenspezifischer Interaktion zu treffen, sind Befragungen und Beobachtungen als ergänzende Methoden hinzuzuziehen.

 Kapitelzusammenfassung

- Verschiedene Ansätze versuchen, Einflussfaktoren auf journalistische Publikationsentscheidungen zu identifizieren. Dabei beleuchten sie jeweils unterschiedliche Aspekte der Selektion und Aufbereitung von Information. Vor allem Ansätze, die die Rolle der Quellen der Berichterstattung in den Mittelpunkt stellen, bilden eine theoretische und methodologische Grundlage für Medienresonanzanalysen.
- In den USA erfolgte die Beschäftigung zum Verhältnis von Journalismus PR im Rahmen der Agenda-Building-Forschung. Im deutschsprachigen Raum wurden Input-Output-Analyse insbesondere im Kontext mit der Determinationsforschung eingesetzt, um Aussagen über den Einfluss standardisierter Quellen auf die Medienberichterstattung zu treffen. Ein weiterer Ansatz ist das Intereffikationsmodell von Bentele, Liebert und Seeling (1997). Dabei handelte es sich nicht um eine reine Weiterentwicklung der Determinationsforschung, sondern um einen alternativen Ansatz. Medienresonanzanalysen finden im Rahmen des Intereffikationsmodells Anwendung bei der Untersuchung von Induktionen der Öffentlichkeitsarbeit auf den Journalismus.

Literatur
Baerns 1991, Bentele/Nothhaft 2004, Shoemaker/Reese 1996

Altmeppen, Klaus-Dieter (2006): Journalismus und Medien als Organisation. Leistungen, Strukturen und Management. Wiesbaden: VS Verlag.
Altmeppen, Klaus-Dieter/Röttger, Ulrike/Bentele, Günter (2004): Public Relations und Journalismus: eine lang andauernde und interessante „Beziehungskiste". In: Altmeppen, Klaus-Dieter/Röttger, Ulrike/Bentele, Günter (Hrsg.): Schwierige Verhältnisse. Interdependenzen zwischen Journalismus und PR. Wiesbaden: VS Verlag, 7–15.
Baerns, Barbara (1979): Öffentlichkeitsarbeit als Determinante journalistischer Informationsleistungen. Thesen zur Beschreibung von Medieninhalten. In: Publizistik 24(3), 301–316.
Baerns, Barbara (1991): Öffentlichkeitsarbeit oder Journalismus? Zum Einfluss im Mediensystem. Köln: Verlag Wissenschaft und Politik.
Baerns, Barbara (1999): Kommunikationsrisiken und Risikokommunikation: Das nationale Risikoverfahren (Stufenplanverfahren) zur „Pille der dritten Generation". In: Rolke, Lothar/Wolff, Volker (Hrsg.): Wie die Medien die Wirklichkeit steuern und selbst gesteuert werden. Opladen/Wiesbaden: Westdeutscher Verlag, 93–125.
Baerns, Barbara (2004): Öffentlichkeitsarbeit und Erkenntnisinteressen der Kommunikationswissenschaft. In: Röttger, Ulrike (Hrsg.): Theorien der Public Relations. Grundlagen und Perspektiven der PR-Forschung. Wiesbaden: VS Verlag, 83–96.
Barth, Henrike/Donsbach, Wolfgang (1992): Aktivität und Passivität gegenüber Public Relations. Fallstudie am Beispiel von Pressekonferenzen zu Umweltthemen. In: Publizistik 36(2), 151–165.
Bennett, Lance W. (1988): News: The Politics of Illusion. New York: Longman.
Bentele, Günter (1998): Politische Öffentlichkeitsarbeit. In: Sarcinelli, Ulrich (Hrsg.): Politikvermittlung und Demokratie in der Mediengesellschaft. Opladen: Westdeutscher Verlag, 124–145.
Bentele, Günter (2008): Intereffikationsmodell. In: Bentele, Günter/Fröhlich, Romy/Szyszka, Peter (Hrsg.): Handbuch der Public Relations. Wissenschaftliche Grundlagen und berufliches Handeln. Wiesbaden: VS Verlag, 209–222.
Bentele, Günter/Liebert, Tobias/Seeling, Stefan (1997): Von der Determination zur Intereffikation. Ein integriertes Modell zum Verhältnis von Public Relations und Journalismus. In: Bentele, Günter/Haller, Michael (Hrsg.): Aktuelle Entstehung von Öffentlichkeit. Akteure – Strukturen – Veränderungen. Konstanz: UVK, 225–250.
Bentele, Günter/Nothhaft, Howard (2004): Das Intereffikationsmodell. Theoretische Weiterentwicklung, empirische Konkretisierung und Desiderate. In: Altmeppen, Klaus-Dieter/Röttger, Ulrike/Bentele, Günter (Hrsg.): Schwierige Verhältnisse. Interdependenzen zwischen Journalismus und PR Wiesbaden: VS Verlag, 67–104.

Blöbaum, Bernd/Görke, Alexander/Wied, Kristina (2004): Quellen mit der Wissenschaftsberichterstattung. Inhaltsanalysen und Befragung. Endbericht. Universität Münster: Institut für Kommunikationswissenschaft.

Bonfadelli, Heinz (2002): Medieninhaltsforschung. Grundlagen, Methoden, Anwendungen. Konstanz: UVK/UTB.

Boorstin, Daniel J. (1961): The Image: A Guide to Pseudo-Events in America. New York: Harper & Row.

Brosius, Hans-Bernd (1994): Agenda-Setting nach einem Vierteljahrhundert Forschung: Methodischer und theoretischer Stillstand. In: Publizistik 39(3), 269–288.

Cameron, Glen T./Sallott, Lyon M./Curtin, Patricia A. (1997): Public Relations and the Production of News: A Critical Review and Theoretical Framework. In: Burleson, Brant R./Kunkel, Adrianne W. (Hrsg.): Communication Yearbook Vol. 20. Thousand Oaks: Sage, 111–155.

D'Alessio, Dave D./Allen, Mike (2000): Media Bias in Presidential Elections: A Meta-analysis. In: Journal of Communication 50(4), 133–156.

Donsbach, Wolfgang/Meißner, Antje (2004): PR und Nachrichtenagenturen. Missing link in der kommunikationswissenschaftlichen Forschung. In: Raupp, Juliana/Klewes, Joachim (Hrsg.): Quo vadis Public Relations? Auf dem Weg zum Kommunikationsmanagement: Bestandsaufnahme und Entwicklungen. Wiesbaden: VS Verlag, 113–124.

Donsbach, Wolfgang/Wenzel, Arnold (2002): Aktivität und Passivität von Journalisten gegenüber parlamentarischer Pressearbeit. Inhaltsanalyse von Pressemitteilungen und Presseberichterstattung am Beispiel der Fraktionen des sächsischen Landtags. In: Publizistik 47(4), 373–387.

Eilders, Christiane (1997): Nachrichtenfaktoren und Rezeption. Eine empirische Analyse zur Auswahl und Verarbeitung politischer Information. Opladen: Westdeutscher Verlag.

Fretwurst, Benjamin (2008): Nachrichten im Interesse der Zuschauer. Eine konzeptionelle und empirische Neubestimmung der Nachrichtenwerttheorie. Konstanz: UVK.

Fröhlich, Romy (1992): Qualitativer Einfluss von Pressearbeit auf die Berichterstattung: Die „geheime Verführung" der Presse? In: Publizistik 37(1), 37–49.

Fröhlich, Romy/Rüdiger, Burkhard (2004): Determinierungsforschung zwischen PR-„Erfolg" und PR-„Einfluss". Zum Potenzial des Framing-Ansatzes für die Untersuchung der Weiterverarbeitung von Polit-PR durch den Journalismus. In: Raupp, Juliana/Klewes, Joachim (Hrsg.): Quo vadis Public Relations? Auf dem Weg zum Kommunikationsmanagement: Bestandsaufnahme und Entwicklungen. Wiesbaden: VS Verlag, 125–141.

Galtung, Johan/Ruge, Marie H. (1965): The Structure of Foreign News. The Presentation of the Congo, Cuba and Cyprus Crises in Four Norwegian Newspapers. In: Journal of Peace Research 2(1), 64–90.

Gandy, Oscar H. (1982): Beyond Agenda Setting: Information Subsidies and Public Policy. Norwood, NJ: Ablex Publishing Corp.

Gans, Herbert J. (1979): Deciding what's News: A Study of CSB Evening News, NBC nightly News, Newsweek and Time. New York: Pantheon Books.

Gazlig, Thomas (1999): Erfolgreiche Pressemitteilungen. Über den Einfluss von Nachrichtenfaktoren auf die Publikationschancen. In: Publizistik 44(2), 185–199.

Gieber, Walter (1956): Across the Desk. A Study of 16 Telegraphs. In: Journalism Quarterly 33, 423–432.

Grossenbacher, René (1986): Hat die „Vierte Gewalt" ausgedient? Zur Beziehung zwischen Public Relations und Medien. In: Media Perspektiven 11, 725–731.

Hagen, Lutz M. (1992): Die opportunen Zeugen. Konstruktionsmechanismen von Bias in der Zeitungsberichterstattung über die Volkszählungsdiskussion. In: Publizistik 37(4), 444–460.

Hintermeier, Josef (1982): Public Relations im journalistischen Entscheidungsprozess. Dargestellt am Beispiel einer Wirtschaftsredaktion. Düsseldorf: Verlag für Deutsche Wirtschaftsbiographien Flieger.

Hirsch, Paul M. (1977): Occupational, Organizational, and Institutional Models in Mass Media Research: Toward an integrated Framework. In: Hirsch, Paul M. et al. (Hrsg.): Strategies for Communication Research. Beverly Hills, CA: Sage, 13–42.

Hoffjann, Olaf (2001): Journalismus und Public Relations - ein Theorieentwurf der Intersystembeziehungen in sozialen Konflikten. Wiesbaden: Westdeutscher Verlag.

Hoffjann, Olaf (2004): 62 – Die Folgen einer Zahl. Ein systemtheoretischer Blick auf die Beziehungen zwischen PR und Journalismus. In: Raupp, Juliana/Klewes, Joachim (Hrsg.): Quo vadis Public Relations? Auf dem Weg zum Kommunikationsmanagement: Bestandsaufnahme und Entwicklungen. Wiesbaden: VS Verlag, 42–51.

Jarren, Otfried/Röttger, Ulrike (1999): Politiker, politische Öffentlichkeitsarbeiter und Journalisten als Handlungssystem. Ein Ansatz zum Verständnis politischer Public Relations. In: Rolke, Lothar/Wolff, Volker (Hsg.): Wie die Medien die Wirklichkeit steuern und selbst gesteuert werden. Opladen/Wiesbaden: Westdeutscher Verlag, 199–221.

Kepplinger, Hans Mathias (1989): Theorien der Nachrichtenauswahl als Theorien der Realität. In: Aus Politik und Zeitgeschichte 15, 3–16.

Kepplinger, Hans Mathias (1992): Ereignismanagement. Wirklichkeit und Massenmedien. Zürich: Ed. Interfrom.

Kepplinger, Hans Mathias (1998): Der Nachrichtenwert der Nachrichtenfaktoren. In: Holtz-Bacha, Christina/Scherer, Helmut/Waldmann, Norbert (Hrsg.): Wie die Medien die Welt erschaffen und wie die Menschen darin leben. Opladen/Wiesbaden: Westdeutscher Verlag, 19–38.

Kepplinger, Hans Mathias/Maurer, Marcus (2004): Der Einfluss der Pressemitteilungen der Bundesparteien auf die Berichterstattung im Bundestagswahlkampf 2002. In: Raupp, Juliana/Klewes, Joachim (Hrsg.): Quo vadis Public Relations? Auf dem Weg zum Kommunikationsmanagement: Bestandsaufnahme und Entwicklungen. Wiesbaden: VS Verlag, 113–124.

Knoche, Manfred/Lindgens, Monika (1988): Selektion, Konsonanz und Wirkungspotential der deutschen Tagespresse. Politikvermittlung am Beispiel der Agentur- und Presseberichterstattung über die GRÜNEN zur Bundestagswahl 1987. In: Media Perspektiven 8, 490–510.

Kolmer, Christian (2000): Die Treuhandanstalt: eine Input-Output-Analyse zu Theorien der Nachrichtenauswahl. Bonn u.a.: InnoVatio-Verlag.

Literatur zu Kapitel 2

Kristen, Christian (1972): Nachrichtenangebot unter Nachrichtenverwendung. Eine Studie zum Gatekeeper-Problem. Düsseldorf: Bertelsmann Universitäts-Verlag.

Lang, Hans-Joachim (1980): Parteipressemitteilungen im Kommunikationsfluss politischer Nachrichten. Eine Fallstudie über den Einfluss politischer Werbung auf Nachrichtentexte. Bern u.a.: Lang.

Langenbucher, Wolfgang R. (1997): WIR sind die KommunikatorInnen. Zu einigen Scheuklappen der Journalismusforschung. In: Bentele, Günter/Haller, Michael (Hrsg.): Aktuelle Entstehung von Öffentlichkeit. Akteure – Strukturen – Veränderungen. Konstanz: UVK, 19–28.

Lewin, Kurt (1947): Channels of Group Life. Social Planning and Action Research. In: Human Relations 1, 143–153.

Löffelholz, Martin (2000): Ein privilegiertes Verhältnis. Inter-Relationen von Journalismus und Öffentlichkeitsarbeit. In: Löffelholz, Martin (Hrsg): Theorien des Journalismus. Wiesbaden: Westdeutscher Verlag, 185–208.

Luhmann, Niklas (1984): Soziale Systeme. Grundriss einer allgemeinen Theorie. Frankfurt/Main: Suhrkamp.

McCombs, Maxwell E./Shaw, Donald L. (1972): The Agenda-Setting Function of Mass Media. In: The Public Opinion Quarterly 36(2), 176–187.

Merten, Klaus (2004): Mikro, Mikro-Makro oder Makro? Zum Verhältnis von Journalismus und PR aus systemischer Perspektive. In: Altmeppen, Klaus-Dieter;/Röttger, Ulrike/Bentele, Günter (Hrsg.): Schwierige Verhältnisse: Interdependenzen zwischen Journalismus und PR. Wiesbaden: VS Verlag, 17–36.

Morton, Linda P./Ramsey, Shirley (1994): A Benchmark Study of the PR Newswire. In: Public Relations Review 20(2), 171–182.

Morton, Linda P./Warren, John (1992): Acceptance of Characteristics of Hometown Press Releases. In: Journal of Public Relations Review 18(4), 385–390.

Müller-Hennig, Matthias (2000): Der Mythos von der Allmacht der Öffentlichkeitsarbeit. Ergebnisse der Nachrichten- und Informationsflussanalyse zur Informationsquelle Greenpeace. In: Krüger, Christian/Müller-Hennig, Matthias (Hrsg.): Greenpeace auf dem Wahrnehmungsmarkt. Studien zur Kommunikationspolitik und Medienresonanz. Hamburg: LIT, 53–69.

Nissen, Peter/Menningen, Walter (1977): Der Einfluss der Gatekeeper auf die Themenstruktur der Öffentlichkeit. In: Publizistik 22, 159–180.

Noelle-Neumann, Elisabeth/Schulz, Winfried/Wilke, Jürgen (Hrsg.) (1989): Das Fischer Lexikon Publizistik, Massenkommunikation. Frankfurt/Main: Fischer.

Östgaard, Einar (1965): Factors Influencing the Flow of News. In: Journal of Peace Research 2(1), 39–63.

Raupp, Juliana (2008): Determinationsthese. In: Bentele, Günther/Fröhlich, Romy/ Szyszka, Peter (Hrsg): Handbuch der Public Relations. Wissenschaftliche Grundlagen und berufliches Handeln. Wiesbaden: VS Verlag, 192–208.

Riesmeyer, Claudia (2007): Wie unabhängig ist Journalismus? Zur Konkretisierung der Determinationsthese. Konstanz: UVK.

Robinson, Gertrude J. (1973): 25 Jahre „Gatekeeper"-Forschung: eine kritische Rückschau und Bewertung. In: Aufermann, Jörg/Bohrmann, Hans/Sülzer, Rolf (Hrsg.): Gesellschaftliche Kommunikation und Information. Forschungseinrichtungen und Problemstellungen. Ein Arbeitsbuch zur Massenkommunikation. Frankfurt/Main: Athenäum, 344–355.

Rogers, Everett/Dearing, James W./Bregman, Dorine (1993): The Anatomy of Agenda-Setting-Research. In: Journal of Communication 43, 68–84.

Rosengren, Karl Erik (1970): International News: Intra and Extra Media Data. In: Acta Sociologica 13(2), 96–109.

Rössler, Patrick (1997): Agenda-Setting. Theoretische Annahmen und empirische Evidenzen einer Medienwirkungshypothese. Opladen: Westdeutscher Verlag.

Rossmann, Torsten (1993): Öffentlichkeitsarbeit und ihr Einfluss auf die Medien. Das Beispiel Greenpeace. In: Media Perspektiven 6, 85–94.

Rühl, Manfred (1969): Die Zeitungsredaktion als organisiertes soziales System. Gütersloh: Bertelsmann-Universitätsverlag.

Ruß-Mohl, Stefan (2004): PR und Journalismus in der Aufmerksamkeits-Ökonomie. In: Raupp, Juliana/ Klewes, Joachim (Hrsg.): Quo vadis Public Relations? Auf dem Weg zum Kommunikationsmanagement: Bestandsaufnahme und Entwicklungen. Wiesbaden: VS Verlag, 52–65.

Ruß-Mohl, Stephan/Fengler, Susanne (2007): The Market Model: PR and Journalism in the Attention Economy. In: Merkel, Bernd/Russ-Mohl, Stephan/Zavaritt, Giovanni (Hrsg.): A Complicated, Antagonistic and Symbiotic Affair. Journalism, Public Relations and their Struggle for Public Attention. Lugano: Giampiero Casagrande Editore, 79–94.

Saffarnia, Pierre A. (1993): Determiniert Öffentlichkeitsarbeit tatsächlich den Journalismus? Empirische Belege und theoretische Überlegungen gegen die PR-Determinierungsannahme. In: Publizistik 38(3), 412–425.

Salazar-Volkmann, Christian (1994): Marketingstrategien und Mediensystem. Pressearbeit und Medienberichterstattung am Beispiel der Frankfurter Messen. In: Publizistik 39(2), 190–204.

Schantel, Alexandra (2000): Determination oder Intereffikation? Eine Metaanalyse der Hypothesen zur PR-Journalismus-Beziehung. In: Publizistik 45(1), 70–88.

Schnitzmeier, Jürgen (1989): Macht der Öffentlichkeitsarbeit oder Macht des Journalismus? In: pr-magazin 9, 27–34.

Scholl, Armin (2004): Steuerung oder strukturelle Koppelung? Kritik und Erneuerung theoretischer Ansätze und empirischer Operationalisierungen. In: Altmeppen, Klaus-Dieter/Röttger, Ulrike/Bentele, Günter (Hrsg.): Schwierige Verhältnisse: Interdependenzen zwischen Journalismus und PR. Wiesbaden: VS Verlag, 37–52.

Schönbach, Klaus (1977): Trennung von Nachricht und Meinung. Empirische Untersuchung eines journalistischen Qualitätskriteriums. Freiburg u.a.: Alber

Schudson, Michael (2003): The Sociology of News. New York u.a.: Norton.

Schulz, Winfried (1976): Die Konstruktion von Realität in den Nachrichtenmedien. Analyse der aktuellen Berichterstattung. Freiburg/München: Alber.

Schweda, Claudia/Opherden, Rainer (1995): Journalismus und PR. Grenzbeziehungen im System lokaler politischer Kommunikation. Wiesbaden: Deutscher Universitätsverlag.

Seidenglanz, René/Bentele, Günter (2004): Das Verhältnis von Öffentlichkeitsarbeit und Journalismus im Kontext von Variablen. Modellentwicklung auf Basis des Intereffikationsansatzes und empirische Studie im Bereich der sächsischen Landespolitik. In: Altmeppen, Klaus-Dieter/Röttger, Ulrike/Bentele, Günter (Hrsg.): Schwierige Verhältnisse: Interdependenzen zwischen Journalismus und PR. Wiesbaden: VS Verlag, 105–120.

Shoemaker, Pamela (1989): Public Relations versus Journalism: Comments on Turow. In: American Behavioral Scientist 33(2), 213–215.

Shoemaker, Pamela J./Mayfield, Elizabeth K. (1987): Building a Theory of News Content: A Synthesis of Current Approaches. Journalism Monographs (103), 1–36.

Shoemaker, Pamela J./Reese, Stephen D. (1996): Mediating the Message: Theories of Influence on Mass Media Content. White Plains, NY: Longman Publishers.

Sigal, Leon V. (1973): Reporters and Officials. Lexington u.a.: Heath and Co.

Snider, Paul B. (1967): "Mr. Gates" Revisited. A 1966 Version of the 1949 Case Study. In: Journalism Quarterly 44, 419–427.

Staab, Joachim Friedrich (1990): Nachrichtenwert-Theorie. Formale Struktur und empirischer Gehalt. Freiburg u.a.: Alber.

Sweetser, Kaye D./Brown, Charles W. (2008): Information Subsidies and Agenda-Building during the Israel-Lebanon Crisis. In: Public Relations Review 34, 359–366.

Szyszka, Peter (1997): Bedarf oder Bedrohung? Zur Frage der Beziehungen zwischen Journalismus und Öffentlichkeitsarbeit. In: Bentele, Günter/ Haller, Michael (Hrsg.): Aktuelle Entstehung von Öffentlichkeit. Akteure – Strukturen – Veränderungen. Konstanz: UVK, 209–224.

Turk, Judy VanSlyke (1985): Information Subsidies and Influence. In: Newspaper Research Journal 11(3), 10–25.

Turk, Judy VanSlyke (1986): Public Relations Influence on the News. In: Newspaper Research Journal 7(4), 15–27.

Walters, Timothy N./Walters, Lynne M./Starr, Douglas P. (1994): After the Highwayman: Syntax and Successful Placement of Press Releases in Newspapers. In: Public Relations Review 20(4), 345–356.

Weaver, David/McCombs, Maxwell/Shaw, Donald L. (2004): Agenda-Setting Research: Issues, Attributes, and Influence. In: Kaid, Lynda L. (Hrsg.): Handbook of Political Communication Research. Mahwah, New Jersey: Sage, 257–282.

Wehmeier, Stefan (2004): PR und Journalismus: Forschungsperspektiven in den USA. In: Altmeppen, Klaus-Dieter/Röttger, Ulrike/Bentele, Günter (Hrsg.): Schwierige Verhältnisse. Interdependenzen zwischen Journalismus und PR, Wiesbaden: VS Verlag, 197–222.

White, David M. (1950): The "Gate Keeper". A Case Study in the Selection of News. In: Journalism Quarterly 27, 383–390.

Yoon, Youngmin (2005): Legitimacy, Public Relations, and Media Access: Proposing and Testing a Media Access Model. In: Communication Research 32(6), 762–793.

3 Anwendungskontext: Medienresonanzanalysen in der PR-Evaluation

Medienresonanzanalysen werden nicht nur in der Kommunikationswissenschaft eingesetzt. Auch in der Kommunikationspraxis, insbesondere im Bereich der PR-Evaluation, kommen verschiedene Arten von Medienresonanzanalysen zum Einsatz. Fröhlich und Rüdiger (2004: 125) sprechen von der PR-Evaluationsforschung gar als „siamesischer Schwester" der Determinierungsforschung. Das folgende Kapitel skizziert zunächst die Diskussion über Evaluation in der PR, um dann den Stellenwert, den Medienresonanzanalysen im Rahmen der PR-Evaluation einnehmen, zu beleuchten. Abschließend werden verschiedene Einsatzfelder der Medienresonanzanalyse in der Evaluationspraxis dargestellt.

3.1 Grundlagen der Evaluation

Der Begriff Evaluation bezeichnet umgangssprachlich „jegliche Art der Festsetzung des Wertes einer Sache" (Wottawa/Thierau 1990: 18). **Evaluationsforschung** meint im Unterschied dazu die „systematische Anwendung sozialwissenschaftlicher Methoden zur Bewertung der Konzeption, des Designs, der Durchführung und des Nutzens einer sozialen Interventionsmaßnahme" (Wottawa/Thierau 1990: 18; vgl. auch Rossi/Lipsey/Freeman 2004: 2). Als ein Teilbereich der empirischen Forschung befasst sich die Evaluationsforschung mit der Bewertung von Maßnahmen und Interventionen (Bortz/Döring 1995: 95). Evaluationsforschung ist in der Regel Auftragsforschung und wird haufig von speziellen Dienstleistungsunternehmen, aber auch von öffentlich geförderten Forschungseinrichtungen, Universitäten und Fachhochschulen durchgeführt. Das Erkenntnisinteresse von Evaluationsforschung wird vom Auftraggeber vorformuliert und ist insofern begrenzt, denn es richtet sich lediglich auf den Erfolg beziehungsweise auf den Misserfolg bestimmter Maßnahmen und Interventionen.

Das bedeutet jedoch nicht, dass Evaluationsforschung deshalb theorielos ist. Vielmehr knüpfen ihre Theorien an diejenigen an, die sich um die Formulierung allgemein gültiger, empirisch geprüfter Aussagen bemühen. Solche **wissenschaftlichen Theorien** unterscheiden Bortz und Döring (1995) von **technologischen Theorien**. Diese zielen auf die praktische Umsetzung von wissenschaftlichen Theorien und werden im Rahmen der Evaluationsforschung angewandt. Wissenschaftliche und technologische Theorien sind für eine Wissenschaft gleichermaßen wichtig, und sie verwenden beide den gleichen Kanon empirischer Forschungsmethoden.

Wissenschaftliche und technologische Theorien

Wissenschaftliche Theorien dienen der Beschreibung, Erklärung und Vorhersage von Sachverhalten; sie werden in der Grundlagenforschung entwickelt.

Technologische Theorien geben konkrete Handlungsanweisungen zur praktischen Umsetzung wissenschaftlicher Theorien; sie fallen in den Aufgabenbereich der angewandten Forschung sowie der Interventions- bzw. Evaluationsforschung.

Bortz/Döring (1995: 99)

Die Evaluationsforschung zielt nicht nur auf die abschließende Bewertung einer bestimmten Maßnahme ab, sondern soll auch als Planungs- und Entscheidungshilfe die Bewertung von Handlungsalternativen ermöglichen. Vor diesem Hintergrund werden zumeist zwei Arten von Evaluation unterschieden: die summative und die formative Evaluation. Die summative Evaluation dient der retrospektiven Überprüfung des Erfolgs einer bestimmten Maßnahme. Im Unterschied dazu dient die formative Evaluation der kontinuierlichen Verbesserung während der Implementierung der Maßnahme und bewertet diese bereits während ihrer Ausführung. Folgendes Bild illustriert die Unterscheidung zwischen summativer und formativer Evaluation: „When the cook tastes the soup, that's formative evaluation; when the guest tastes it, that's summative evaluation" (zit. nach Chen 1996: 122). Summative und formative Evaluationsverfahren werden häufig auch danach unterschieden, welche Methoden eingesetzt werden: Während im Rahmen einer summativen Evaluation quantitatives Messen und Bewerten von Daten vorgenommen wird, bedient sich die formative Evaluation häufig qualitativer Methoden. Die Differenzierung zwischen formativer und summativer Evaluation dient der Unterscheidung zweier grundlegender Evaluationstypen. In der Praxis greifen summative und formative Evaluation oft ineinander über, und es haben sich eine Vielzahl unterschiedlicher Formen von Evaluation herausgebildet, die mithilfe unterschiedlicher Methoden an unterschiedlichen Stellen im Entscheidungs- und Durchführungsprozess ansetzen (vgl. zur Diskussion Chen 1996; Scriven 1996).

Vor allem im Kontext der Betriebswirtschaftslehre und der Managementforschung wird darüber hinaus zwischen der Überprüfung der **Effektivität** und der **Effizienz** unterschieden. Die Überprüfung der Effektivität bezieht sich auf die Frage danach, ob die vorher festgelegten Ziele erreicht worden sind, die Überprüfung der Effizienz hingegen zielt auf die Frage nach dem Kosten/Nutzen-Verhältnis. Bezogen auf Kommunikation bezieht sich die Effizienzfrage somit auf die zweckmäßige Umsetzung einer gegebenen Kommunikationsstrategie, das heißt auf die Wahl geeigneter Mittel. Die Effektivitätsfrage dagegen betrifft die Eignung der Kommunikationsstrategie im Hinblick auf die Unternehmens – bzw. die Organisationsziele (vgl. Zerfaß 2007: 53).

3.2 Evaluation in der PR

3.2.1 Die Diskussion über Evaluation in der PR

Die Anwendung der Evaluationsforschung auf die strategische Kommunikation und die Public Relations ist im Zusammenhang mit den Bestrebungen zu sehen, die PR zu professionalisieren und als Managementfunktion zu begründen. Viele akademische und berufsständische Definitionen begreifen PR (normativ) als **Managementfunktion**. Eine viel zitierte akademische Definition von PR stammt von Cutlip, Center und Broom (2000: 6): „Public Relations is the management function that identifies, establishes and maintains mutually beneficial relationships between organizations and its various publics on whom its success or failure depends". Ähnlich versteht auch der Berufsverband Öffentlichkeitsarbeit, die Deutsche Public Relations Gesellschaft (DPRG), Öffentlichkeitsarbeit in Anlehnung an Grunig und Hunt (1984) als „Management von Kommunikation (die Regelung) zwischen einer Organisation und deren Bezugsgruppen" (DPRG 2005: 8).

Vor dem Hintergrund der **Professionalisierungsbestrebungen** der PR-Branche wird seit Jahren eine methodisch kontrollierte, wissenschaftlich begründete Evaluation von PR gefordert. Vor allem in den 1990er Jahren hat im internationalen und auch im deutschsprachigen Raum eine lebhafte Diskussion in Wissenschaft und Praxis über die Möglichkeiten der Evaluation strategischer Kommunikation eingesetzt. 1994 veröffentlichte die Internationale Public Relations Association (IPRA) das „Gold Paper Nr. 11" mit dem Titel: „Public Relations Evaluation: Professional Accountability". Die Autoren führen hierin aus, Evaluation sei notwendig, um den Wert von PR gegenüber Auftraggebern und der Geschäftsführung nachzuweisen. In Deutschland erschien 1995 der Sammelband „PR-Erfolgskontrolle" (Baerns 1995); im Jahr 1997 setzte die Deutsche Public Relations Gesellschaft eine Evaluationskommission ein (vgl. Bentele 1997). 2002 konstituierte sich dann der Arbeitskreis „Wertschöpfung durch Kommunikation" der DPRG, der sich vor allem mit den Themen Kommunikationscontrolling und neuen Formen der Wertschöpfung durch PR befasst (vgl. Pfannenberg/Zerfaß 2005).

Trotz dieser Bemühungen um eine Etablierung der PR-Evaluation klaffen Anspruch und Realität nach wie vor auseinander. Empirische Untersuchungen zeigen, dass Evaluationsforschung in der Praxis selten so umfassend zur Anwendung kommt wie es in der Theorie gefordert wird. Erhebungen unter PR-Praktikern, die den Einsatz verschiedener Evaluationsmethoden zum Thema haben, weisen darauf hin, dass Evaluation in der Praxis häufig aus dem Bauch heraus, nicht methodisch basiert und unsystematisch betrieben wird. Auch Re-Analysen von PR-Konzeptionen, die im Rahmen von Wettbewerben eingereicht wurden, zeigen, dass vor allem nicht-wissenschaftliche Verfahren eingesetzt werden, und dass über die Jahre hinweg kaum ein Fortschritt in der Evaluationspraxis zu verzeichnen ist (vgl. zusammenfassend Raupp 2008: 181). Eine nicht repräsentative Erhebung von Fröhlich et al. (2007) zeigt überdies, dass ein Zusammenhang zwischen der Größe des Unternehmens und der Durchführung systematischer PR-Evaluation besteht. Die Bereitschaft, PR-Aktionen zu evaluieren, ist bei Unternehmen mit mehr als 1000 Mitarbeitern doppelt so hoch (41 Prozent) wie bei Unternehmen mit unter 1.000 Beschäftigten (22 Prozent) (Fröhlich/Schluricke/Schanz 2007: 2).

Es gibt vielfältige Gründe, weshalb wissenschaftlich fundierte, systematische und dauerhafte Evaluationsmethoden nicht so häufig eingesetzt werden wie dies aufgrund des Selbst-Anspruchs des PR-Berufsstandes zu vermuten wäre. Häufig werden Zeit- und Geldmangel als Ursachen dafür angeführt, weshalb PR-Aktivitäten nicht evaluiert werden. Ein weiterer Grund ist, dass sich bei manchen Praktikern Vorurteile gegen Evaluation halten: PR wird als „Kunst" gesehen und sei demzufolge nicht messbar. Zudem könnten die Ergebnisse einer Evaluation, so sie denn negativ ausfielen, Kommunikationsverantwortliche weiterem Legitimationsdruck aussetzen (vgl. zusammenfassend Besson 2008: 65ff.). Und schließlich werden PR-Evaluationen auch deshalb (zu) selten durchgeführt, so ein Ergebnis einer Untersuchung von Watson (Watson/ Noble 2005), da PR-Praktiker zu wenig über die möglichen Methoden und Verfahren der PR-Evaluation wissen.

Doch immer öfter wird von der Unternehmensführung ein Nachweis über die Wirksamkeit und die Effizienz von strategischer Kommunikation und PR eingefordert. Insbesondere die Medienresonanzanalyse als eines der ältesten PR-Evaluationsverfahren ist dabei „auf dem Weg, sich als Standardinstrument zu etablieren" (Besson 2008: 79). Im Folgenden wird der Stellenwert der Evaluation im strategischen Kommunikationsmanagement herausgearbeitet und die Medienresonanzanalyse darin verortet.

3.2.2 Evaluation als Bestandteil des PR-Planungsprozesses

Die Gleichsetzung von PR oder Öffentlichkeitsarbeit mit Kommunikationsmanagement impliziert, **strategische Kommunikation als Prozess** zu sehen, der – analog den traditionellen Managementmodellen – aus verschiedenen, aufeinander folgenden Arbeitsschritten besteht. Die klassische PR-Konzeptionslehre unterscheidet vier elementare Schritte: Situationsanalyse, Strategie (auch Konzeption genannt), Umsetzung und Evaluation (vgl. zusammenfassend etwa Mast 2002: 103ff.; Bentele/Nothhaft 2007; Zerfaß 2007: 61f.).

Abbildung 10: Phasen des Konzeptionsprozesses (Bentele/Nothhaft 2007: 360)

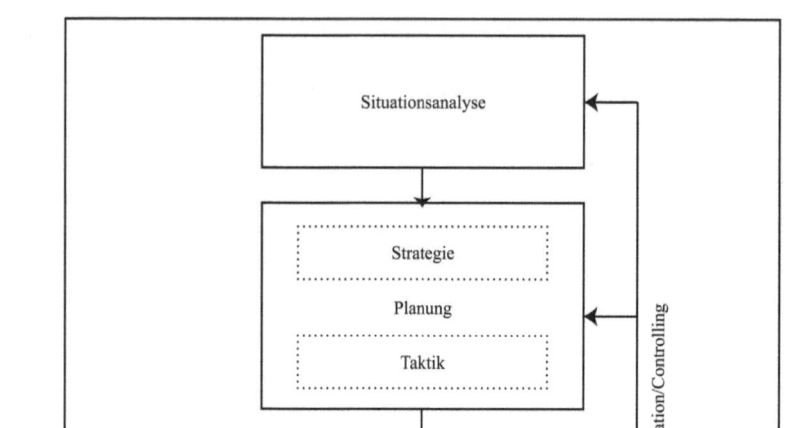

Situationsanalyse: Die erste Phase, die Situationsanalyse, beinhaltet die Definition des Problems, das es zu lösen gilt. Dabei unterscheidet die Konzeptionslehre zwischen der Analyse der Organisationssituation und der Analyse der Umweltsituation. Gängige Verfahren der Situationsanalyse sind Ist-Soll-Vergleiche, Stärken-Schwächen-Analysen oder SWOT-Analysen[10], für die interne und externe Daten zusammengetragen werden (z.B. interne Kennziffern, Marktanalysen und Vergleichsdaten von Wettbewerbern).

---

10 SWOT steht für „Strenghts, Weaknesses, Opportunities, and Threats", dabei werden Stärken und Schwächen möglichen Chancen und Risiken gegenübergestellt.

3.2 Evaluation in der PR

Strategie: Auf der Grundlage dieser Erkenntnisse erfolgt die eigentliche Strategiephase (auch Planung oder Konzeption genannt). In dieser wird festgelegt, welche **Kommunikationsziele** erreicht werden sollen. Dabei ist zwischen kognitiv-, affektiv- und konativ-orientierten Kommunikationszielen zu unterscheiden. Kognitive Kommunikationsziele beziehen sich auf die Veränderung des Wissensstandes bei der Bezugsgruppe. Affektive Ziele beziehen sich auf Veränderungen von Gefühlen und Einstellungen, konative Kommunikationsziele sollen eine Verhaltensänderung hervorrufen (vgl. Mast 2002: 130).[11] Die strategische Planung legt weiter fest, welche **Bezugsgruppen** mit der Kommunikationsmaßnahme erreicht werden sollen. Mast (2002: 104ff.) unterscheidet hierbei begrifflich zwischen Zielgruppen (Bezugsgruppen), Stakeholder (Anspruchsgruppen) und Publics (Teilöffentlichkeiten). Der Begriff Zielgruppe stammt aus der Betriebswirtschaftslehre und bezieht sich auf Personen, die planmäßig mithilfe von PR- und anderen Kommunikationsaktivitäten angesprochen werden sollen. Zielgruppen werden anhand verschiedener empirischer Merkmale bestimmt (demografische, geografische und sozioökonomische Charakteristika, Beziehungen zur Organisation, Mediennutzung usw.). Bei der Zielgruppenplanung kann zwischen **Primär-** und **Sekundärzielgruppen** unterschieden werden. Als Primärzielgruppen gelten solche, die als Meinungsführer agieren, zum Beispiel Vertreter von Medien.[12] Mit dem Begriff **Stakeholder** werden Personen bezeichnet, die von den Entscheidungen eines Unternehmens oder einer Organisation betroffen sind oder die mit ihrem Handeln selbst die Aktionen der Organisation beeinflussen können. Sie werden nicht durch soziodemografische Merkmale, sondern durch spezielle Situationen und Themen definiert. Dies trifft auch auf Teilöffentlichkeiten (Publics) zu. Als solche werden

---

11 Häufig ist gerade die Formulierung von Zielen problembehaftet. Organisationsziele und Kommunikationsziele werden vielfach miteinander verwechselt. Darüber hinaus werden oft unrealistische Erwartungen an die Möglichkeiten strategischer Kommunikation gestellt. So wird etwa erwartet, dass Kommunikationsmaßnahmen einen direkten Einfluss auf das Verhalten der Zielgruppen haben. Dozier und Ehling (1992: 166) gehen jedoch auf der Grundlage einer Literaturrecherche davon aus, dass die Wahrscheinlichkeit, dass eine PR-Kampagne eine gewünschte Verhaltensänderung bei einer Zielgruppe hervorrufen kann, bei 0,04 Prozent liegt.

12 In der von Bentele, Großkurth und Seidenglanz (2007: 94) durchgeführten Befragung von Pressesprechern und Öffentlichkeitsarbeitern geben 93 Prozent der Befragten an, Medienvertreter seien für sie eine wichtige bzw. sehr wichtige Zielgruppe.

entsprechend des Ansatzes von Grunig und Hunt (1984) soziale Gruppen bezeichnet, deren Handeln auf ein Interesse ausgerichtet ist und deren Mitglieder untereinander in Verbindung stehen. Sie nehmen sich also, im Unterschied zu Stakeholder, als aktive Gruppen wahr (vgl. Mast 2002: 113).

In der Phase der strategischen Planung können darüber hinaus **Kernbotschaften** formuliert oder im Rahmen von Issues Management bestimmte **Themen** definiert werden, die mit einer eigenen Deutung versehen und in einen Zusammenhang mit der Organisation gebracht werden sollen (vgl. zum Issues Management in der PR zusammenfassend Ingenhoff/Röttger 2007). Weiter sind im Zuge der strategischen Planung Entscheidungen über die Wahl der Maßnahmen und Instrumente zu treffen. Die Konzeptionsphase umfasst schließlich auch die **operative Planung**, d.h. die Erstellung eines Zeit- und eines Kostenplans. Die Bündelung von Maßnahmen und ihre zeitliche und ressourcenmäßige Einsatzplanung schließlich umschreibt der Begriff **Taktik**.

Umsetzung: Es folgt die dritte Phase, die Phase der Umsetzung beziehungsweise Implementierung der zuvor festgelegten Kommunikationsmaßnahmen. In dieser Phase kann die formative Evaluation greifen. Interventionen zur Verbesserung des Prozesses können dabei unter zwei Gesichtspunkten vorgenommen werden, nämlich einerseits unter dem Gesichtspunkt der Effektivität (wenn eine Maßnahme nicht das bewirkt, was sie bewirken soll), andererseits unter dem der Effizienz (wenn der Ressourcenaufwand nicht in einem akzeptablen Verhältnis zur angestrebten Wirkung steht, vgl. Bentele/Nothhaft 2007: 370).

Evaluation: Als vierter und letzter Schritt wird die **summative Evaluation** im Sinne einer Erfolgskontrolle angesetzt: Kamen die Botschaften bei den Zielgruppen an? Wurden die Pressemitteilungen von den Nachrichtenmedien aufgegriffen? Und hat sich deshalb der Bekanntheitsgrad einer Marke, der Beliebtheitsgrad eines Politikers oder die Assoziation eines bestimmten Themas mit einer bestimmten Organisation bei der Zielgruppe erhöht? Wurde vor Beginn der zu evaluieren Maßnahme eine Null-Messung durchgeführt, lässt sich durch einen Vergleich von Ist-Zuständen vorher und nachher auf **Wirkungen** schließen, durch einen Vergleich von Ist-Zustand nachher und Soll-Zustand nachher auf **Erfolge** (vgl. Bentele/Nothhaft 2007: 368).

Was die Konzeptionslehre als lineares Ablaufmodell formuliert, ist in der Praxis ein ständiges Ineinandergreifen und Überlappen der verschiedenen Arbeitsschritte. Dabei greifen die Arbeitsschritte nicht nur ineinander über, sondern stellen idealerweise eine Art fortwährenden **Lernzyklus** dar. Die Voraussetzung dafür ist, dass die Erfolgskontrolle die Grundlage für eine darauffolgende Situationsanalyse bietet. Erkenntnisse, die aus der Auswertung einer bestimmten Kommunikationsmaßnahme oder Kampagne gewonnen wurden, sollten in das nächste Kommunikationsvorhaben einfließen. Auf diese Weise, so die Leitvorstellung, können immer genauere Ziele definiert, immer treffsicherer die Zielgruppen angesprochen und immer effizienter die Medien und Instrumente für die Kommunikation gewählt werden. Dementsprechend postulieren verschiedene Planungs- und Evaluationsmodelle, die für die PR-Praxis entwickelt worden sind, einen Zusammenhang zwischen der Überprüfung des Kommunikationsprozesses durch die systematische Anwendung von Evaluationsverfahren und den darauf aufbauenden Planungsschritten (vgl. etwa Fairchild 1997; Watson/Noble 2005).

3.2.3 Methoden der PR-Evaluation

Mit den verschiedenen Phasen des PR-Prozesses korrespondieren unterschiedliche Evaluationsmethoden. Cutlip, Center und Broom entwerfen in ihrem bereits 1954 in der ersten Auflage erschienenem Lehrbuch „Effective Public Relations" nicht nur ein Modell für die strategische Planung von PR, sondern auch für die Evaluation von PR. Sie beschreiben darin verschiedene Stufen des Evaluationsprozesses, denen jeweils unterschiedliche methodische Verfahren zugeordnet werden.

Abbildung 11: *"Preparation, Implementation and Impact Model"*
(nach Cutlip/Center/Broom 2000: 437)

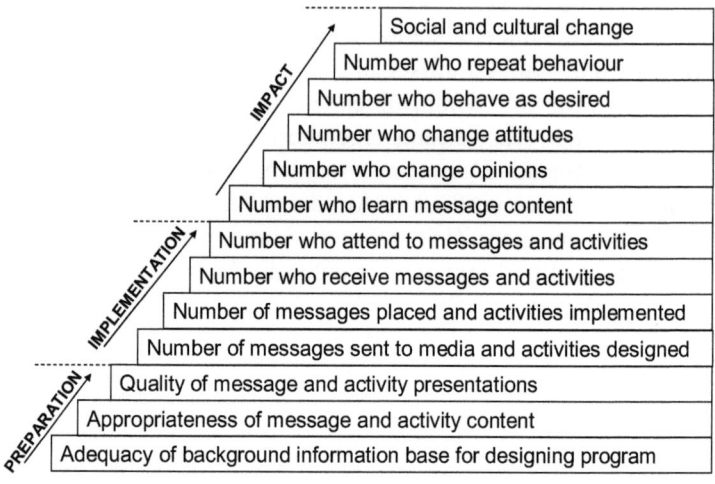

Die **Vorbereitungsphase** umfasst die rückwirkende Qualitätskontrolle der PR-Konzeption und des PR-Programms. In dieser Phase wird geprüft, ob die Situationsanalyse auf gesicherten Daten basiert, ob die Botschaften und vorgesehenen Aktionen angemessen sind und dazu geeignet, die Botschaften zu vermitteln (vgl. hierzu auch Besson 2008: 45).

In der **Implementationsphase** wird evaluiert, indem danach gefragt wird, wie viele Botschaften an die Medien versandt und welche Aktivitäten durchgeführt worden sind, welche der Botschaften von den Medien aufgegriffen und wie viele Aktivitäten tatsächlich durchgeführt worden sind. Weiter wird gefragt, welche Reichweite die Medien haben, wie viele Besucher zu den Aktivitäten gekommen sind, wie viele Leser, Hörer oder Zuschauer ein Beitrag in den Medien tatsächlich erreicht hat. Dieser Schritt verdeutlicht, dass die Evaluationsverfahren aufeinander aufbauen: Auch wenn eine Pressemitteilung gut geschrieben ist, verpufft sie wirkungslos, wenn sie nicht die relevanten Zielgruppen erreicht.

Die dritte Stufe umfasst schließlich die **Wirkung der Kommunikationsmaßnahme** im engeren Sinn, den sogenannten „impact". Hier werden Fragen danach gestellt, wie viele Personen die Botschaften, die vermittelt werden sollten, behalten haben, wie viele daraufhin ihre Meinungen und Auffassungen sowie ihr Verhalten geändert haben, und schließlich, ob durch die Kommunikationsmaßnahmen die gewünschten langfristigen sozialen oder kulturellen Veränderungsprozesse angestoßen wurden. Nicht alle Kommunikationsmaßnahmen zielen aber auf so weitreichende Veränderungen ab, so dass die letzte Stufe („social and cultural change"), die Cutlip, Center und Broom (2000) vorsehen, nicht für alle PR-Evaluationsprozesse notwendig ist.

3.2.4 Ebenen der PR-Evaluation

Ein Vorteil des Evaluationsmodells von Cutlip, Center und Broom (2000) liegt darin, dass deutlich zwischen der Evaluation auf der Ebene der PR-Instrumente und der Evaluation auf der Ebene der Wirkung bei den Zielgruppen unterschieden wird. Auf dieser Grundlage hat es sich eingebürgert, zwischen der Evaluation des **PR-Output** (Leistungsevaluation) und des **PR-Outcome** (Wirkungsevaluation) zu differenzieren. Mitunter wird im Hinblick auf den PR-Outcome auch noch zwischen der direkten Zielgruppenwirkung (nutzen die Zielgruppen die Medien und nehmen sie die Botschaften wahr?) und der Wirkung der PR-Botschaften im Hinblick auf die Kommunikationsziele (Veränderung von Wissensbeständen, Meinungen/Einstellungen oder Verhalten) unterschieden. Dann wird die direkte Zielgruppenwirkung als **PR-Outgrowth** bezeichnet; die Dimension Outcome bezieht sich in diesem Fall auf die intendierten Wirkungen.

Die Unterscheidung zwischen der Evaluation des PR-Output und des PR-Outcome ist bedeutend, denn einer der häufigsten Fehler in der PR-Praxis besteht darin, ein Evaluationsverfahren auf der Ebene des Output durchzuführen und unzulässigerweise daraus Schlüsse zu ziehen, die eigentlich auf der Ebene des Outcome anzusiedeln wären. So wird aus der Versendung von Pressemitteilungen, dem Verteilen von Broschüren oder dem Durchführen von Veranstaltungen geschlossen, eine PR-Maßnahme habe bei den Zielgruppen Erfolg. Evaluationsforscher bezeichnen dies als „**substitution game**" (Watson/Noble 2005: 79f.).

Der Fortgang der Diskussion über Evaluation in Wissenschaft und Praxis hat schließlich dazu geführt, dass den Wirkungsebenen eine weitere Dimension der PR-Evaluation hinzugefügt wurde, nämlich die Ebene der betriebswirtschaftlichen Wirkung von Kommunikation. Diese wird als **PR-Outflow** bezeichnet (vgl. DPRG/GPRA 2000). Hier wird gefragt, welchen Beitrag Kommunikation für die Unterstützung bzw. das Erreichen der strategischen Unternehmensziele leistet. Mitunter wird diese Ebene auch als Organisationsebene bezeichnet, im Unterschied zur Programmebene.

Den verschiedenen Ebenen der PR-Evaluation lassen sich, in Anlehnung an Cutlip, Center und Broom (2000) verschiedene Methoden der Evaluationsforschung zuordnen. Dabei ist zwischen medienbezogenen, zielgruppenbezogenen und organisationsbezogenen Verfahren zu unterscheiden.

Ebenen und Verfahren der PR-Evaluation

Medienbezogene Verfahren (Output und Outgrowth):
Verschiedene Formen der Inhalts- und der Medienresonanzanalyse

Zielgruppenbezogene Verfahren (Outcome):
Qualitative und quantitative Befragungen

Organisationsbezogene Verfahren (Outflow):
Betriebswirtschaftliche Bewertungssysteme

Medienbezogene Ansätze sind darauf gerichtet, den Erfolg der Presse- und Medienarbeit zu überprüfen. Medienresonanzanalysen sind dieser Ebene zuzuordnen. Sie können sowohl prozessbegleitend (als formative Medienresonanzanalysen) als auch am Ende einer zeitlich begrenzten Kommunikationsmaßnahme durchgeführt werden (summative Medienresonanzanalyse).

Mithilfe **zielgruppenbezogener Verfahren** sollen Aussagen über die Wirkung von Kommunikationsmaßnahmen bei den relevanten Rezipienten getroffen werden. Alle Möglichkeiten der Befragung können eingesetzt werden: standardisierte Telefonumfragen, schriftliche Befragungen, der Einsatz von Fokusgruppen usw. Zielgruppenbezogene Verfahren werden aus Kostengründen nur selten auf Dauer angelegt. Meist werden Befragungen zur Planung zeitlich begrenzter Kommunikationsmaßnahmen (z.B. Wähleranalysen im Vorfeld einer Wahlkampagne), am

Ende einer Kampagne sowie als vorher/nachher-Befragungen durchgeführt.

Organisationsbezogene Ansätze werden in der Regel als Planungs- und Steuerungsinstrument eingesetzt. Sie richten sich auf die Frage nach der Möglichkeit der Steuerung von Kommunikation und darauf, inwieweit Kommunikation zum Unternehmenserfolg beizutragen vermag. Das Vorgehen ist meist prozessbegleitend, häufig werden qualitative Verfahren eingesetzt oder aber betriebswirtschaftliche Instrumente des Controllings. Die Berücksichtigung der organisationsbezogenen Ebene resultiert aus der Diskussion über neuere Entwicklungen in der PR-Bewertung, die im Folgenden dargestellt wird.

3.3 Von der Erfolgskontrolle zum Kommunikationscontrolling

Die vorangegangenen Ausführungen haben gezeigt, dass in den vergangenen zehn Jahren die Diskussion über die Evaluation strategischer Kommunikation um eine Dimension erweitert wurde, nämlich um die betriebswirtschaftliche Dimension. Dabei wurde nicht nur die Frage nach der Kosten-Nutzen-Relation von strategischer Kommunikation gestellt: Diese Frage war auch schon im Rahmen der herkömmlichen Evaluation aufgekommen, wenn überprüft wurde, ob eine PR-Maßnahme nicht nur effektiv im Sinne von wirksam, sondern auch effizient im Sinne eines optimalen Mitteleinsatzes war. Die Erweiterung der Diskussion hat vielmehr zu einer Diskussion um grundlegend neue Verfahren der Messung und Bewertung von Kommunikation geführt. Während die bisherigen Evaluationsverfahren größtenteils sozialwissenschaftlicher Natur waren (Inhaltsanalysen und Befragungen), werden nun Verfahren entwickelt, die sich an betriebswirtschaftliche Methoden anlehnen.

3.3.1 Managementorientierte Konzepte der Evaluation

Angeregt wurde diese Weiterentwicklung der PR-Evaluation durch das Vordringen neuer **Managementsysteme** in Wirtschaft und Verwaltung. Als Stichworte seien hier beispielhaft das Value Based Management, das

Total Quality Management, Balanced Scorecards sowie Zertifizierungen aller Art genannt. Gemeinsam ist diesen Managementsystemen, dass sie alle darauf abzielen, die Leistungen der verschiedenen Unternehmens- und Organisationsbereiche mit Kennzahlen zu unterlegen, um so ständige Verbesserungsprozesse in Gang zu setzen.

Kommunikation wird vor diesem Hintergrund als unverzichtbarer Bestandteil moderner Unternehmensführung, als Werttreiber und als Erfolgsfaktor gesehen. Insbesondere das Leitbild von Kommunikation als Wertschöpfungsfaktor ist mit dem Aufbau von Systemen zur Steuerung und Evaluation von Kommunikation verbunden. Dabei werden im Unterschied zu den traditionellen Evaluationsverfahren Methoden des **Kommunikations-Controlling** entwickelt. Dieses ist nicht mit Kontrolle oder Evaluation gleichzusetzen. Stattdessen definiert Zerfaß (2007: 56) Kommunikationscontrolling wie folgt:

Kommunikationscontrolling

„Das Kommunikationscontrolling steuert und unterstützt den arbeitsteiligen Prozess des Kommunikationsmanagements, indem Strategie-, Prozess-, Ergebnis- und Finanz-Transparenz geschaffen sowie geeignete Methoden, Strukturen und Kennzahlen für die Planung, Umsetzung und Kontrolle der Unternehmenskommunikation bereitgestellt werden."

Zerfaß (2007: 56)

Kernstück des Kommunikationscontrollings ist die Verknüpfung von Unternehmens- bzw. Organisationszielen mit **Kommunikationszielen**. Die managementorientierte Neuausrichtung der Bewertung von strategischer Kommunikation unterscheidet sich von der traditionellen PR-Evaluation vor allem dadurch, dass sie als Planungs- und Steuerungsinstrument von Kommunikationsprozessen dient. Vor diesem Hintergrund erscheint es auf den ersten Blick plausibel, Controlling als Spielart der formativen Evaluation aufzufassen. Zu Recht machen Bentele und Nothhaft (2007: 370) jedoch darauf aufmerksam, dass Kommunikationscontrolling nicht mit formativer PR-Evaluation gleichgesetzt werden sollte. Kommunikationscontrolling bezieht sich vielmehr, so Zerfaß

(2005: 204), auf eine Prozesssteuerungsfunktion: Diese zielt auf die Steuerung des Kommunikationsmanagement-Prozesses ab, welche wiederum die Unternehmenskommunikation plant, organisiert, und kontrolliert. Zerfaß spricht deshalb auch von Kommunikationscontrolling als „Meta-Steuerungsaufgabe" (Zerfaß 2005: 204).

Typisch für die managementbezogenen Ansätze des Kommunikationscontrollings ist die Verknüpfung mit Qualitätsmanagementsystemen, die bereits in Organisationen vorhanden sind. So wird die Kommunikationsarbeit in unternehmensweite Ressourcenplanungs- und Berichterstattungssysteme eingebettet. Effizienz und Wirksamkeit von Kommunikationsaktivitäten werden durch Sammlung, Interpretation und Vergleich mit anderen Unternehmenseinheiten gemessen und bewertet. Dabei kommen verschiedene Kennzahlensysteme zum Tragen.

3.3.2 Kennzahlen in der PR-Evaluation

Kennzahlen als Verfahren der Leistungsmessung sind in der PR-Evaluation nicht neu (vgl. etwa Rolke 1995; Diesing 1997). Vor allem im Hinblick auf Medienresonanzanalysen werden bereits seit den 1990er Jahren Kennzahlen entwickelt. So hat etwa die Gesellschaft Public Relations Agenturen (GPRA) eine Reihe von Kennzahlen definiert, die Informationen über Texte verdichten sollen. Teilweise korrespondieren diese Kennzahlen mit den Bewertungsmaßstaben, wie sie auch in wissenschaftlichen Medienresonanzanalysen verwendet werden. Beispielhaft seien folgende Kennziffern aufgeführt (vgl. GPRA 1994, Mast 2002: 147f.; Besson 2008: 150f.):

- **Affinitätswerte** geben die inhaltliche Nähe eines Mediums zu einer zuvor definierten Position an.
- **Akzeptanzquotienten** beziehen sich auf das Verhältnis positiver, neutraler oder negativer Medienbeiträge zu einem Thema.
- **Durchdringungsindexe** geben an, wie häufig ein Thema, ein Name, ein Akteur oder ein Produkt in den Medien genannt wird.
- **Initiativquotienten** geben das Verhältnis von selbst- versus fremdgesteuerter Berichterstattung wieder.

- **Resonanzquotienten** geben Aufschluss über Anzahl und Verteilung der Berichte in verschiedenen Medienzielgruppen.
- **Text-Bild-Quotienten** geben das Verhältnis von Texten mit Illustrationen zu Texten ohne Illustrationen an.

Kennzahlen bieten nur dann eine Bewertungsgrundlage, wenn sie zu einer **Vergleichsgröße** ins Verhältnis gesetzt werden. Als Vergleichsgrundlage können Zahlen des Vormonats oder des Vorjahres herangezogen werden oder Zahlen eines Wettbewerbers. Zudem gibt es Versuche, Basiskennzahlen zu finden, die einen optimalen Standard ausdrücken. Ein Beispiel hierfür ist die Diskussion, wie hoch der Initiativquotient idealerweise sein sollte. So wird etwa darüber diskutiert, ob eine Relation von 70 zu 30 von selbstgesteuerter versus fremdgesteuerter Berichterstattung einer „gesunden" Kommunikationssituation (d.h., über längere Zeiträume hinweg und unter normalen Aufmerksamkeitsbedingungen) entspricht (vgl. Mast 2002: 148). Diesen Wert ermittelte etwa Rolke (1995: 186ff.) als Basiskennziffer für die optimale Medienresonanz.

Eine weitere aus Medienresonanzanalysen abgeleitete Kennzahl ist der Werbeäquivalenzwert. Dieser basiert auf der Umrechnung des Umfangs eines (PR-induzierten) redaktionellen Beitrags (unter Zugrundelegung von Auflage und Reichweite des Mediums) in den Preis einer bezahlten Anzeige in dem entsprechenden Medium: Was hätte dieser Artikel gekostet, wäre er als bezahlte Anzeige geschaltet worden? Der Werbeäquivalenzwert ist umstritten, da mithilfe dieser Kennzahl zwei Größen verglichen werden, die nur schwer miteinander vergleichbar sind. Denn die Glaubwürdigkeit redaktioneller Beiträge wird allgemein höher eingeschätzt als die von Anzeigen; dagegen wirken bildorientierte Anzeigen oft emotionaler als textorientierte Beiträge. Darüber hinaus werden bei der Berechnung von Werbewerten meist nicht die Tendenz und Platzierung berücksichtigt (vgl. zu den Einwänden gegen den Werbeäquivalenzwert Besson 2008: 149).

In der Praxis wird allerdings häufig mit dieser Kennzahl gearbeitet. Befragungen US-amerikanischer PR-Fachleute aus dem Jahr 2002 kommen ebenso wie eine 2007 durchgeführte Umfrage unter deutschen PR-Fachleuten zu dem Ergebnis, dass rund ein Drittel der Befragten Anzeigenpreis-Äquivalente als Evaluationsinstrument nutzen (vgl. Szondi 2006: 12; Fröhlich/Schluricke/Schanz 2007: 3). Dies hat einen einfachen

Grund: Der Werbeäquivalenzwert beschreibt einen in Dollar oder Euro darstellbaren Effekt der gezielten Kommunikationsarbeit. So argumentiert etwa Weber (2007: 96), es sei mehr als angemessen, die Leistung der Kommunikation auch in eine ökonomische Sprache zu übersetzen, die jeder versteht. Allerdings plädiert er dafür, den Werbeäquivalenzwert zu gewichten, indem die Relevanz des Mediums, die Aufmachung und Platzierung des Artikels sowie dessen Inhalt und Tenor mitberücksichtigt werden.

Im Kontext der neueren Diskussion um die Bewertung von Kommunikation, die in der PR-Branche unter dem Schlagwort „Wertschöpfung durch Kommunikation" geführt wird, werden die Kennzahlen aus Medienresonanzanalysen nicht mehr für sich alleinstehend betrachtet, sondern mit weiteren kommunikationsbezogenen sowie mit monetären Kennzahlen verknüpft. Dabei wird **Kommunikation als Unternehmenswert** betrachtet. Hinter dieser Betrachtungsweise steht die Auffassung, der Wert eines Unternehmens oder einer Organisation bestehe nicht nur aus materiellen, sondern auch aus **immateriellen Unternehmenswerten**, sogenannten intangible assets. Auch diese müssten in die Berechnung des Unternehmenswertes mit einbezogen werden. Einen Vorschlag, wie diese immateriellen Unternehmenswerte in die Berechnung miteinbezogen werden können, legten Kaplan und Norton (1996) mit dem Konzept der Balanced Scorecard vor.

Die Balanced Scorecard ist ein managementbezogenes Steuerungssystem, das eine umfassende Planung, Steuerung und Umorientierung der Unternehmensstrategie ermöglichen soll. Das Konzept postuliert, dass etwa das Wissen der Mitarbeiter, die Beziehungen zu Kunden und Informationstechnologien Erfolgsfaktoren seien, die auf den Unternehmenswert einwirken und die mittels Kennzahlen abbildbar seien. In der Folge wurden verschiedene Versuche unternommen, die Balanced Scorecard auf die Unternehmenskommunikation zu übertragen und dabei kommunikationsbezogene Kennzahlen zu definieren. Beispiele hierfür sind etwa das „Value Based Management of Communication" (Pfannenberg 2005), das „CommunicationControlCockpit" (Rolke 2005), die „Communication Scorecard" (Hering/Schuppener/Sommerhalder 2004) und die „Corporate Communication Scorecard" (Zerfaß 2005). Während manche dieser Adaptionen der Balanced Scorecard primär auf die operative Optimierung abzielen, sind andere als strategisches Steuerungsinstrument angelegt. Aus Medienresonanzanalysen abgeleitete Kennzahlen werden in diesen Ansätzen mit weiteren Kennzahlen, etwa dem Imagewert, dem Reputationswert oder dem Beziehungskapital in ein Verhältnis gesetzt und mit der Unternehmensstrategie verknüpft.

Zerfaß (2005: 107) weist zu Recht darauf hin, dass die neuen, wertbasierten Leistungskennzahlen keine Alternative, sondern eine Ergänzung zu den heute bereits etablierten Messverfahren darstellen (vgl. auch Raupp 2008: 188f.). So werden auch Medienresonanzanalysen weiterhin benötigt, allerdings werden die daraus abgeleiteten Kennzahlen im wertbasierten Kommunikationsmanagement in Beziehung zu den übergeordneten Unternehmenszielen gesetzt.

3.4 Medienresonanzanalyse als Dienstleistung

Medienresonanzanalysen werden in der Kommunikationspraxis sowohl in organisationsinternen Kommunikationsabteilungen durchgeführt als auch von externen Agenturen. Dabei hat sich in den vergangenen Jahren ein vielgestaltiger Dienstleistungsmarkt herausgebildet (vgl. AMEC 2009). Auch wenn keine genauen Daten darüber vorliegen, wie sich die Dienstleistungsbranche rund um die Evaluation von Kommunikationsleistungen entwickelt hat, so ist zu beobachten, dass sie in den letzten Jahren wuchs und sich ausdifferenzierte. Die Agenturen bieten ihre Dienstleistungen unter unterschiedlichen Bezeichnungen wie zum Beispiel „Langzeit-Clip-Tracking-Analyse", „Ad-hoc-Evaluationsanalyse" und „Taktik-orientierte Analyse" an (vgl. Femers/Klewes 1995: 118); es ist die Rede von „Medienbeobachtung", „Medienmonitoring", „Flash-MediaReport" oder „Erfolgskontrolle" (vgl. Kolb/Woelke 2009: o.S.).

Das Dienstleistungsspektrum reicht dabei von der Erstellung einfacher Pressespiegel (sogenannten clippings) bis hin zu elaborierten Medienresonanzanalysen. In den vergangenen Jahren sind zahlreiche weitere Dienstleistungen hinzugekommen, etwa das Monitoring und die Auswertung von online-Angeboten wie Internetseiten, Weblogs und Internetmedien (z.B. IP TV).

3.4 Medienresonanzanalyse als Dienstleistung

Eine Basisdienstleistung ist die **Erstellung von Pressespiegeln**. Hier geht es vorrangig darum, einen Überblick über die mediale Berichterstattung anhand vorher festgelegter Suchbegriffe zu geben. Pressespiegel werden häufig in digitaler Form gespeichert und entweder in Papierform oder auf elektronischem Wege (als Abrufangebot auf Internetseiten oder per E-Mail) einem bestimmten Nutzerkreis zur Verfügung gestellt. Bei der Verbreitung von Pressespiegeln ist das **Urheberrecht** zu beachten. Dieses besagt, dass Presseberichte zur Wahrung eigener Rechte archiviert und innerhalb einer Organisation verbreitet werden dürfen. Werden mehr als sechs Pressespiegel in traditioneller Papierform angefertigt, sind sie lizenzierungspflichtig. Dabei sind Abgaben an die Verwertungsgesellschaft Wort (VG Wort) bzw. direkt an die Rechteinhaber zu entrichten. Elektronische Pressespiegel müssen über die Presse-Monitor Deutschland GmbH und Co. KG (PMG) lizenziert werden.

Bei der Auftragsvergabe sollten der Auftraggeber und der Mediendienstleister gemeinsam Ziel- und Fragestellungen für die Medienresonanzanalyse festlegen. Dabei ist darauf zu achten, die Fragestellungen, die die Medienbeobachtung anleiten, an die Kommunikationsziele und an die Organisationsziele rückzukoppeln (vgl. Kap. 3.2.2).

Genaue Absprachen sind auch hinsichtlich der **Berichtlegung** zu treffen. Die elementaren Bestandteile eines Untersuchungsberichtes sind Angaben zur Methode, die Darstellung der Ergebnisse (meist grafisch aufbereitet) und eine Zusammenfassung. Je nach Auftragsgestaltung enthält der Forschungsbericht auch Kennzahlen und deren Interpretation sowie Empfehlungen, wie die Ergebnisse insgesamt zu bewerten sind. In der auftragsgebundenen Evaluationsforschung stellt der Dienstleister dem Kunden die Ergebnisse darüber hinaus oft auch persönlich vor, kommentiert sie und spricht darauf basierende Handlungsempfehlungen aus.

Angesichts der Diskussion um die PR-Evaluation gewinnt die Kombination verschiedener Methoden auch in der Auftragsforschung an Bedeutung. So werden Medienresonanzanalysen mit Zielgruppenbefragungen verknüpft. Dabei stellt sich die besondere Herausforderung, die verschiedenen Methoden bereits bei der Entwicklung der Fragestellungen und des Untersuchungsdesigns miteinander zu verzahnen. Bislang werden Medieninhaltsanalysen und Umfragen in der Regel noch von verschiedenen Dienstleistungsunternehmen, nämlich von Ausschnittdiensten und von Markt- und Meinungsforschungsinstituten, durchgeführt. Allerdings setzen Unternehmen und Agenturen zunehmend darauf, ihren Kunden mehrere methodische Verfahren aus einer Hand anzubieten.

Wer auftragsgebundene Medienresonanzanalysen durchführt, steht wie alle Evaluationsforscher vor dem grundsätzlichen Problem, Unabhängigkeit gegenüber dem Auftraggeber zu bewahren. Die Dienstleister stehen diesbezüglich in einem Spannungsverhältnis zwischen Kundenzufriedenheit und dem Nutzen der Ergebnisse. Jüngst wurde darauf hingewiesen, dass kritische Schlussfolgerungen aus den Daten einer Medienresonanzanalyse zur Auflösung des Vertrags mit dem Dienstleister führen könnten, ein kritikloses Abbilden der Pressearbeit dagegen die Evaluation obsolet mache, da der Organisation dann keine Verbesserungsvorschläge vermittelt werden könnten (vgl. Kolb/Woelke 2009). Zudem, so die Autoren weiter, würden die Ergebnisse von Medienresonanzanalysen häufig für die Rechtfertigung von Kommunikationsbudgets in Unternehmen genutzt, so dass die Auftragsvergabe an einen Mediendienstleister davon abhängen kann, wie die Ergebnisse ausfallen (vgl. Kolb/Woelke 2009). Die Branche steht darüber hinaus vor dem Problem, dass die konkrete Forschungsarbeit (Operationalisierung, Stichprobenziehung, Codeplanentwicklung usw.) ein Geschäftsgeheimnis ist. Der Austausch von Erfahrungen und die systematische Kumulation von Wissen werden auf diese Weise erschwert.

3.5 Entscheidungen im Vorfeld einer Medienresonanzanalyse

Im Vorfeld der Durchführung einer Medienresonanzanalyse sind verschiedene Fragen zu beantworten. Zunächst ist zu beantworten, welches **Erkenntnisinteresse** die Untersuchung verfolgt, in deren Rahmen die Medienresonanzanalyse eingesetzt werden soll: Erfolgt die Untersuchung mit dem primären Ziel, den wissenschaftlichen Forschungsstand fortzuschreiben, oder handelt es sich vorrangig um einen anwendungsbezogenen Kontext, in dem die Medienresonanzanalyse zum Einsatz kommt?

Wenn mit der Untersuchung eine primär **wissenschaftliche Zielsetzung** verbunden ist, gilt es im nächsten Schritt zu klären, ob sich das Erkenntnisinteresse der Untersuchung auf Prozesse des Agenda-Buildings, auf die Leistungsfähigkeit des Journalismus oder auf das Verhältnis von PR und Journalismus bezieht. Je nach Fragestellung sind unterschiedliche theoretische Ansätze zugrunde zu legen. Darüber hinaus sollte eine Reflexion darüber stattfinden, auf welcher Bewertungsgrundlage die Ergebnisse der Medienresonanzanalyse interpretiert werden sollen. Im **Evaluationskontext** sind folgende Fragen zu beantworten: Handelt es sich um eine formative oder um eine summative Evaluation? Soll die Evaluation auf der Programmebene und/oder auf der Organisationsebene stattfinden? Geht es darum, die Effektivität zu erheben oder auch darum, die Effizienz zu messen?

Unabhängig von den unterschiedlichen Erkenntnisinteressen, die mit einer Medienresonanzanalyse verfolgt werden können, sollten **Gütekriterien** wie Wertneutralität, Messvalidität der Instrumente, intersubjektive Nachprüfbarkeit und organisierte Skepsis jede Medienresonanzanalyse anleiten (vgl. Merten/Wienand 2004). Bei der Vorbereitung einer Medienresonanzanalyse ist eine Fülle von methodischen Entscheidungen zu treffen – von der Anpassung des Erhebungsinstruments im Hinblick auf das jeweilige Untersuchungsinteresse, der Operationalisierung, der Stichprobenziehung bis hin zum Auswertungsverfahren. Der zweite Teil Lehrbuchs zeigt anhand einer Beispielstudie, wie eine Medienresonanzanalyse entwickelt und durchgeführt wird.

Kapitelzusammenfassung

- Vor dem Hintergrund der Bestrebungen, Public Relations zu professionalisieren, wird seit längerem eine systematische Evaluation der strategischen Kommunikation eingefordert. Medienresonanzanalysen gehören dabei zu den gängigsten Ver fahren der PR-Evaluation.
- Medienresonanzanalysen sind medienbezogene Verfahren der PR-Evaluation, PR-Leistungen auf der Ebene des Outputs messen und bewerten.
- In jüngerer Zeit hat sich die Diskussion über die Evaluation von PR hin zu managementorientierten Bewertungssystemen weiterentwickelt. Im Rahmen des Kommunikationscontrollings bilden Medienresonanzanalysen eins Verfahrensklasse, mit der – in Kombination mit weiteren Verfahren – Kommunikation als Unternehmenswert begründet werden soll.

Literatur
Besson (2008), Cutlip/Center/Broom (2000), Zerfaß (2007)

AMEC (2009): http://www.amecorg.com/amec/about-amec.asp [abgerufen am 23.02.09].
Baerns, Barbara (Hrsg.) (1995): PR-Erfolgskontrolle. Messen und Bewerten in der Öffentlichkeitsarbeit. Frankfurt/Main: IMK.
Bentele, Günter (1997): Einführung in die Thematik. In: GPRA Arbeitskreis Evaluation (Hrsg.): Dokumentation einer Fachtagung. Frankfurt/Main: IMK, 16–19.
Bentele, Günter/Großkurth, Lars/Seidenglanz, René (2007): Profession Pressesprecher 2007. Vermessung eines Berufsstandes. Berlin: Helios.
Bentele, Günter/Nothhaft, Howard (2007): Konzeption von Kommunikationsprogrammen. In: Piwinger, Manfred/Zerfaß, Ansgar (Hrsg): Handbuch Unternehmenskommunikation. Wiesbaden: Gabler, 357–380.
Besson, Nanette Aimée (2008): Strategische PR-Evaluation. Wiesbaden: VS Verlag.
Bortz, Jürgen/Döring, Nicola (1995): Forschungsmethoden und Evaluation für Sozialwissenschaftler. Berlin u.a.: Springer.
Chen, Huey-Tsyh (1996): A Comprehensive Typology for Program Evaluation. In: American Journal of Evaluation 17(2), 121–130.
Cutlip, Scott M./Center, Allen H./Broom, Glen M. (2000): Effective Public Relations. New Jersey: Prentice Hall.
Deutsche Public Relations Gesellschaft (DPRG) (Hrsg.) (2005): Öffentlichkeitsarbeit/PR-Arbeit. Berufsfeld – Qualifikationsprofil – Zugangswege. Bonn: DGIK – DPRG Gesellschaft für Kommunikationsservice [http://www.dprg.de; abgerufen am 23.02.2009].
Deutsche Public Relations Gesellschaft (DPRG)/Gesellschaft Public Relations Agenturen (GPRA) (2000): PR-Evaluation. Messen, Analysieren, Bewerten – Empfehlungen für die Praxis. Bonn: Booklet.
Diesing, Michael (1997): Resonanzanalysen im Printbereich. In: Arbeitskreis Evaluation der GPRA (Hrsg.): Evaluation von Public Relations. Dokumentation einer Fachtagung. Frankfurt/Main: IMK, 58–67.
Dozier, David M./Ehling, William P. (1992): Evaluation of Public Relations Programs: What the Literature tells us about their Effects. In: Grunig, James E. u.a. (Hrsg.): Excellence in Public Relations and Communication Management. Hillsdale, NJ: Lawrence Erlbaum Ass., 159–184.
Fairchild, Michael (1997): How to get real Value from Public Relations. London: ICO.
Femers, Susanne/Klewes, Joachim (1995): Medienresonanzanalysen als Evaluationsinstrument der Öffentlichkeitsarbeit. In: Baerns, Barbara (Hrsg.): PR-Erfolgskontrolle. Messen und Bewerten in der Öffentlichkeitsarbeit. Frankfurt/Main: IMK, 115–134.

Fröhlich, Romy/Rüdiger, Burkhard (2004): Determinierungsforschung zwischen PR-„Erfolg" und PR-„Einfluss". Zum Potenzial des Framing-Ansatzes für die Untersuchung der Weiterverarbeitung von Polit-PR durch den Journalismus. In: Raupp, Juliana/Klewes, Joachim (Hrsg.): Quo vadis Public Relations? Auf dem Weg zum Kommunikationsmanagement: Bestandsaufnahme und Entwicklungen. Wiesbaden: VS Verlag, 125–141.

Fröhlich, Romy/Schluricke, Ralph/Schanz, Stefan (2007): PR-Evaluation – Von Wünschen und Wirklichkeiten in der PR-Branche. Ergebnisse einer Online-Befragung [http://epub.ub.uni-muenchen.de/archive/00001931/01/froehlich_pr-evaluation.pdf, abgerufen am 23.02.09].

Gesellschaft Public Relations Agenturen (GPRA) (Hrsg.) (1994): Medien-Resonanzanalysen. Wer bewirkt was, wann, wodurch und andere Antworten auf die Fragen zum Erfolg in der Medienarbeit. Frankfurt/Main: IMK.

Gesellschaft Public Relations Agenturen (GPRA) (Hrsg.) (1997): Arbeitskreis Evaluation: Dokumentation einer Fachtagung. Frankfurt/Main: IMK.

Grunig, James E./Hunt, Todd (1984): Managing Public Relations. Fort Worth u.a.: Holt, Rinehart and Winston.

Hering, Ralf/Schuppener, Bernd/Sommerhalder, Mark (2004): Die Communication Scorecard. Eine neue Methode des Kommunikationsmanagements. Bern: Haupt.

Ingenhoff, Diana/Röttger, Ulrike (2007): Issues Management. Ein zentrales Verfahren der Unternehmenskommunikation. In: Schmid, Beat F./Lyczek, Boris (Hrsg.): Unternehmenskommunikation. Kommunikationsmanagement aus Sicht der Unternehmensführung. Wiesbaden: Gabler, 319–350.

International Public Relations Association (IPRA) (Hrsg.) (1994): Public relations evaluation: Professional accountability. IPRA Gold Paper No. 11 [http://www.ipra.org/_links/_pdf/Gold_Paper_no_11.pdf, abgerufen am 23.02.09].

Kaplan, Robert S./Norton, David P. (1996): The Balanced Scorecard. Translating Strategy into Action. Boston, Mass.: Harvard Business School Press.

Kolb, Steffen/Woelke, Jens (2009): Praxisstand und Entwicklungspotenziale für Medienresonanzanalysen und PR-Erfolgskontrolle. In: Woelke, Jens/Maurer, Marcus/Jandura, Olaf (Hrsg.): Forschungsmethoden für die Markt-und Organisationskommunikation. Köln: Halem (i.E.).

Mast, Claudia (2002): Unternehmenskommunikation. Stuttgart: Lucius&Lucius/UTB.

Merten, Klaus/Wienand, Edith (2004): Medienresonanzanalyse [http://www.complus-muenster.de/data/publikationen/Medienresonanzanalyse04.pdf, abgerufen am 23.02.09].

Pfannenberg, Jörg (2005): Kommunikations-Controlling im Value Based Management. In: Pfannenberg, Jörg/Zerfaß, Ansgar (Hrsg.): Wertschöpfung durch Kommunikation. Wie Unternehmen den Erfolg ihrer Kommunikation steuern und bilanzieren: Frankfurt/Main: Frankfurter Allgemeine Buch, 132–141.

Pfannenberg, Jörg/Zerfaß, Ansgar (2005): Wertschöpfung durch Kommunikation: Thesenpapier der DPRG. In: Pfannenberg, Jörg/Zerfaß, Ansgar (Hrsg.): Wertschöpfung durch Kommunikation. Wie Unternehmen den Erfolg ihrer Kommunikation steuern und bilanzieren. Frankfurt/Main: Frankfurter Allgemeine Buch, 184–198.

Raupp, Juliana (2008): Evaluating Strategic Communication: Theoretical and Methodological Requirements. In: Zerfaß, Ansgar/van Ruler, Betteke/Sriramesh, Krishnamurthy (Hrsg.): Public Relations Research: European and International Perspectives. Wiesbaden: VS Verlag, 179–192.

Rolke, Lothar (1995): Kennziffern für erfolgreiche Medienarbeit - Zum Messen und Bewerten von PR-Wirkungen. In: Baerns, Barbara (Hrsg.): PR-Erfolgskontrolle. Messen und Bewerten in der Öffentlichkeitsarbeit. Frankfurt/Main: IMK, 173–197.

Rolke, Lothar (2005): Das CommunicationControlCockpit (CCC). In: Pfannenberg, Jörg/Zerfaß, Ansgar (Hrsg.): Wertschöpfung durch Kommunikation. Wie Unternehmen den Erfolg ihrer Kommunikation steuern und bilanzieren. Frankfurt/Main: Frankfurter Allgemeine Buch, 123–131.

Rossi, Peter H./Lipsey, Mark E./Freeman, Howard E. (2004): Evaluation. Beverly Hills, Sage.

Scriven, Michael (1996): Types of Evaluation and Types of Evaluator. In: American Journal of Evaluation 17(2), 151–161.

Szondi, György (2006): Re-Valuating Public Relations Evaluation – Putting Values at the Center of Evaluation. In: Medien Journal – Zeitschrift für Kommunikationskultur (Public Relations und Qualitätssicherung) 30(4), 7–26.

Watson, Tom/Noble, Paul (2005): Evaluating Public Relations: A Best Practice Guide to Public Relations and Evaluation. London u.a.: Kogan Page.

Weber, Volker (2007): Verknüpfung von Medienresonanzanalyse und PR-Controlling – gerichtete Werbeäquivalenz und Amortisationsfaktor als Ergebniskennzahlen in einer Balanced Scorecard für Kommunikation. In: Wägenbaur, Thomas (Hrsg.): Medienanalyse: Methoden, Ergebnisse, Grenzen. Baden-Baden: Nomos, 93–102.

Wottawa, Heinrich/Thierau, Heike (1999): Lehrbuch Evaluation. Bern u.a.: Huber.

Zerfaß, Ansgar (2005): Rituale der Verifikation. Grundlagen und Grenzen des Kommunikations-Controlling. In: Rademacher, Lars (Hrsg.): Distinktion und Deutungsmacht. Studien zu Theorie und Pragmatik der Public Relations. Wiesbaden: VS Verlag, 183–222.

Zerfaß, Ansgar (2007): Unternehmenskommunikation und Kommunikationsmanagement: Grundlagen, Wertschöpfung, Integration. In: Piwinger, Manfred/Zerfaß, Ansgar (Hrsg.): Handbuch Unternehmenskommunikation. Wiesbaden: Gabler, 21–70.

Teil II
Praxis der Medienresonanzanalyse

4 Forschungstand, Forschungsfragen und Begriffsdefinitionen

In diesem Kapitel wird zuerst kurz der Forschungsstand zum Verhältnis von Wissenschaft-PR und Wissenschaftsjournalismus referiert. Anschließend werden die Funktion der qualitativen Vorstudie erläutert und die Forschungsfragen der Beispielstudie vorgestellt. Es wird in diesem Zusammenhang veranschaulicht, wie man aus Forschungsfragen theoretische Begriffe herleitet und diese definiert.

4.1 Forschungsstand

Die meisten Studien, die mithilfe von Medienresonanzanalysen das Zusammenspiel von Journalismus und Öffentlichkeitsarbeit untersuchten, beziehen sich auf die Politikberichterstattung. Zum Verhältnis von Wissenschafts-PR und Wissenschaftsjournalismus liegen demgegenüber nur sehr wenige empirisch gesicherte Forschungsergebnisse vor (vgl. zusammenfassend Raupp 2008). Baerns (1990) analysierte die Beziehungen zwischen Wissenschaftsjournalismus und Wissenschafts-PR am Beispiel der Informationsbearbeitung durch Nachrichtenagenturen. Die Wissenschaftsberichterstattung, wie sie von den Nachrichtenagenturen veröffentlicht wurde, stützte sich dieser Untersuchung zufolge zu knapp einem Drittel auf Wissenschaftsmeldungen, deren Initiator eindeutig die Öffentlichkeitsarbeit war. Häufiger aber wurden in den Agenturmeldungen offenbar populärwissenschaftliche Publikationen und Fachzeitschriften als Informationsquellen genutzt. Die große Bedeutung, die Fachzeitschriften als Quelle des Wissenschaftsjournalismus zukommt, zeigt auch die Untersuchung von Pahl (1998): Fast 40 Prozent der von ihr untersuchten Artikel zu medizinischen Themen, die in den Wissenschaftsressorts von acht Zeitungen veröffentlicht wurden, bezogen sich auf ein Wissenschaftsjournal als Quelle. Blöbaum und Görke (2006) analysierten, welche Quellen in der Life-Science-Berichterstattung in verschiedenen Printmedien genannt wurden: Bei einem Drittel der Quellennennungen handelte es sich um Pressekonferenzen und Pressemitteilungen.

Fachzeitschriften als spezifische Kommunikationsform innerhalb des Wissenschaftssystems sind also für die Wissenschaftsberichterstattung eine wichtige Quelle. Gleichwohl bemühen sich Forschungseinrichtungen zunehmend darum, auch selbst Themen der Wissenschaftsberichterstattung zu setzen und Medienvertreter gezielt auf die Forschungsleistungen ihrer Institute hinzuweisen. Wissenschaftsorganisationen wie die Max-Planck-Gesellschaft zur Förderung der Wissenschaften e.V. (MPG) verfügen über eigene Abteilungen für Presse-und Öffentlichkeitsarbeit und verbreiten Informationen über ihre Tätigkeit in Form strategischer Medienarbeit. Denn öffentliche Wahrnehmbarkeit und mediale Prominenz sind für Forschungseinrichtungen mittlerweile eine wettbewerbsrelevante Ressource.

Allgemein besteht die Funktion von Wissenschafts-PR darin, gesellschaftliche Anschlusskommunikation für Themen und Akteure aus der Wissenschaft zu ermöglichen. In Anlehnung an Gerhards und Neidhardt (1991) kann man davon ausgehen, dass Wissenschaftsakteure oder wissenschaftliche Organisationen wie die MPG versuchen, ihre Themen in der Öffentlichkeit selbst darzustellen und damit zu versuchen, ihre Interessen mit Blick auf die Zustimmung des politischen Systems und seiner Bürger durchzusetzen. Der Organisationsgrad der Wissenschafts-PR ist folglich hoch: So existieren verschiedene interorganisatorische Zusammenschlüsse und Initiativen der Wissenschafts-PR, zum Beispiel die Initiative Wissenschaft im Dialog und der Informationsdienst Wissenschaft e.V. (idw). Der idw ist ein gemeinnütziger Verein zur Förderung der Wissenschaft, der es wissenschaftlichen Einrichtungen in Deutschland, Österreich und der Schweiz ermöglicht, wissenschaftliche Nachrichten in Form von Pressemitteilungen über das idw-System zu verbreiten.

4.2 Qualitative Vorstudie

Um den Untersuchungsgegenstand besser zu verstehen, wurden im Vorfeld zwei Experteninterviews mit Mitarbeitern der MPG durchgeführt, die im Bereich der Öffentlichkeitsarbeit besondere Verantwortung tragen. Nachfolgend wird allerdings auf eine gesonderte Dokumentation der Ergebnisse der beiden Experteninterviews verzichtet. Stattdessen werden an geeigneter Stelle im Lehrbuch die Antworten der beiden Experten herangezogen, um die Entstehung der Untersuchungsanlage der Beispielstudie zu erklären.

4.3 Forschungsfragen

Der Forschungsprozess begann zunächst mit der Formulierung der Forschungsfragen.[13] Nach der Formulierung der Forschungsfragen wurden die darin enthaltenen theoretischen Begriffe expliziert. Die Auswertung der Experteninterviews ergab drei übergeordnete Forschungsfragen, die den Fortgang des Forschungsprojekts bestimmen sollten:

1. In welchem Maß basiert die Berichterstattung über die MPG auf Informationen der MPG?
2. Wie hoch ist der Anteil der MPG-Pressemitteilungen, die mediale Resonanz erzeugen?
   2.a Welche Pressemitteilungen erzeugen mediale Resonanz, welche Pressemitteilungen nicht?
   2.b Welche Akteure (z.B. Präsident, Wissenschaftler usw.) und Institute der MPG weisen hohe Resonanzerfolge auf?
   2.c Welche Wissenschaftsthemen erzeugen hohe Resonanzerfolge?
3. Welche Rolle spielen neben Pressemitteilungen andere Quellen?

Tabelle 3 zeigt, welche theoretischen Begriffe aus den Forschungsfragen abgeleitet wurden. Die zentralen theoretischen Begriffe der Beispielstudie lauteten: **PR-Induktion**, **Resonanzeffizienz** und **Quellentransparenz**.

---

13 Eine detaillierte Darstellung des Forschungsprozesses von Inhaltsanalysen findet man z.B. bei Rössler (2005: 35) oder bei Früh (2007: 102).

Tabelle 3: Forschungsfragen, theoretische Begriffe und Begriffsdefinitionen

Forschungsfragen	Theoretische Begriffe	Begriffsdefinitionen
1. In welchem Maß basiert die Berichterstattung über die MPG auf PR-Informationen der MPG?	PR-Induktion	PR-Induktion bezeichnet den Anteil der durch PR-Informationen induzierten Berichterstattung an der Gesamtberichterstattung.
2. Wie hoch ist der Anteil der MPG-Pressemitteilungen, die mediale Resonanz erzeugen?	Resonanzeffizienz	Resonanzeffizienz beschreibt das Verhältnis zwischen der Zahl der PR-Informationen, die Berichterstattung induzieren, und der Zahl aller PR-Informationen.
2.a Welche Pressemitteilungen erzeugen mediale Resonanz, welche Pressemitteilungen nicht?	Nachrichtenfaktoren	Nachrichtenfaktoren (z.B. Personalisierung, Relevanz usw.) sind abstrakte Berichterstattungsaspekte, „die einen herausgehobenen Wahrnehmungswert haben und somit als Selektionskriterium für Journalisten oder Rezipienten dienen *können*".[1]
2.b Welche Akteure (z.B. Präsident, Wissenschaftler usw.) und Institute der MPG weisen hohe Resonanzerfolge auf?		
2.c Welche Wissenschaftsthemen erzeugen hohe Resonanzerfolge?	Thema/ Themenrelevanz	Ein Thema bezeichnet den zentralen übergeordneten Sinnkomplex eines Textes.
3. Welche Rolle spielen neben Pressemitteilungen andere Quellen?	Quellentransparenz	Quellentransparenz bezeichnet die Kenntlichmachung von PR-Aktivitäten und PR-Texten, die Journalisten beim Schreiben herangezogen haben.

[1] Die Begriffsdefinition, was ein Nachrichtenfaktor sein soll, basiert bis auf minimale Modifikationen auf der Definition von Fretwurst (2008: 10).

Bezogen auf die MPG geht es bei der PR-Induktion um die Durchsetzung wissenschaftlicher Interessen (z.B. Förderung von Grundlagenforschung) mit Blick auf die Zustimmung des politischen Systems und seiner Bürger. Bei der Resonanzeffizienz geht es einerseits um die Bestimmung des Kosten/Nutzen-Verhältnisses von MPG-Pressemitteilungen und andererseits um die alltägliche öffentliche Kommunikationspraxis einer Organisation: Welche Themen werden vom Wissenschaftsjournalismus bevorzugt selektiert? Wer wissenschaftliche Pressemitteilungen veröffentlichen will, sollte nicht nur die Gesetzmäßigkeiten des Zugangs zu massenmedialer Öffentlichkeit kennen, sondern auch mit spezifischen Nachrichtenfaktoren, aktuellen Berichterstattungstrends und Themenkonjunkturen des Wissenschaftsjournalismus vertraut sein (vgl. zusammenfassend Hettwer et al. 2008). Die Einhaltung des Gebots der Quellentransparenz sichert normativ gesehen den Ausgewogenheits- und Überparteilichkeitsanspruch des Journalismus ab (vgl. Kap. 2.3 u. Kap. 2.5; vgl. auch Hagen 1995). Quellentransparenz bezeichnet die Kenntlichmachung von PR-Aktivitäten und PR-Texten, die Journalisten beim Schreiben herangezogen haben.

 Kapitelzusammenfassung

- Untersuchungsgegenstand der Beispielstudie war die Medienberichterstattung über die Max-Planck-Gesellschaft zur Förderung der Wissenschaften e.V. (MPG) vor dem Hintergrund ihrer Pressearbeit.
- Die Forschungsfragen sind im Anschluss an zwei Experteninterviews mit Öffentlichkeitsarbeitern der MPG formuliert worden.
- Die Forschungsfragen der Beispielstudie lauteten: In welchem Maß basiert die Berichterstattung über die MPG auf PR-Informationen der MPG? Wie hoch ist der Anteil der MPG-Pressemitteilungen, die mediale Resonanz erzeugen? Welche Rolle spielen neben Pressemitteilungen andere Quellen?

Praxistipps

1. Bei der Systematisierung und Gliederung der Forschungsfragen sollte berücksichtigt werden, welche Forschungsfragen zueinander in Beziehung stehen.
2. Die theoretischen Begriffe sollten aus den Forschungsfragen abgeleitet werden.
3. Zentrale theoretische Begriffe müssen präzise definiert werden.

 Literatur

Baerns 1990, Rössler 2005, Früh 2007

Baerns, Barbara (1990): Wissenschaftsjournalismus und Öffentlichkeitsarbeit: Zur Informationsleistung der Pressedienste und Agenturen. In: Ruß-Mohl, Stephan (Hrsg.): Wissenschaftsjournalismus und Öffentlichkeitsarbeit. Gerlingen: Bleicher, 37–53

Blöbaum, Bernd/Görke, Alexander (2006): Quellen und Qualität im Wissenschaftsjournalismus. Befragung und Inhaltsanalyse zur Life-Science-Berichterstattung. In: Weischenberg, Siegfried/Loosen, Wiebke/Beuthner, Michael (Hrsg.): Medien-Qualitäten. Öffentliche Kommunikation zwischen ökonomischen Kalkül und Sozialverantwortung. Konstanz: UVK, 307–328.

Fretwurst, Benjamin (2008): Nachrichten im Interesse der Zuschauer. Eine konzeptionelle und empirische Neubestimmung der Nachrichtenwerttheorie. Konstanz: UVK.

Früh, Werner (2007): Inhaltsanalyse. Theorie und Praxis. Konstanz: UVK/UTB.

Gerhards, Jürgen/Neidhardt, Friedhelm (1991): Strukturen und Funktionen moderner Öffentlichkeit. Fragestellungen und Ansätze. In: Müller-Doohm, Stefan/Neumann-Braun, Klaus (Hrsg.): Öffentlichkeit, Kultur, Massenkommunikation. Oldenburg: Universitätsverlag, 31–90.

Hagen, Lutz M. (1995): Informationsqualität von Nachrichten. Messmethoden und ihre Anwendung auf die Dienste von Nachrichtenagenturen. Opladen: Westdeutscher Verlag.

Hettwer, Holger/Lehmkuhl, Markus/Wormer, Holger/Zotta, Franco (2008): WissensWelten: Wissenschaftsjournalismus in Theorie und Praxis. Gütersloh: Bertelsmann Stiftung.

Pahl, Carola (1998): Die Bedeutung von Wissenschaftsjournalen für die Themenauswahl in den Wissenschaftsressorts deutscher Zeitungen am Beispiel medizinischer Themen. In: Rundfunk und Fernsehen 2–3, 243–253.

Raupp, Juliana (2008): Der Einfluss von Wissenschafts-PR auf den Wissenschaftsjournalismus. In: Hettwer, Holger/Lehmkuhl, Markus/Wormer, Holger/Zotta, Franco (Hrsg.): WissensWelten – Wissenschaftsjournalismus in Theorie und Praxis. Gütersloh: Bertelsmann, 379–392.

Rössler, Patrick (2005): Inhaltsanalyse. Konstanz: UVK/UTB.

5 Untersuchungsanlage

In diesem Kapitel wird die Auswahl des Untersuchungszeitraums, der Untersuchungsobjekte und des Untersuchungsmaterials erläutert. Außerdem wird erklärt, was eine Untersuchungseinheit ist und der Unterschied zwischen einer einstufigen und einer zweistufigen Codierung deutlich gemacht.

Die **Input-Analyse** einer Medienresonanzanalyse umfasst die Untersuchung von PR-Veröffentlichungen. Die **Output-Analyse** hingegen umfasst die Untersuchung von redaktionellen Veröffentlichungen über denjenigen, der die PR-Veröffentlichungen, die im Rahmen der Input-Analyse erfasst werden, verantwortet.

Die vorliegende Medienresonanzanalyse ist als **quantitative Input-Output-Analyse** angelegt worden. **Untersuchungsgegenstand** war die Medienberichterstattung über die MPG. **Untersuchungsobjekte** der Input-Analyse der Beispielstudie waren die MPG-Pressemitteilungen, Untersuchungsobjekte der Output-Analyse die Agentur- und Presseberichte über die MPG.

5.1 Untersuchungsobjekte und Untersuchungsmaterial

Die MPG-Pressemitteilungen bildeten die Untersuchungsobjekte der Input-Analyse. Die Pressemitteilungen sind auf der MPG-Internetseite in Form von PDF- und HTML-Dateien für jeden zugänglich abrufbar. Die Input-Analyse ist so angelegt worden, dass jede aus dem Jahr 2007 stammende MPG-Pressemitteilung nach speziellen Regeln analysiert wurde. Die Untersuchung des medialen Outputs, der möglicherweise durch eine oder mehrere MPG-Pressemitteilungen erzeugt wurde, war auf die systematische Analyse von Artikeln in den überregionalen Qualitätszeitungen Die Welt (Welt), Frankfurter Allgemeine Zeitung (FAZ), Frankfurter Rundschau (FR) und Süddeutsche Zeitung (SZ) des Jahres 2007 beschränkt. Das Untersuchungsmaterial wurde der Datenbank LexisNexis® Wirtschaft und der F.A.Z.-Datenbank entnommen. Einen Zugang zu diesen Datenbanken hatten wir über das digitale Bibliotheksportal der Freien Universität Berlin erhalten. Die Datenbank LexisNexis® Wirtschaft bietet nach Auskunft des digitalen Bibliotheksportals der Freien Universität Berlin einen ca. 5.600 Quellen umfassenden Volltextservice, der u.a. auch die Berichterstattung tages-, wochen- und monatsaktueller Presseerzeugnisse enthält. Eine Volltextsuche in Datenbanken dieser Art ermöglicht es, mithilfe von Schlüsselwörtern oder Phrasen eine Datenbankabfrage durchzuführen und sich alle Artikel ausgeben zu lassen, die spezielle Zeichenfolgen enthalten.

Warum wurden Qualitätszeitungen als Untersuchungsobjekte ausgewählt? Die interviewten Experten gaben an, dass einer der Schwerpunkte der strategischen Kommunikation der MPG der Dialog mit Entscheidern aus Politik, Wirtschaft und Wissenschaft sei. Aus empirischen Studien ist bekannt, dass die Öffentlichkeitselite die überregionalen Tageszeitungen als besonders wichtig für ihre Arbeit einschätzt und dass diese Tageszeitungen besonders häufig und überdurchschnittlich lange von der Öffentlichkeitselite gelesen werden (vgl. Puhe/Würzberg 1989; Herzog 1990). Die vier ausgewählten Zeitungstitel bieten ihren Lesern eine regelmäßige und umfangreiche Wissenschaftsberichterstattung. Beide Experten räumten weiterhin ein, dass es sicherlich auch interessant gewesen wäre, beispielhaft zu untersuchen, welche Rolle die einzelnen Max-Planck-Institute in der Regional- und Lokalberichterstattung der deutschen Tagespresse spielen. Man hätte durch Analyse der Berichterstattung der Ostsee-Zeitung beispielsweise untersuchen können, welchen Grad an Resonanz die MPG-Pressemitteilungen erzeugen, die das Max-Planck-Institut für demografische Forschung in Rostock thematisieren. Beide Experten stimmten jedoch letztlich darin überein, dass sie die Beantwortung dieser regionalspezifischen Forschungsfrage angesichts der aktuellen Kommunikationsstrategie der MPG als nachrangig empfinden.

Mit der gewählten Untersuchungsanlage der Output-Analyse konnte nicht die komplette Vorgeschichte eines Zeitungsartikels, der die MPG in irgendeiner Form thematisiert, analytisch rekonstruiert werden. Warum ist das so? Beide Experten gaben übereinstimmend zu Protokoll, dass ihrer Ansicht nach die „typische" MPG-Pressemitteilung den Weg in die deutsche Wissenschaftsberichterstattung über eine vorherige Veröffentlichung in den wöchentlich erscheinenden englischsprachigen Fachzeitschriften Science und Nature findet. Natürlich wäre es wünschenswert gewesen, diese beiden Fachzeitschriften bei der Output-Analyse zu berücksichtigen, um mithilfe der Medienresonanzanalyse eine Art Zwei-Stufen-Fluss der Wissenschaftsberichterstattung empirisch abbilden zu können. Da die Beispielstudie jedoch im Rahmen eines Universitätsseminars realisiert wurde, war es nicht möglich, neben deutschen Agentur- und Tageszeitungsbeiträgen auch englischsprachige Fachzeitschriftenbeiträge zu untersuchen.

Um den Weg einer „typischen" MPG-Pressemitteilung wenigstens im Ansatz empirisch abzubilden, wurde zusätzlich zur MPG-Berichterstattung in den genannten vier überregionalen Qualitätszeitungen exemplarisch die MPG-Berichterstattung der ddp-Pressedienste untersucht. Die zusätzliche Untersuchung der Agenturberichterstattung dient vor allem einem didaktischen Zweck: Es soll nachvollziehbar gemacht werden, wie bei einer Medienresonanzanalyse beide Formen des medialen Outputs – die Agenturberichterstattung und die Berichterstattung der Qualitätszeitungen – quantitativ zueinander in Beziehung gesetzt und sinnvoll statistisch ausgewertet werden.

5.2 Untersuchungszeitraum

Die Länge des Untersuchungszeitraums einer Medienresonanzanalyse sagt noch nichts darüber aus, ob es sich dabei um eine Querschnitt- oder eine Längsschnittstudie handelt. **Querschnittstudien** bilden einen Untersuchungszeitraum statisch, **Längsschnittstudien** dynamisch ab. Querschnittstudien erlauben im Gegensatz zu Längsschnittstudien keine Aussagen über zeitliche Veränderungsprozesse. Wenn eine Organisation die personelle Leitung der PR-Abteilung zum dritten Quartal eines Jahres ausgetauscht hat, könnte es zum Beispiel sinnvoll sein, im Rahmen einer längsschnittlichen Medienresonanzanalyse (in diesem Fall: einer Vorher-Nachher-Messung) die Effektivität dieser Personalentscheidung zu messen. Ob man eine Medienresonanzanalyse im Quer- oder Längsschnitt anlegt, sollte ausschließlich von den forschungsleitenden Fragen abhängen. Damit ist gemeint, dass man bei der Datenauswertung nicht mitten im Forschungsprozess damit anfangen darf, zusätzliche Forschungsfragen mit Längsschnittcharakter zu formulieren, um dann zu versuchen, die Fragen mit den Querschnittdaten zu beantworten.

Bedeutung der Forschungsfragen im Forschungsprozess

Alle Entscheidungen, die den Prozess der Datenerhebung und Datenauswertung einer Medienresonanzanalyse betreffen, sollten sich ausschließlich auf die Forschungsfragen beziehen, die zu Beginn des Forschungsprozesses formuliert wurden.

Da die aus den Experteninterviews abgeleiteten Forschungsfragen keine längsschnittliche Untersuchungsanlage erforderlich machten, wurde als Untersuchungszeitraum die Zeit zwischen dem 01. Januar 2007 und dem 31. Dezember 2007 festgelegt. Warum genau dieser Untersuchungszeitraum? Warum wurden statt eines ganzen Kalenderjahres nicht zum Beispiel nur ein Quartal oder nur sechs Monate des Jahres 2007 untersucht?

Wir gingen von der Annahme aus, dass die Thematisierung der MPG zum einen das Resultat der MPG-Öffentlichkeitsarbeit und zum anderen das Resultat originärer journalistischer Eigenleistung ist. Wenn sich das Verhältnis zwischen der Öffentlichkeitsarbeit der MPG und der originären journalistischen Eigenleistung über die Jahre hinweg nicht ändert, die MPG also in jedem Jahr ungefähr gleich viel medialen Input produziert und auch die Qualitätspresse ihre Berichterstattungspraxis nicht fundamental verändert, kann man unserer Ansicht nach mit der Untersuchung eines einzigen Kalenderjahres bereits belastbare Aussagen über die Resonanzchancen von Pressemitteilungen der MPG treffen. Die Annahme, dass die Qualitätspresse einen über das Kalenderjahr hinweg relativ gleichförmigen Resonanzraum für Wissenschaftsthemen bietet, gilt natürlich nur dann, wenn die Nachrichtenfaktoren der Wissenschaftsthemen zeitlich mehr oder weniger stabil sind.

Wir gingen außerdem von der Annahme aus, dass die Intensität der MPG-Öffentlichkeitsarbeit saisonalen Schwankungen unterliegt (z.B. publiziert die MPG in den Sommermonaten in der Regel weniger Pressemitteilungen). Gegen unsere zweite Annahme ließe sich einwenden, dass die Agentur- und Presseberichterstattung über die MPG von einer Nobelpreisvergabe an einen Wissenschaftler der MPG beeinflusst wird.

Die Nobelpreisvergabe an einen MPG-Wissenschaftler erzeugt eine **„Spezialzeit"**, in der die Selektionsroutinen der **„Normalzeit"** (die routinemäßige Wissenschaftsberichterstattung) aufgrund des außerordentlichen Nachrichtenwerts der Nobelpreisvergabe kurzfristig außer Kraft gesetzt werden (vgl. Wolling 2005). Das Problem der Spezialzeit kann grunsätzlich nur bei **summativen Medienresonanzanalysen** berücksichtigt werden, da bei **formativen Medienresonanzanalysen** eine Nobelpreisvergabe nie absehbar ist. Dass Gerhard Ertl vom Fritz-Haber-Institut der MPG während des Untersuchungszeitraums den Chemienobelpreis erhalten hat, erzeugte selbstverständlich temporär eine Spezialzeit. Es ist jedoch davon auszugehen, dass die durch eine Nobelpreisvergabe erzeugte Spezialzeit die Resonanzchancen von MPG-Pressemitteilungen eines ganzen Kalenderjahres nicht beeinflusst.

Welches sind die wesentlichen Entscheidungskriterien, nach denen man die geeignete Länge des Untersuchungszeitraums auswählt? Die Länge des Untersuchungszeitraums ist grundsätzlich aus den forschungsleitenden Fragen abzuleiten. Sollte das Forschungsbudget für die Medienresonanzanalyse es nicht erlauben, alle innerhalb des Untersuchungszeitraums identifizierbaren Untersuchungseinheiten zu untersuchen (z.B. sämtliche MPG-Pressemitteilungen sowie Agentur- und Pressebeiträge über die MPG des Jahres 2007), sollte der geeignete Untersuchungszeitraum dennoch beibehalten, jedoch statt einer **Vollerhebung** ein Stichprobenverfahren eingesetzt werden.

5.3 Untersuchungseinheiten

Trotz der intensiven Begriffsarbeit verschiedener Lehrbuchautoren gibt es bislang keine allseits akzeptierte Terminologie der Inhaltsanalyse. Was eine Untersuchungseinheit genau bezeichnet, ist nicht immer ganz klar: „Problematisch ist hierbei, dass in der deutschensprachigen wie internationalen Forschung verschiedene Begriffe üblich geworden sind, die sich zwar auf meist ähnliche Typen von Einheiten beziehen, diese aber unterschiedlich benennen" (Rössler 2005: 39). Die Erfahrung im universitären Lehralltag zeigt, dass eine begriffliche Unterscheidung zwischen Auswahleinheit, Analyseeinheit, Codiereinheit und Kontexteinheit – so sinnvoll sie auch für einen Diskurs unter Wissenschaftlern sein mag – große Verständnisprobleme unter Studierenden erzeugt. Deshalb wird nachfolgend nur noch zwischen zwei Begriffen unterschieden und zwar zwischen der **Untersuchungseinheit** und der **Stichprobeneinheit** (vgl. auch Kap. 6.2).

Der Beispielstudie liegt ein theoretisch sehr breiter Textbegriff zugrunde: „I define 'texts' to include verbal, visual, oral, and numeric data, in the form of maps, prints, and music, of archives of recorded sound, of films, videos, and any computer-stored information, everything in fact from epigraphy to the latest forms of discography" (McKenzie 1986: 5).

Untersuchungseinheiten einer Medienresonanzanalyse können **Texte** sein wie zum Beispiel Artikel in Tageszeitungen, Fernsehsendungen oder Wortbeiträge im Radio. Aber auch **Textelemente** wie zum Beispiel Absätze in einem Zeitungsartikel oder Bewertungen in einem Zeitungskommentar, genannte oder gar zu Wort kommende Akteure in einem Nachrichtenbeitrag oder Hyperlinks in einer HTML-Seite können könnte man Untersuchungseinheiten einer Medienresonanzanalyse definieren. Auch wenn man gleichzeitig Texte und Textelemente als Untersuchungseinheiten einer Medienresonanzanalyse definieren kann, heißt das im Umkehrschluss keinesfalls, dass eine Medienresonanzanalyse immer so angelegt sein muss, dass Texte und Textelemente zugleich untersucht werden.

Untersuchungseinheit

Untersuchungseinheiten sind Texte oder Textelemente, für die vorab definierte Aufgriffskriterien gelten und auf die vorab formulierte Codierregeln angewendet werden.

Eine Untersuchungseinheit – ob als Text oder als Textelement definiert – konstituiert technisch gesprochen immer einen **Untersuchungsfall**. Anhand eines Untersuchungsfalls und seiner Eigenschaften versucht man, die eigenen Forschungsfragen zu beantworten. Man bezeichnet die Untersuchungseinheiten, auf die **Stichprobenverfahren** (vgl. Kap. 6.2) und anschließend die **Codierregeln** (vgl. Kap. 7) angewendet werden, auch als fallgenerierend. Einen Untersuchungsfall generiert man genau dann, wenn man sich dafür entscheidet, dass ein Text oder ein Textelement dem Aufgriffskriterium entspricht.

Bei Inhaltsanalysen unterscheidet man gemeinhin zwischen einstufigen und mehrstufigen Codierungen. Bei **einstufigen Codierungen** beziehen sich die Stichproben- und Codierregeln auf nur eine Untersuchungseinheit, während bei **mehrstufigen Codierungen** die Aufgriffskriterien und Codierregeln sich auf verschiedenene Untersuchungseinheiten beziehen. Die Forschungspraxis zeigt allerdings, dass Untersuchungsanlagen mit mehr als zwei Codierstufen sehr selten sind.

Ein Beispiel für eine einstufige Codierung ist die Inhaltsanalyse von Wilke und Reinemann (2001), die als Untersuchungseinheit diejenigen Zeitungsartikel definiert hatten, die einen Bezug zum Bundestagswahlkampf aufwiesen und die innerhalb der letzten vier Wochen vor der jeweiligen Bundestagswahl veröffentlicht wurden.

Ein gut dokumentiertes Beispiel für eine zweistufige Codierung ist die Analyse öffentlicher Zuschreibung von Verantwortung in der europapolitischen Presseberichterstattung (vgl. Gerhards/Offerhaus/Roose 2007). Die Autoren dieser Studie haben als Untersuchungseinheiten diejenigen Presseartikel definiert, in denen die Europäische Kommission oder eines ihrer Mitglieder thematisiert wird (erste Codierstufe = Text). Anschließend wurden innerhalb des Artikels (zweite Codierstufe = Textelemente) „alle bewerteten EU-bezogenen Attributionsaussagen" (Gerhards/Offerhaus/Roose 2004: 17) identifiziert.[11] Die Art und Weise, wie die Autoren ihre Untersuchungseinheiten definiert und identifiziert haben, nennt man auch „hierarchische Zerlegung" (Rössler 2005: 73) des Untersuchungsmaterials.

In Tabelle 4 sind die Forschungsfragen den verschiedenen Teilanalysen der Beispielstudie zugeordnet.

---

14 Attributionsaussagen bzw. Attributionen von politischer Verantwortlichkeit lassen sich nach Gerhards, Offerhaus und Roose (2004: 17) in eine einfache Frage übersetzen: „Wer wird von wem für was verantwortlich gemacht?".

Tabelle 4: Bezug der Codierstufen der Beispielstudie zu den Forschungsfragen

Forschungsfragen	Codierstufen der Input-Analyse		Codierstufen der Output-Analyse	
	Mitteilungsanalyse	Akteursanalyse	Beitragsanalyse	Akteursanalyse
1. In welchem Maß basiert die Berichterstattung über die MPG auf PR-Informationen der MPG?	×		×	
2. Wie hoch ist der Anteil der MPG-Pressemitteilungen, die mediale Resonanz erzeugen?	×	×	×	×
2.a Welche Pressemitteilungen erzeugen mediale Resonanz, welche Pressemitteilungen nicht?	×		×	
2.b Welche Akteure (z.B. Präsident, Wissenschaftler usw.) und Institute der MPG weisen hohe Resonanzerfolge auf?		×		×
2.c Welche Wissenschaftsthemen erzeugen hohe Resonanzerfolge?	×		×	
3. Welche Rolle spielen neben Pressemitteilungen andere Quellen?	×		×	

5.3 Untersuchungseinheiten

Um die Forschungsfragen der Beispielstudie beantworten zu können, ist eine zweistufige Codierung notwendig gewesen. Da sich Input- und Output-Analyse der Beispielstudie auf unterschiedliche Untersuchungseinheiten beziehen, werden die jeweiligen Definitionen nachfolgend getrennt ausgewiesen:

- **Erste Codierstufe der Input-Analyse**: Untersuchungseinheiten waren alle MPG-Pressemitteilungen.
- **Zweite Codierstufe der Input-Analyse**: Innerhalb der MPG-Pressemitteilungen wurden zum einen maximal drei MPG-Akteure codiert. Zum anderen wurden maximal zwei organisationsexterne Akteure, die in Bezug auf die MPG oder mit deren Akteuren handelten, codiert.
- **Erste Codierstufe der Output-Analyse**: Untersuchungseinheiten waren alle Agentur- und Pressebeiträge mit Bezug zur MPG.
- **Zweite Codierstufe der Output-Analyse**: Innerhalb der Agentur- und Pressebeiträge mit Bezug zur MPG wurden zum einen maximal drei MPG-Akteure codiert. Zum anderen wurden maximal zwei organisationsexterne Akteure, die in Bezug auf die MPG oder mit deren Akteuren handelten, codiert.

Die Untersuchungsanlage der Beispielstudie sah die hierarchische Zerlegung des Untersuchungsmaterials vor (vgl. Tab. 4):

- Zuerst wurden Texte (Pressemitteilung, Agentur- oder Pressebeitrag) erfasst und mit textspezifischen Codierregeln ausgewertet. Dieser Schritt wurde bei der Input-Analyse **Mitteilungsanalyse** und bei der Output-Analyse als **Beitragsanalyse** bezeichnet.
- Anschließend wurden die Elemente (Akteure) innerhalb der vorab identifizierten Texte erfasst und mit elementspezifischen Codierregeln ausgewertet. Dieser Schritt wurde sowohl bei der Input- als auch bei der Output-Analyse als **Akteursanalyse** bezeichnet.

Grundsätzlich kann man sagen, dass in der Forschungspraxis die Identifikation von Untersuchungseinheiten bei Texten leichter fällt als die Identifikation von Elementen innerhalb von Texten. Warum ist das so? Texte werden in der Regel in abgegrenzter Form vermittelt: Ein Zeitungsartikel besteht zum Beispiel aus einer Überschrift und zwei Textspalten, eine Fernsehsendung beginnt und endet mit einer typischen Melodie oder ein

Radionachrichtensprecher macht zwischen dem Verlesen zweier Nachrichten eine kurze Sprechpause. Bei Textelementen fällt die Identifikation – sieht man von einer formalen Zerlegung der Textmenge in einzelne Absätze ab – sehr viel schwerer: Wo beginnt und endet eine Aussage innerhalb eines Textes? Wenn es heißt: „Gerhard Ertl und sein Forschungsteam vom Fritz-Haber-Institut" – wer ist in diesem Fall eigentlich der Akteur? Nur Gerhard Ertl? Ist auch sein Forschungsteam ein eigenständiger Akteur? Und wie ist das mit dem Fritz-Haber-Institut – ist das auch ein Akteur? Die Akteursdefinition der Beispielstudie sah eine Art „Individualregel" vor: Die Codierer sollten stets diejenigen Akteure erfassen, die individuell genannt werden. Ein Beispiel: Wenn es hieß „Wissenschaftler X aus dem Team der Kognitionsforscher des Max-Planck-Instituts für Bildungsforschung in Berlin hat herausgefunden, dass...", dann galt es, den Wissenschaftler X zu erfassen und nicht noch zusätzlich das „Team". Das „Team" wurde lediglich als Organisationszusammenhang interpretiert, in dem der Wissenschaftler X agiert.

Die Entscheidung mit kleinteiligen und schwer abgrenzbaren Untersuchungseinheiten zu arbeiten, sollte mit besonderen Vorkehrungen erfolgen, um die Güte und Aussagekraft der Medienresonanzanalyse sicherzustellen (vgl. Kap. 7.5).

Kapitelzusammenfassung

- Untersuchungsobjekte der Input-Analyse waren die MPG-Pressemitteilungen, der Output-Analyse die Agentur- und Presseberichte über die MPG.
- Der Untersuchungszeitraum der Beispielstudie umfasste die Zeit zwischen dem 01. Januar 2007 und dem 31. Dezember 2007.
- Die Codierung erfolgte zweistufig.
- Die Input-Analyse und die Output-Analyse bezogen sich auf unterschiedliche Untersuchungseinheiten.
- In der ersten Codierstufe der Input-Analyse wurden die MPG-Pressemitteilungen erfasst.
- In der zweiten Codierstufe wurden einerseits maximal drei MPG-Akteure und andererseits maximal zwei organisationsexterne Akteure, die in Bezug auf die MPG oder mit deren Akteuren handeln, erfasst.
- In der ersten Codierstufe der Output-Analyse wurden alle Agentur- und Pressebeiträge mit Bezug zur MPG erfasst.
- In der zweiten Codierstufe wurden einerseits maximal drei MPG-Akteure und andererseits maximal zwei organisationsexterne Akteure, die in Bezug auf die MPG oder mit deren Akteuren handeln, erfasst.

 Praxistipps

1. Bei der Konstruktion der Untersuchungsanlage sollte ausschließlich Bezug auf die forschungsleitenden Fragestellungen genommen werden.
2. Es sind nur diejenigen Untersuchungsobjekte auszuwählen, deren Eigenschaften tatsächlich zur Beantwortung der forschungsleitenden Fragestellungen beitragen.
3. Die Definition der Untersuchungseinheiten sollte aus den forschungsleitenden Fragestellungen abgeleitet werden.
4. Bei mehrstufigen Codierungen sollten die forschungsleitenden Fragestellungen für den besseren Überblick den jeweiligen Codierstufen zugeordnet werden.
5. Die Durchführung einer einstufigen Codierung ist grundsätzlich weniger aufwändig als die Durchführung einer zweistufigen Codierung.

Literatur
Rössler 2005

Gerhards, Jürgen/Offerhaus, Anke/Roose, Jochen (2004): AttrEU: Die Europäische Union und die massenmediale Attribution von Verantwortung. Eine länder-, zeit- und medienvergleichende Untersuchung. Codebuch zur Inhaltsanalyse der EU-Berichterstattung der Süddeutschen Zeitung, der Frankfurter Allgemeinen Zeitung, der Times und des Guardian von 1994 bis 2003 [http://userpage.fu-berlin.de/~gerhards/atrribution/AttrEU_Codebuch.pdf, abgerufen am 23.02.2009].
Gerhards, Jürgen/Offerhaus, Anke/Roose, Jochen (2007): Die öffentliche Zuschreibung von Verantwortung. Zur Entwicklung eines inhaltsanalytischen Instrumentariums. In: Kölner Zeitschrift für Soziologie und Sozialpsychologie 59(1), 105–124.
Herzog, Dietrich (1990): Abgeordnete und Bürger. Ergebnisse einer Befragung der Mitglieder des 11. Deutschen Bundestages und der Bevölkerung. Opladen: Westdeutscher Verlag.
McKenzie, Donald F. (1986): Bibliography and the Sociology of Texts. London: British Library.
Puhe, Henry/Würzberg, H. Gerd (1989): Lust und Frust. Das Informationsverhalten des deutschen Abgeordneten. Eine Untersuchung. Köln: Informedia-Verlag.
Rössler, Patrick (2005): Inhaltsanalyse. Konstanz: UVK/UTB.
Wilke, Jürgen/Reinemann, Carsten (2001): Do the Candidates Matter? Long-Term Trends of Campaign Coverage – A Study of the German Press Since 1949. In: European Journal of Communication 16(3), 291–314.
Wolling, Jens (2005): Normalzeit vs. Spezialzeit. Besondere Ereignisse als Problem der Stichprobenziehung bei Inhaltsanalysen von Medienangeboten. In: Gehrau, Volker/Fretwurst, Benjamin/Krause, Birgit/Daschmann, Gregor (Hrsg.): Auswahlverfahren in der Kommunikationswissenschaft. Köln: Halem, 138–157.

6 Grundgesamtheit und Stichprobenverfahren

In diesem Kapitel werden die Begriffe Grundgesamtheit, Stichprobe und Stichprobeneinheit definiert. Außerdem werden verschiedene Verfahren zur Ziehung von Stichproben, und zwar die Zufallsstichprobe, die Klumpenstichprobe, die natürliche Woche, die künstliche Woche und die adaptive Clusterstichprobe vorgestellt. Abschließend werden Kriterien für eine gute Forschungspraxis der Stichprobenziehung formuliert.

Schon vor über 30 Jahren beklagte der Autor des Lehrbuchs „Auswahlverfahren in der Inhaltsanalyse", dass es auf dem Gebiet der Inhaltsanalyse eigentlich keine Anleitungen dafür gäbe, wie man in der Forschungspraxis stichprobentheoretisch korrekt arbeiten soll (vgl. Kops 1977). Auch wenn seitdem mehrere Lehrbücher zur Methode der Inhaltsanalyse veröffentlicht wurden, sind praktische Anleitungen für eine adäquate Definition der Grundgesamtheit und die korrekte Bildung einer Stichprobe weiterhin rar – von Stichprobenplänen für Medienresonanzanalysen ganz abgesehen. Angesichts dessen wird der Stichprobenziehung überdurchschnittlich viel Platz im Lehrbuch eingeräumt. In den Online-Zusatzmaterialien des Lehrbuchs werden einzelne Stichprobenverfahren genauer vorgestellt, ihre praktische Anwendung illustriert und ihre Leistungsfähigkeit untereinander verglichen.

6.1 Grundgesamtheit

Die theoretische Abgrenzung einer Grundgesamtheit ist immer eine besondere methodische Herausforderung. Angesichts der Vielzahl prinzipiell möglicher Grundgesamtheiten ist bei der theoretischen Abgrenzung höchste definitorische Sorgfalt vonnöten.

Grundgesamtheit

Die Grundgesamtheit bezeichnet die vor der Durchführung einer empirischen Studie theoretisch abzugrenzende Gesamtmenge von Elementen, über die man eine wissenschaftliche Aussage machen möchte.

Definition der Grundgesamtheit

„Die Grundgesamtheit ist so zu wählen, dass sie für die Beantwortung der anliegenden Problemstellungen und Untersuchungsfragen und die Überprüfung eventuell formulierter Hypothesen optimal geeignet ist. Eine passende – und damit sinnvolle – Definition der Grundgesamtheit einer Inhaltsanalyse muss sowohl eine inhaltliche als auch zeitliche Abgrenzung beinhalten."

Kops (1977: 27)

Bei Medienresonanzanalysen müssen immer zwei grundsätzliche Entscheidungen getroffen werden:

1. Mit welchem Stichprobenverfahren wählt man den medialen Input aus?
2. Mit welchem Stichprobenverfahren wählt man den medialen Output aus?

Diese beiden Entscheidungen sind jedoch von unterschiedlicher Komplexität:

- Die Ziehung der Stichprobeneinheiten der Input-Analyse erfolgt meistens einstufig. Ein Stichprobenverfahren wird als einstufig bezeichnet, wenn nur eine Ziehungsentscheidung getroffen werden muss.
- Die Stichprobenziehung bei Output-Analysen ist deutlich anspruchsvoller. Dies sei am Beispiel einer fiktiven Fernseh-Medienresonanzanalyse verdeutlicht: Welcher Programmtyp soll bei der Output-Analyse untersucht werden (z.B. nationale vs. regionale Programme)? Welche Art von nationalen Programmen sollen untersucht werden (z.B. Vollprogramme vs. Spartenprogramme vs. Fenster-/Lizenz-/Drittprogramme)? Welche Sender der acht Vollprogramme sollen untersucht (ARD/Das Erste, ZDF, Sat.1, ProSieben, kabel eins, RTL, RTL II, VOX)? Welche Nachrichtensendungen von z.B. ARD/ Das Erste, ZDF, Sat.1 und RTL sollen untersucht werden?

6.1 Grundgesamtheit

Tabelle 5: Beispielhafte Definitionen von Grundgesamtheiten mit inhaltlicher und zeitlicher Abgrenzung

Studie	Forschungsleitende Fragestellungen	Definition der Grundgesamtheit
Baerns 1991	▪ Gehen die Anlässe bzw. die Themen der Berichterstattung auf Informationen der Öffentlichkeitsarbeit zurück oder auf journalistische Recherche? ▪ Inwieweit bearbeiten Journalisten die Informationen der Öffentlichkeitsarbeit durch Nach- und Zusatzrecherchen weiter? ▪ Inwieweit machen Journalisten die Verwendung ihrer Quellen in der Medienberichterstattung öffentlich?	▪ Landespolitische Beiträge in allen tagesbezogenen Nachrichtenmedien Nordrhein-Westfalens (Agenturen, Tageszeitungen, Hörfunk- und Fernsehsendungen), die im Jahr 1978 veröffentlicht worden sind.
Rossmann 1993	▪ Wie sieht die Berichterstattung über Greenpeace in den Printmedien aus?	▪ Beiträge, die im Jahr 1991 in den deutschsprachigen Printmedien von Deutschland, Österreich und der Schweiz über Greenpeace veröffentlicht worden sind.
Beispielstudie	▪ In welchem Maß basiert die Berichterstattung über die MPG auf PR-Informationen der MPG? ▪ Wie hoch ist der Anteil der MPG-Pressemitteilungen, die mediale Resonanz erzeugen? ▪ Welche Rolle spielen neben Pressemitteilungen andere Quellen?	▪ Pressemitteilungen der MPG und Berichterstattung über die MPG im Jahr 2007 in den deutschen überregionalen Tageszeitungen.

Tabelle 5 veranschaulicht drei unterschiedliche Grundgesamtheitsdefinitionen, die jeweils eine inhaltliche und eine zeitliche Abgrenzung beinhalten. Die **inhaltliche Abgrenzung** bezieht sich immer auf den eigentlichen Untersuchungsgegenstand: Wenn man wie in der Beispielstudie anhand von Agentur- und Pressebeiträgen die Berichterstattung über die MPG untersuchen möchte, muss man angeben, was man mit „Berichterstattung über die MPG" meint. Die **zeitliche Abgrenzung** bedeutet, dass eine Definition der Grundgesamtheit auch immer den Aspekt der zeitlichen Repräsentativität berücksichtigen muss.

6.2 Stichprobenverfahren

Die Bildung einer Stichprobe ist häufig dadurch erschwert, dass man aus einer Vielzahl von Stichprobenverfahren ein für die eigene Forschungsfrage geeignetes auswählen muss. Ein universell einsetzbares und stets geeignetes Stichprobenverfahren der Inhaltsanalyse gibt es nicht.

Da es aus Kosten- und Zeitgründen in der Regel nicht möglich ist, alle Elemente einer Grundgesamtheit zu untersuchen (**Vollerhebung**), sind Inhaltsanalysen in der Regel auf relativ kleine Ausschnitte aus der Grundgesamtheit beschränkt.

> **Stichprobe**
>
> Eine Teilmenge einer Grundgesamtheit, die regelgeleitet ausgewählt wurde, bezeichnet man als Stichprobe.
>
> **Stichprobeneinheit**
>
> Bei Inhaltsanalysen bezeichnet eine Stichprobeneinheit entweder Textträger, Texte oder Textelemente, die im Rahmen eines ein- oder mehrstufigen Stichprobenverfahrens prinzipiell auswählbar sind.

Das Gegenteil einer Stichprobe ist die willkürliche Auswahl. Stichproben und willkürliche Auswahlen unterscheiden sich in ihrer **intersubjektiven Nachvollziehbarkeit** und ihrer **Replizierbarkeit**. Willkürliche Auswahlen werden unsystematisch durchgeführt, was eine intersubjektive Nachvollziehbarkeit dieses Teilschritts des empirischen Forschungsprozesses verhindert. Außerdem machen willkürliche Auswahlen das empirische Ergebnis mehr oder weniger stark vom einzelnen Forscher abhängig, wodurch der Grad etwaiger Verzerrungen unabschätzbar wird. Wenn es keine angebbaren Regeln (**Stichprobenpläne**) gibt, nach denen ein empirisches Ergebnis zustandegekommen ist, können andere Forscher es weder nachvollziehen noch replizieren. Ziel einer empirischen Studie sollte es dagegen immer sein, das eigene empirische Vorgehen so transparent wie möglich zu dokumentieren, um damit anderen Forschern die Möglichkeit zu geben, wissenschaftliche Kritik zu üben. Mit wissenschaftlicher Kritik ist die Auseinandersetzung zwischen Forschern über die Frage gemeint, was bei gegebener forschungsleitender Fragestellung für und was gegen ein gewähltes Stichprobenverfahren spricht.

„Best practice" der Stichprobenziehung

„Wünschenswert sind Stichproben, deren Struktur in bezug auf Merkmale nicht von der Struktur der Merkmale und Merkmalskombinationen in der Gesamtheit abweicht, Stichproben also, die ein Miniaturbild der Gesamtheit sind. In der Praxis existieren Stichproben, die diesem hohen Anspruch für alle Merkmale exakt genügen, nur in mehr oder weniger guter Annäherung. (...) Die Entscheidung für eine bestimmte Art der Stichprobenerhebung kann nach ganz unterschiedlichen Kriterien erfolgen. Eine besondere Bedeutung wird Stichproben zugeschrieben, die nach dem Zufallsprinzip ausgewählt werden und so in berechenbaren Fehlertoleranzen statistische Schlüsse auf die zugrundeliegende Grundgesamtheit zulassen."

Kaase (1999: 16f.)

Die Zahl der zur Verfügung stehenden Stichprobenverfahren mag auf den ersten Blick unübersichtlich erscheinen. Deshalb sollte man sich bei der Stichprobenziehung wiederum die Forschungsfragen vor Augen führen und anschließend entscheiden, was eigentlich die **Stichprobeneinheit** sein soll.

Stichprobenziehung von überregionalen Tageszeitungen

„In der Praxis fällt hier häufig die Entscheidung, bewusst besonders reichweitenstarke Medien in die Stichprobe aufzunehmen (was auch forschungspraktische Gründe haben kann, sind die Medien doch in Archiven leichter zugänglich). Hinter solchen Entscheidungen steckt meist auch eine Logik, die nur selten explizit gemacht wird: Auch wenn sich die Forschungsfragen auf die Darstellung eines bestimmten Themas in den Medien richten, interessiert sich der Forscher dabei für das Bild, welches den Rezipienten zu diesem Thema vermittelt wird. (...) Die Entscheidung für einzelne reichweitenstarke Medien bleibt aber auf halber Strecke stehen und führt naturgemäß zu einer Nichtrepräsentanz »kleiner« Medien in der Stichprobe. Generalisierungen auf »die Presseberichterstattung« sind jedenfalls mit einer solchen Stichprobe keinesfalls möglich. Lösen lässt sich diese Problem nur, indem die Auswahl der untersuchten Medien in die Definition der Grundgesamtheit aufgenommen wird: Dann würde (...) die Berichterstattung einzelner Tageszeitungstitel die Grundgesamtheit darstellen (...)."

Jandura/Jandura/Kuhlmann (2005: 73f.)

Im Rahmen der Beispielstudie war die Stichprobenziehung der Output-Analyse als mehrstufiger Auswahlprozess angelegt. Für jede Auswahlstufe war deshalb eine geeignete Definition für die entsprechende Stichprobeneinheit erforderlich (vgl. Tab. 6). Die nachfolgende Erläuterung eines mehrstufigen Stichprobenverfahrens ist aus Platzgründen auf die Output-Analyse der Pressebeiträge beschränkt.

Die erste Ziehungsstufe der Output-Analyse bezog sich auf die Tageszeitung selbst. Es stellte sich im Rahmen der ersten Ziehungsstufe die Frage, welche Tageszeitungen überhaupt auf eine Medienresonanz hin untersucht werden sollen. Auf welche Weise soll man aus den Tageszeitungen mit nationalem Verbreitungsgrad eine Stichprobe ziehen? Forschungsökonomische Zwänge (z.B. zu wenig Geld, zu wenig Zeit usw.) verhindern allzu häufig, das bei der ersten Ziehungsstufe ein Zufallsmechanismus seine Anwendung findet. Beste Praxis wäre es, entweder alle Tageszeitungen mit nationaler Verbreitung zu untersuchen – was zu teuer wäre – oder wenigstens eine Zufallsstichprobe aus ihnen zu ziehen. Die gängige akademische Forschungspraxis sieht dagegen häufig so aus, dass

6.2 Stichprobenverfahren

Forscher die für sie in Bibliotheken oder in Datenbanken leicht zugänglichen Tageszeitungen auswählen. Stichprobentechnisch ausgedrückt entspricht dies einem „**convenience sample**" (vgl. Lunneborg 2007). Bei kommerziellen Medienresonanzanalysen steuern in der Regel die Interessen der Auftraggeber die Auswahl der Titel auf der ersten Ziehungsstufe.

Auf der zweiten Ziehungsstufe ist die Frage zu beantworten, welche Ausgaben der gezogenen Tageszeitungen für die eigentliche Codierung der Zeitungsbeiträge ausgesucht werden sollen? Diese Frage berührt das Problem der Periodizität der Berichterstattung. Damit ist gemeint, dass „die Themenstruktur einer Tageszeitung oder von Fernsehprogrammen über die Wochentage variiert und kleine Stichproben dadurch leicht verzerren kann" (Früh 2007: 109).

Die dritte Auswahlstufe im Beispiel bezieht sich auf redaktionelle Beiträge innerhalb der Ausgabe einer Tageszeitung. Wie in Kapitel 5.1 bereits erwähnt, wurde das Untersuchungsmaterial der Output-Analyse der Datenbank LexisNexis® Wirtschaft entnommen. Die Identifikation der relevanten Stichprobeneinheiten erfolgte anhand der Zeichenfolge „Max-Planck" in allen redaktionellen Agentur- und Pressebeiträgen des Jahres 2007. Das Resultat der initialen Datenbankabfrage war jedoch, dass von der Datenbank auch Zeitungsbeiträge ausgegeben wurden, die gar keinen Bezug zur Max-Planck-Gesellschaft zur Förderung der Wissenschaften e.V. aufwiesen, sondern stattdessen eine „Max-Planck-Straße", ein „Max-Planck-Gymnasium" oder reine Terminankündigungen für Veranstaltungen der Max-Planck-Gesellschaft enthielten. Um diese falschen Treffer auszuschließen, wurde die Datenbankabfrage mittels einer komplexen Zeichenfolge eingegrenzt. Es wurden alle Beiträge gesucht, die die Zeichenfolge „Max-Planck-Gesellschaft" oder „Max Planck-Institut" oder „Max-Planck-Forsch*" oder „Max-Planck-Arbeit*" oder „Max-Planck-Wissen*" und die gleichzeitig nicht die Zeichenfolge „Terminübersicht" oder „Terminwochenübersicht" enthalten.[15] Der technische Suchstring, der in das Suchfeld der Datenbank eingegeben wurde, lautete konkret:

---

15 Das *-Zeichen ist ein sogenannter Platzhalter.

(max-planck-gesellschaft ODER max-planck-institut ODER max-planck-forsch* ODER max-planck-arbeit* ODER max-planck-wissen*) UND NICHT (terminübersicht ODER terminwochenübersicht)

Die Durchführung einer Medienresonanzanalyse mithilfe von Datenbanken hat gegenüber der klassischen Durchführung am Originalmaterial sowohl Vorteile als auch Nachteile. Der zentrale Vorteil besteht darin, dass man anhand von Zeichenfolgen jeden Artikel sekundenschnell identifizieren kann. Dieser methodische Vorteil ist aber nur dann realisierbar, wenn eindeutige Stichprobeneinheiten vorliegen. Eindeutige Stichprobeneinheiten sind zum Beispiel Eigennamen wie die Max-Planck-Gesellschaft. Sind die Stichprobeneinheiten dagegen mehrdeutig, d.h., kann man nicht mittels einer einfachen Zeichenfolge die Stichprobeneinheiten beschreiben, ergibt sich kein methodischer Vorteil durch das Arbeiten mit Datenbanken. Interessiert man sich zum Beispiel aufgrund seiner Forschungsfrage für Zeitungsartikel, die das Thema „Globalisierung" enthalten, ist es nicht möglich, mittels einer konkreten Zeichenfolge die Mehrdeutigkeit des Themas „Globalisierung" zu erfassen und in der Datenbank nach entsprechenden Artikeln suchen zu lassen. Gegen den Einsatz von Datenbanken bei Medienresonanzanalyse finden sich in der Methodenliteratur folgende methodische Einwände:

- Über die genaue Funktionsweise der Datenbank ist fast nichts bekannt.
- Der Anteil an Untersuchungseinheiten, die in der Datenbank abgespeichert sind und in denen die Max-Planck-Gesellschaft falsch geschrieben und die damit nicht auffindbar sind, ist nicht abschätzbar (vgl. hierzu auch Hagen 2001).

Die Untersuchungsanlage der Beispielstudie erforderte es, für jede Auswahlstufe anzugeben, was die entsprechende Stichprobeneinheit ist (vgl. Tabelle 6). Es galt zu definieren, was eigentlich eine „überregionale Tageszeitung" ist (erste Ziehungsstufe), was eine „Ausgabe" einer überregionalen Tageszeitung ist (zweite Ziehungsstufe) und was unter einem „Artikel mit Bezug zur Max-Planck-Gesellschaft" zu verstehen ist (dritte Ziehungsstufe). Die Stichprobeneinheit der dritten Ziehungsstufe entsprach der Untersuchungseinheit der Output-Analyse.

6.2 Stichprobenverfahren

Tabelle 6: Definition der Stichprobeneinheiten der Output-Analyse

Auswahlstufe	Stichprobeneinheit	Definition der Stichprobeneinheit
1	Überregionale Tageszeitung	Als überregionale Tageszeitung werden alle Periodika mit nationalem Verbreitungsgebiet verstanden, „die mindestens zweimal wöchentlich überregional erscheinen, einen aktuellen politischen Teil mit inhaltlich unbegrenzter (universeller) Nachrichtenvermittlung enthalten" (Schütz 2007a: 560).
2	Ausgabe	Stichprobeneinheit ist jeweils immer nur die national verbreitete Ausgabe der jeweiligen publizistischen Einheit einer überregionalen Tageszeitung.
3	MPG-Beitrag	Als Beitrag mit Bezug zur Max-Planck-Gesellschaft werden alle redaktionellen Artikel bezeichnet, die einen thematischen Bezug zur Max-Planck-Gesellschaft aufweisen.

Tabelle 7: Dreistufiges Stichprobenverfahren der Output-Analyse

Stufe	Stichprobenelemente	Stichprobenverfahren	Stichprobenelemente
1	Überregionale Tageszeitung	Convenience Sampling	WELT, FAZ, FR, SZ
2	Ausgabe	Vollerhebung	Alle Ausgaben der vier überregionalen Tageszeitungen des Jahres 2007.
3	MPG-Artikel	Vollerhebung	Alle Artikel der vier überregionalen Tageszeitungen, die die Wortkombinationen „Max-Planck-Gesellschaft", „Max-Planck-Institut", „Max-Planck-Forsch*", „Max-Planck-Arbeit*" oder „Max-Planck-Wissen*" enthielten.

Tabelle 7 zeigt für jede der drei Ziehungsstufen, aus welchen Stichprobenelementen sich der Stichprobenrahmen zusammensetzt. Das Untypische an der Beispielstudie ist, dass auf der zweiten und dritten Ziehungsstufe gar kein Stichprobenverfahren zum Einsatz gekommen ist. Die zweite und dritte Ziehungsstufe umfassten je eine Vollerhebung. In der akademischen Forschungspraxis werden Vollerhebungen aus forschungsökonomischen Gründen eher selten realisiert, in der kommerziellen Forschungspraxis hängt die Durchführung von Vollerhebungen vom Budget des Auftraggebers ab. Im Rahmen der Beispielstudie wurde für alle Ausgaben der vier überregionalen Tageszeitungen des Jahres 2007 geprüft, ob darin mindestens ein redaktioneller Beitrag über die MPG enthalten war (zweite Ziehungsstufe). Wenn in der zweiten Ziehungsstufe eine dem Aufgriffskriterium entsprechende Ausgabe identifiziert werden konnte, sind alle darin enthaltenen redaktionellen Beiträge über die MPG untersucht worden (dritte Ziehungsstufe).

In der Forschungspraxis wird man bei der Planung einer Medienresonanzanalyse stets mit der Frage konfrontiert, welches der zur Verfügung stehenden Stichprobenverfahren eigentlich aus stichprobentheoretischer Sicht besonders gut geeignet ist, den in der Grundgesamtheitsdefinition genannten Zeitraum abzubilden? Tabelle 8 gibt einen Überblick über mögliche Verfahren der Stichprobenziehung, die bei einer Medienresonanzanalyse zum Einsatz kommen können (vgl. zusammenfassend Riffe/Aust/ Lacy 1993; Jandura/ Jandura/Kuhlmann 2005).[16] Für jedes der oben genannten Stichprobenverfahren ist in den Online-Zusatzmaterialien des Lehrbuchs ein exemplarischer Stichprobenplan dokumentiert. Anhand dieser exemplarischen Stichprobenpläne kann der Leser den praktischen Einsatz der verschiedenen Stichprobenverfahren leicht nachvollziehen.

---

16 Eine „state-of-the-art"-Darstellung von Stichprobenverfahren findet man bei Thompson (2002).

6.2 Stichprobenverfahren

Tabelle 8: Verfahren zur Ziehung von Stichproben zur Abdeckung definierter Zeiträume

Verfahren	Definition
Vollerhebung	Bei einer Vollerhebung werden alle Stichprobenelemente untersucht.
Zufallsstichprobe	Die Zufallsstichprobe basiert auf dem Lotterieprinzip. Alle Elemente der Grundgesamtheit haben bei einer Zufallsstichprobe dieselbe von Null verschiedene Wahrscheinlichkeit gezogen zu werden.
Klumpenstichprobe	Bei Klumpenstichproben (z.B. könnte ein spezieller Tag der Woche einen Klumpen darstellen) werden werden alle Elemente eines Klumpens in die Stichprobe aufgenommen.
Natürliche Woche	Eine natürliche Woche bezeichnet die Ziehung einer vollständigen Kalenderwoche (z.B. 04. Juni bis 10. Juni 2007). Diese Form der Ziehung gilt nur dann als Klumpenstichprobe, wenn sie aus der Gesamtheit aller 52 Kalenderwochen per Zufall gezogen wurde (was in der Regel nicht der Fall ist).
Künstliche Woche[1]	Unter einer künstlichen Woche versteht man die zufällige Ziehung von Wochentagen innerhalb eines längeren Untersuchungszeitraums, wobei in der Stichprobe jeder Wochentag mindestens einmal repräsentiert sein muss.
Adaptive Clusterstichprobe[2]	Eine adaptive Clusterstichprobe setzt sich aus Initialelementen und Nachbarschaftselementen zusammen. Die Initialelemente werden zu Beginn – z.B. per Zufall – gezogen. Anschließend bestimmt man, ob es zu den Initialelementen in räumlicher oder zeitlicher Hinsicht entsprechende Nachbarschaftselemente gibt, die einer gewissen Bedingung genügen.

[1] Vgl. zusammenfassend Riffe/Aust/Lacy (1993).
[2] Die adaptive Clusterstichprobe unterscheidet sich vom vergleichsweise bekannteren Verfahren der Schneeballstichprobe: Bei der Ziehung einer adaptiven Clusterstichprobe erfolgt die Herstellung der Beziehung zwischen Initialelement und Nachbarschaftselementen durch den Forscher, während bei der Ziehung einer Schnellballstichprobe die Herstellung der Beziehung zwischen Initialelement und Nachbarschaftselementen durch das Untersuchungsobjekt selbst erfolgt.

Was kann man als Forscher mit geringen finanziellen Ressourcen alternativ tun, wenn man nicht in der Lage ist, eine Vollerhebung durchzuführen? Es bieten sich in diesem Zusammenhang mehrere Vorgehensweisen an, die allerdings mit unterschiedlichen Kosten- und Zeitinvestitionen verbunden sind:

- Es ist immer möglich, die Untersuchungseinheiten „quer" zu lesen und dann jeweils zu entscheiden, ob eine Untersuchungseinheit dem Aufgriffskriterium genügt oder nicht.
- Ist dies zu teuer oder zu zeitaufwändig, muss man die Definition der Grundgesamtheit inhaltlich noch enger fassen und ggf. ausschließlich in speziellen Zeitungsrubriken (z.B. im Lokalteil) nach den Untersuchungseinheiten suchen.
- Wenn man sich aus inhaltlichen Gründen nicht auf spezielle Zeitungsrubriken beschränken will, kann man ggf. die Identifikationsregel der Untersuchungseinheiten vereinfachen. Beispielsweise könnte man nur anhand der Überschrift, des Untertitels, des Vorspanns und des ersten Absatzes eines Beitrags prüfen, ob die Untersuchungseinheit dem Aufgriffskriterium entspricht oder nicht.

Kapitelzusammenfassung

- Die Grundgesamtheit der Input-Analyse der Beispielstudie umfasste alle MPG-Pressemitteilungen des Jahres 2007.
- Die Grundgesamtheit der Output-Analyse umfasste alle Artikel des Jahres 2007 in den deutschen überregionalen Qualitätszeitungen, die einen thematischen Bezug zur Max-Planck-Gesellschaft aufwiesen.
- Die Pressemitteilungen der MPG wurden im Rahmen der Input-Analyse komplett erfasst (Vollerhebung).
- Bei der Output-Analyse wurden auf der ersten Auswahlstufe nach dem Prinzip des convenience sampling die Nachrichtenagentur ddp sowie die Tageszeitungen Welt, FAZ, FR und SZ gezogen. Auf der zweiten bzw. dritten Auswahlstufe wurden alle Ausgaben bzw. Agentur- und Pressebeiträge des Jahres 2007 mit thematischem Bezug zur Max-Planck-Gesellschaft erfasst.
- Eine gute Forschungspraxis der Stichprobenziehung zeichnet sich vor allem dadurch aus, dass man grundsätzlich bestrebt sein sollte, Zufallsstichproben zu realisieren. Die Zufallsauswahl ist, sofern eine Vollerhebung nicht durchgeführt werden kann, das ideale Stichprobenverfahren.
- Eine Zufallsstichprobe zu ziehen, ist jedoch nicht immer ohne weiteres für jede Auswahlstufe möglich oder sinnvoll.

 Praxistipps

1. Es sollte vor der Stichprobenziehung eine inhaltlich und zeitlich eingegrenzte Grundgesamtheit definiert werden.
2. Es sollten gemäß guter Forschungspraxis die einzelnen Ziehungsstufen benannt und für jede Ziehungsstufe eine entsprechende Stichprobeneinheit definiert werden.
3. Für jede Ziehungsstufe sollte – wenn möglich – eine Liste mit den entsprechenden Stichprobenelementen erstellt und aus dieser Liste per Zufall gezogen werden.

Literatur

Kops 1977, Thompson 2002

Baerns, Barbara (1991): Öffentlichkeitsarbeit oder Journalismus? Zum Einfluss im Mediensystem. Köln: Verlag Wissenschaft und Politik.
Früh, Werner (2007): Inhaltsanalyse. Theorie und Praxis. Konstanz: UVK/UTB.
Hagen, Lutz M. (2001): Freitextrecherche in Mediendatenbanken als Verfahren zur computerunterstützten Inhaltsanalyse. Beschreibung, theoretische und praktische Überlegungen zur Validität und ein Anwendungsbeispiel. In: Wirth, Werner/Lauf, Edmund (Hrsg.): Inhaltsanalyse. Perspektiven, Probleme, Potentiale. Köln: Halem, 337–352.
Jandura, Grit/Jandura, Olaf/Kuhlmann, Christoph (2005): Stichprobenziehung in der Inhaltsanalyse. Gegen den Mythos der künstlichen Woche. In: Gehrau, Volker/Fretwurst, Benjamin/Krause, Birgit/Daschmann, Gregor (Hrsg.) (2005): Auswahlverfahren in der Kommunikationswissenschaft. Köln: Halem, 71–116.
Kaase, Max (Hrsg.) (1999): Deutsche Forschungsgemeinschaft: Qualitätskriterien der Umfrageforschung. Berlin: Akademie-Verlag.
Kops, Manfred (1977): Auswahlverfahren in der Inhaltsanalyse. Meisenheim am Glan: Hain.
Kuhlmann, Christoph (2005): Stichprobenverfahren in der Inhaltsanalyse: Gegen den Mythos der künstlichen Woche. In: Gehrau, Volker/Fretwurst, Benjamin/Krause, Birgit/Daschmann, Gregor (Hrsg.): Auswahlverfahren in der Kommunikationswissenschaft. Köln: Halem, 71–116.
Lunneborg, Clifford E. (2007): Convenience Sample. In: Ritzer, George (Hrsg.): The Blackwell Encyclopedia of Sociology. Oxford: Blackwell, 788–799.
Maurer, Marcus/Reinemann, Carsten (2006): Medieninhalte. Eine Einführung. Wiesbaden: VS Verlag.
Riffe, Daniel/Aust, Charles/Lacy, Stephen (1993): The Effectiveness of Random, Consecutive Day and Constructed Week Sampling in Newspaper Content Analysis. In: Journalism & Mass Communication Quartely 70(1), 133–139.
Rössler, Patrick (2005): Inhaltsanalyse. Konstanz: UVK/UTB.
Rossmann, Torsten (1993): Öffentlichkeitsarbeit und ihr Einfluss auf die Medien. Das Beispiel Greenpeace. In: Media Perspektiven 6, 85–94.
Scholl, Armin (2003): Die Befragung. Konstanz: UVK.
Schütz, Walter J. (2007a): Deutsche Tagespresse 2006. In: Media Perspektiven 11, 560–588.
Schütz, Walter J. (2007b): Redaktionelle und verlegerische Struktur der deutschen Tagespresse. In: Media Perspektiven 11, 589–598.
Thompson, Steven K. (2002): Sampling. New York: Wiley.
Wirth, Werner (2004): Zum Stellenwert der Inhaltsanalyse in der kommunikations- und medienwissenschaftlichen Methodenausbildung. In: Wirth, Werner/Lauf, Edmund (Hrsg.): Inhaltsanalyse: Perspektiven, Probleme, Potentiale. Köln: Halem, 353–361.

7 Untersuchungsinstrument

In diesem Kapitel wird Schritt für Schritt die Entwicklung eines medienresonanzanalytischen Untersuchungsinstruments erläutert. Zuerst wird auf die erhebungstechnische Besonderheit einer Input-Output-Analyse eingegangen. Dann wird anhand der Themenvariable erklärt, was eine Operationalisierungsentscheidung ausmacht, wie ein Codeplan insgesamt aufgebaut sein sollte und welche Rolle dabei Filterregeln spielen. Anschließend wird erklärt, welche Typen von Variablen es gibt und welche Gütekriterien bei der Entwicklung von Variablen berücksichtigt werden sollten. Danach wird ausführlich erläutert, welche Gütekriterien man bei der Beurteilung von Untersuchungsinstrumenten heranzieht und was man in diesem Zusammenhang unter Objektivität, Reliabilität und Validität versteht. Zuletzt wird erklärt, wie man einen Reliabilitätstest planen sollte und welcher Reliabilitätskoeffizient sich besonders gut zur Gütebeurteilung eignet.

7.1 Erhebungstechnische Besonderheiten einer Input-Output-Analyse

Medienresonanzanalytische Untersuchungsinstrumente bezeichnet man – wie alle Untersuchungsinstrumente bei Inhaltsanalysen – als Codebücher. Ein **Codebuch** enthält sämtliche Aufgriffskriterien und Codierregeln, die ein Forscher zur Beantwortung seiner Forschungsfragen definiert und formuliert hat. Die **Aufgriffskriterien** beziehen sich dabei auf die Identifikation einer Untersuchungseinheit, die **Codierregeln** hingegen auf die Eigenschaften einer Untersuchungseinheit.

Die erhebungstechnische Besonderheit einer **Input-Output-Analyse** besteht darin, dass diese Form der Inhaltsanalyse eigentlich die Entwicklung zweier Untersuchungsinstrumente erfordert – ein Codebuch für die Input-Analyse und ein Codebuch für die Output-Analyse. Diese Besonderheit macht es vielen Anfängern schwer, die in den Lehrbüchern zur Inhaltsanalyse enthaltenen Praxisempfehlungen auf die spezielle Methode der Medienresonanzanalyse zu übertragen.

7.2 Operationalisierung

Vor der Entwicklung eines inhaltsanalytischen Untersuchungsinstruments empfiehlt es sich, das Untersuchungsmaterial und seine Eigenschaften genauer kennenzulernen. Im Fall der Beispielstudie galt es, folgende Fragen im Vorfeld zu klären:

- Wie sieht eine ganz gewöhnliche MPG-Pressemitteilung eigentlich aus?
- Wie lang sind üblicherweise Agentur- und Zeitungsbeiträge über die MPG?
- Wieviele MPG-Akteure werden im Durchschnitt in diesen Beiträgen genannt?
- Welche praktischen Probleme könnten für die Codierer während der Feldphase entstehen – sind die Untersuchungseinheiten zum Beispiel für sie gut zugänglich?

Die Entwicklung eines Codebuchs erfolgt stets schrittweise und beginnt mit der **Operationalisierung** der Begriffsdefinitionen.

> **Operationalisierung**
>
> Operationalisierung oder „Messbarmachung" meint die Übersetzung einer Begriffsdefinition in eine empirische Forschungsoperation. Eine empirische Forschungsoperation ist eine Anleitung dafür, wie man während der Feldphase beobachtbare Entsprechungen eines theoretischen Begriffs messen kann.

In Kapitel 4.3 ist dokumentiert, wie aus den Forschungsfragen theoretische Begriffe abgeleitet wurden und wie diese Begriffe definiert worden sind. Bei der Operationalisierung geht es darum, theoretische Begriffe aus der Fachsprache so zu übersetzen, dass sie messbar werden. Dieser Übersetzungsvorgang ist üblicherweise recht anspruchsvoll, denn nur ganz selten haben theoretische Begriffe einen direkten empirischen Bezug in der beobachtbaren Welt. Gelungene Operationalisierungen theoretischer Begriffe zeichnen sich durch ihre Präzision und ihre Empiriefähigkeit aus (vgl. Mayntz/Holm/Hübner 1978). Da aus einer theoretischen Begriffsdefinition selten hervorgeht, wie man den fachsprachlich bezeichneten Begriff empirisch fassbar macht, bedarf es einer **Operationalisierungsent-**

scheidung. Nachfolgend wird anhand der Themenvariable eine der vielen Operationalisierungsentscheidungen der Beispielstudie genauer erläutert.

Was ist ein Thema?

„In der Forschung gibt es (...) keine einheitliche Definition, was unter einem Thema zu verstehen ist. Allerdings besteht eine gewisse Einigkeit darüber, dass zumindest zu unterscheiden ist zwischen

1. dem konkreten, ereignisbezogenen Geschehen, über das tagesaktuell berichtet wird;
2. dem gesellschaftlichen Diskurs, in den dieses Geschehen eingebettet wird (hier würde man am ehesten von einem ‚Thema' sprechen);
3. dem übergeordneten gesellschaftlichen Feld, dem der Diskurs zuzuordnen ist.

Beispielsweise wäre der Besuch des Bundeskanzlers beim amerikanischen Präsidenten ein der Berichterstattung zugrundeliegendes *Ereignis*. Wenn es in den Gesprächen um die Lage im Irak ging, könnte man den Irak-Konflikt als das über die Tagesaktualität hinausgehende *Thema* bezeichnen. Verortet wäre diese Thematik im *Feld* der deutschen Außen- und Verteidigungspolitik. Nach dieser Auffassung lassen sich Themen als »quasi-hierarchische Netzwerke« über bzw. untergeordneter Sachverhalte verstehen und (...) in Ebenen von verschiedenem Allgemeinheitsgrad zerlegen".
Rössler (2005: 122f.)

Was ist eigentlich ein „**Thema**"? Statt sofort mit eigener theoretischer Begriffsarbeit zu beginnen, empfiehlt es sich, die bestehende Forschungsliteratur sorgfältig zu rezipieren und ggf. auf bereits bestehende Begriffsdefinitionen zurückzugreifen. Bruns/Marcinkowski (1997: 36–37) haben im Rahmen ihrer Inhaltsanalyse zum Beispiel bei der Themendefinition auf einen Aufsatz von Luhmann (1971) über öffentliche Meinung zurückgegriffen und in Anlehnung daran ein Thema als „einen bezeichneten, mehr oder weniger unbestimmten Sinnkomplex, über den man reden und zu dem man gleiche oder unterschiedliche Meinungen haben kann" definiert. Unsere Themendefinition lautet ähnlich, ist aber deutlich enger gefasst: Das Thema bezeichnet den zentralen übergeordneten Sinnkomplex eines Textes. Der Sinnkomplex eines Textes transportiert meistens mehrere sinnverwandte Mitteilungen.

Aus der oben genannten Definition, was ein „Thema" sein soll, geht allerdings nicht selbsterklärend hervor, woran der Codierer das „Thema" einer Pressemitteilung, eines Agentur- oder Zeitungsbeitrags erkennen kann und wie er die Themeneigenschaften charakterisieren soll. Die oben genannte und erläuterte abstrakte Themendefinition gilt es jetzt zu operationalisieren (vgl. Tab. 9) und anschließend eine entsprechende Codierregel zu formulieren. Eine ideale Codierregel sollte im Rahmen der Themencodierung ein Thema greifbar und charakterisierbar machen. Wie man so eine Codier- und Klassifikationsregel formuliert, ist ausführlich in Kapitel 7.4 am Beispiel der Themenvariable beschrieben.

Tabelle 9: Thema als theoretischer Begriff, Begriffsdefinition und seine Operationalisierung

Theoretischer Begriff	Begriffsdefinition	Operationalisierung
Thema	Das Thema bezeichnet den zentralen übergeordneten Sinnkomplex eines Textes, der in der Regel mehrere sinnverwandte Mitteilungen transportiert.	Die übergeordneten Sinnkomplexe ordnen wir gesellschaftlichen Teilsystemen und Teilfeldern der Lebenswelt zu. Die sich aus diesen Teilsystemen und Teilfeldern ergebene Systematik bezeichnen wir als Themenkategorien.

Die für sich genommen relativ abstrakten Einzelschritte und notwendigen Entscheidungen bei der Entwicklung eines medienresonanzanalytischen Untersuchungsinstruments sind leichter verständlich, wenn man sich einen Forscher als Architekten vorstellt, der den Bau eines Hauses plant.

Die Vorarbeiten wie zum Beispiel die Rezeption des Forschungsstands oder die theoretische Begriffsarbeit des Forschers entsprechen dabei der Entwurfsplanung des Architekten. So wie der Architekt im Anschluss an die Entwurfsplanung für die Ausführungsplanung zeichnerisch einen Plansatz erstellt, der dann zum Bau freigegeben wird, entwirft

7.2 Operationalisierung

der Forscher in der Operationalisierungsphase den **Codeplan** der Medienresonanzanalyse und überarbeitet diesen in der Regel anschließend noch mehrfach. Der erste Entwurf des Codeplans umfasst das „Übersetzungsergebnis" des Forschers, denn mit jeder Operationalisierungsentscheidung werden theoretische Begriffe in empirisch fassbare Kategorien wie zum Beispiel die Themenkategorie übersetzt. Das „Übersetzungsergebnis" als Ganzes bezeichnet man als das **Codebuch** der Medienresonanzanalyse. Das Codebuch entspricht dann dem Zeichnen des Grundrisses einer Etage. Das Codebuch umfasst ein **Kategoriensystem**. Die einzelnen Kategorien eines Kategoriensystems (wie z.B. das Thema eines Texts) werden in einem Codeplan entweder mithilfe einer einzelnen oder mehrerer Variablen abgebildet.

Im Codeplan der Beispielstudie wurde das Kapitel, das die Variablen der Themencodierung enthält, als „Themenanalyse" bezeichnet. Die Themenanalyse der Beispielstudie bestand aus insgesamt drei Variablen (vgl. Codeplan im Anhang).

Standardmäßig gehören zu einer Variablen in einem Codeplan ein **Variablenname** (z.B. „Thema der Untersuchungseinheit"), ein **Variablenkürzel** (z.B. TH1) sowie ein **Code der Variablenausprägung** (z.B. die Zahl 30) und die entsprechende **Bezeichnung der Variablenausprägungen in Worten** (z.B. die Bezeichnung „Wirtschaft" für die Zahl 30). Bei quantitativen Inhaltsanalysen besteht die Tätigkeit der Codierer während der Feldphase vorrangig aus dem Notieren von Zahlen. Das Wort quantitative Inhaltsanalysen schließt dabei keinesfalls aus, dass die Eigenschaften einer Untersuchungseinheit auch in qualitativer Form, also zum Beispiel durch wörtliche Beschreibung, erfasst werden. Wie die Codierer während der Feldarbeit die quantitativen und qualitativen Eigenschaften einer Untersuchungseinheit am besten dokumentieren sollten, wird ausführlich in Kapitel 8.3 erklärt.

Mit dem Grundriss in der Hand lässt es sich sehr viel leichter entscheiden, welcher Raum beim Hausbau künftig welche Funktion haben soll. So wie ein Innenarchitekt nach und nach die einzelnen Räume einer Etage plant und ausgestaltet, formuliert der Forscher mit Blick auf die bereits von ihm festgelegten empirischen Kategorien die einzelnen Kapitel seines Codebuchs aus. Ein ideales **Codebuch** stellt in seiner Endfassung einen um sämtliche Aufgriffskriterien und Codierregeln vervollständigten Codeplan dar. Mittels zusätzlicher Kommentare oder Anleitungen, die man **Variablenerläuterungen** und **Codeerläuterungen** nennt, sollten die Codierer während der Feldphase außerdem nochmals nachlesen können, was mit einzelnen Aufgriffskriterien oder Codierregeln im Detail gemeint ist.

> **Variablenerläuterungen**
>
> Variablenerläuterungen sind variablenspezifische Anmerkungen, Erklärungen oder Kommentare des Forschers in einem Codebuch.
>
> **Codeerläuterungen**
>
> Codeerläuterungen sind codespezifische Anmerkungen, Erklärungen oder Kommentare des Forschers in einem Codebuch.

So wie man bei der Hausplanung eine funktional optimale Raumanordnung für eine Etage entwickelt, muss man als Forscher die einzelnen Kapitel des Codebuchs so anordnen, dass der Aufwand für die Codierer während der Feldphase minimal ist. Der Erhebungsaufwand der Codierer lässt sich durch wenige einfache Maßnahmen bereits bei der Anfertigung des Codebuchs erheblich minimieren. Die Codierer können zum Beispiel sehr viel besser mit einem Codebuch arbeiten, wenn es klar gegliedert ist, ein übersichtliches Layout hat und eine gut lesbare Schrifttype ausgewählt wurde. Außerdem sollten die einzelnen Seiten niemals zu eng bedruckt sein, denn während der Schulung schreiben sich die Codierer häufig zusätzliche Hervorhebungen oder Notizen in das Codebuch.

7.3 Aufbau des Untersuchungsinstruments

Besonders anspruchsvoll bei der Entwicklung eines Codeplans ist die logische, funktionale und forschungsökonomische Anordnung seiner Kapitel. Die Gliederung des Codeplans der Beispielstudie ist in Abbildung 12 dargestellt, wobei die Kästen in der Abbildung die einzelnen Kapitel symbolisieren. Manche Kapitel des Codeplans bestanden aus nur einer Variablen wie zum Beispiel die Kapitel „Eingabemodus" (E1) oder

7.3 Aufbau des Untersuchungsinstruments

„Bemerkung zur eigenen Codierung" (BE1), andere Kapitel hingegen bestanden aus mehreren inhaltlich zusammenhängenden Variablen wie zum Beispiel das Kapitel „Quellenanalyse" (Q1-Q5).

Grundsätzlich ist es bei der Codierung von Texten stets ratsam, eine oder mehrere spezielle Variablen vorzusehen, mit denen es möglich ist, diese Texte auch nach der Feldphase (z.b. bei der Fehlerkontrolle) anhand formaler Eigenschaften (wie z.b. Datum der Veröffentlichung, Wörterzahl) zu identifizieren. In der Beispielstudie sind die Untersuchungseinheiten mithilfe der Variablen des Kapitels „Technische Variablen" (E1-T4) identifizierbar gemacht worden.

Es erleichtert die Feldarbeit, wenn man für die Durchführung einer Input-Output-Analyse nicht zwei separate Codebücher, sondern stattdessen ein integriertes Codebuch für beide Analysen entwickelt. Will man ein integriertes Codebuch entwickeln, sollte man bereits bei der Erstellung der Codeplangliederung im Blick haben, dass das fertige Codebuch so wenige **exklusive Variablen** wie möglich beinhaltet. Mit exklusiven Variablen bezeichnen wir spezielle Variablen, die entweder nur für die Input- oder nur für die Output-Analyse erforderlich sind. Exklusive Variablen lassen sich bei einer Medienresonanzanalyse dadurch vermeiden, dass man bei der Codierung formaler Texteigenschaften eine spezielle Variable vorsieht. Ein Beispiel für eine solche spezielle Variable, die im Fachjargon **Filtervariable** heißt, stellte im Rahmen der Beispielstudie die Variable T4 dar. Die Variable T4 wurde mit den Ausprägungen „1" für eine „Pressemitteilung", „2" für einen „Zeitungsbeitrag" und „3" für einen „Agenturbeitrag" angelegt. Mithilfe dieser Variable konnte im Nachhinein analytisch rekonstruiert werden, welche Form der codierte Text hatte. Statt anhand von drei separaten Datumsvariablen – eine für Pressemitteilungen, eine für Agentur- und eine für Zeitungsbeiträge – das Datum eines Textes zu erfassen, reichte aufgrund der Filtervariable eine einzige Datumsvariable aus.

Aber im Codeplan der Beispielstudie konnten exklusive Variable nicht ganz vermieden werden, da manche Eigenschaften von Pressemitteilungen, Agentur- und Zeitungsbeiträgen nicht anders erfassbar waren. Beispielsweise hatte es bei der Codierung der Pressemitteilungen oder Agenturbeiträge im Gegensatz zur Codierung der Zeitungsbeiträge keinen

Sinn zu versuchen, die Untersuchungseinheit einer zeitungsüblichen Rubrik zuzuordnen.

Die in Abbildung 12 dargestellte Gliederung verdeutlicht, dass der Codeplan neben den Aufgriffskriterien und den Codierregeln beide Codierstufen integrierte. Die zweistufige Codierung war das Ergebnis der Festlegung der Untersuchungseinheiten (vgl. Kap. 5.3), die wiederum aus den Forschungsfragen abgeleitet worden waren. Das hierarchische Codierprinzip der Studie spiegelte sich auch im Codeplan wider. Der Codeplan begann mit der Variable „Eingabemodus" (E1). Beim Erfassen einer neuen Untersuchungseinheit mussten die Codierer als erstes angeben, ob sie einen neuen Text oder einen zusätzlichen Akteur innerhalb dieses Texts codieren wollten. Die erste Codierstufe, die Codierung der Texteigenschaften, erstreckte sich im Codeplan von den „Technischen Variablen" (E1-T4) bis zur „Nachrichtenfaktorenanalyse" (N1-N11b). Die zweite Codierstufe umfasste die allgemeinen Variablen der „Akteursanalyse" (AA0-AA1), die „Analyse der MPG-Akteure" (AA1b-AA9b) sowie die „Analyse der externen Akteure" (AA10a-AA12b). Bei der Erfassung einer jeden Untersuchungseinheit hatten die Codierer – unabhängig von der jeweiligen Codierstufe – mit der Variablen „Bemerkung zur eigenen Codierung" (B1) abschließend immer die Möglichkeit, mit knappen Worten aufgetretene Probleme bei der Codierung der jeweiligen Untersuchungseinheit zu dokumentieren.

7.3 Aufbau des Untersuchungsinstruments

Abbildung 12: Logik des Codeplans

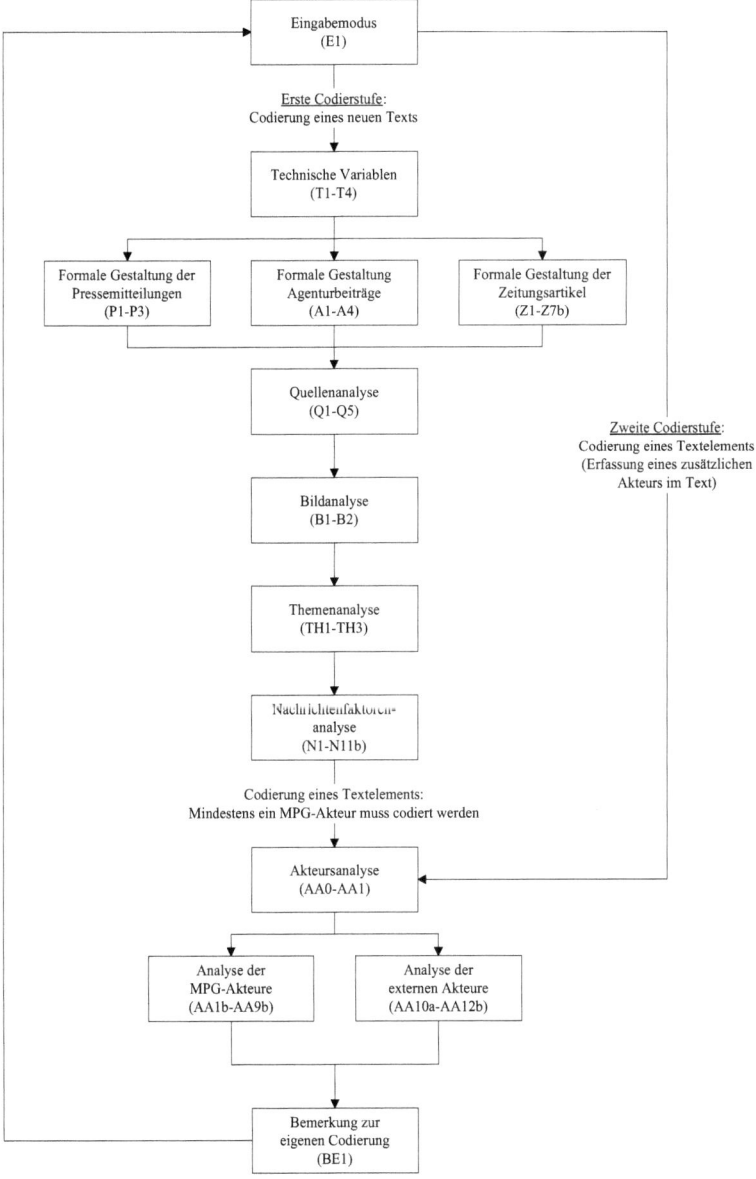

7.4 Variablen und Variablenausprägungen

Bevor anhand der Themenvariable exemplarisch die Entwicklung von Codierregeln erläutert wird, soll vorab erklärt werden, welche verschiedenen Variablentypen es gibt und welche Eigenschaften eine entwickelte Variable bzw. ihre Ausprägungen idealerweise aufweisen sollten. Tabelle 10 veranschaulicht die gängigen **Variablentypen**.

Tabelle 10: Variablentypen im Überblick

Variablentyp	Beispiel	
Dichtome Variable	N1	Konflikt/Kontroverse/Problem
	0	Kommt nicht vor
	1	Kommt vor
Multinomial skalierte Variable	T4	Untersuchungstyp
	1	Pressemitteilung
	2	Zeitungsartikel
	3	Agenturbeitrag
Ordinal skalierte Variable	N2	Überraschung
	0	Keine Überraschung
	1	Geringe Überraschung
	2	Große Überraschung
Metrisch skalierte Variable	P2	Wortanzahl der Pressemitteilung

Eine **dichotome Variable** ist nominal skaliert und weist nur zwei Ausprägungen auf. Eine **multinominal skalierte Variable** – häufig auch **kategoriale Variable** genannt – weist hingegen mehr als zwei Ausprägungen auf. Sowohl dichotome als auch multinomial skalierte Variablen dienen einzig und allein der Klassifizierung von Merkmalseigenschaften. Zum Beispiel wurden bei der „Nachrichtenfaktorenanalyse" die Untersuchungseinheiten danach klassifiziert, ob in ihr ein Konflikt, eine Kontroverse oder ein Problem vorkam oder nicht (N1); bei der Erfassung der „Technischen Variablen" wurden die Untersuchungseinheiten nach Typen klassifiziert (T4). **Ordinal skalierte Variablen** teilen die Merkmalseigenschaften einer Untersuchungseinheit ebenfalls ein; zusätzlich charakterisieren sie aber auch die Merkmalseigenschaften nach qualitativen Stufen. Bei der Variable N2 der „Nachrichtenfaktorenanalyse" charakterisieren die Codierer die Untersuchungseinheit dahingehend, ob der Autor der Untersuchungseinheit dieser keinen, einen geringen oder einen großen Überraschungsgrad zugeschrieben hat. Im Gegensatz zur qualitativen Charakterisierung ordinal skalierter Variablen erlauben **metrisch skalierte Variablen** eine quantitative Charakterisierung der Merkmalseigenschaften. Beispielsweise lässt sich anhand der Variablen „Wortanzahl der Pressemitteilung" (P2) die durchschnittliche Länge einer MPG-Pressemitteilung berechnen.

Gibt es Patentrezepte für die Kategorienbildung?

„Es ist unmöglich, feste Regeln oder Patentrezepte für die Kategorienbildung zu nennen. Jedoch können unabhängig von einer konkreten Fragestellung und bestimmtem Datenmaterial einige Merkmale genannt werden, die unbedingt beachtet werden müssen. Zunächst einmal muß das Kategorienschema erschöpfend sein, was aber nicht heißt, daß die Möglichkeiten bestehen muß, sämtliche Elemente eines Textes einer der Kategorien zuzuordnen, sondern die Forderung bezieht sich nur auf den in bezug auf die Fragestellung relevanten Inhalt eines Textes. Dieser muß mit dem Kategorienschema abgedeckt werden, um nicht auf die Erfassung relevanter Informationen zu verzichten. Eine weitere Voraussetzung dafür, daß ein Kategorienmuster zur Abbilung eines Textes geeignet ist, besteht in der Eindeutigkeit der Kategorien".
Lisch/Kriz (1978: 70f.)

Patentrezepte für eine „gute" Variablendefinition mag es nicht geben, Qualitätskriterien für eine „gute" Variablendefinition gibt es hingegen schon: die **Angemessenheit des Skalenniveaus** einer Variablen sowie die **Vollständigkeit** und **Exklusivität** ihrer Ausprägungen.

Angemessenheit des Skalenniveaus

Das Skalenniveau einer Variablen ist so zu wählen, dass der Variablengegenstand bei der Datenauswertung angemessen beschrieben werden kann.

Will man die durchschnittliche Zahl der Wörter einer MPG-Pressemitteilung ausrechnen, muss die entsprechende Variable „Wortanzahl der Pressemitteilung" metrisches Skalenniveau aufweisen. Hätte man diese Variable ordinal skaliert angelegt (z.B. mit den Variablenausprägungen „1" für „weniger als 100 Wörter", „2" für „100 bis 200 Wörter" und „3" für „mehr als 200 Wörter") wäre wegen der mangelnden Gleichabständigkeit eine Berechnung der durchschnittlichen Länge einer MPG-Pressemitteilung nicht zulässig. Eine Variable verfügt nur dann über ein angemessenes Skalenniveau, wenn ihr Informationsgehalt optimal ist. Der Informationsgehalt einer Variable wird als optimal bezeichnet, wenn keine Informationen unnötigerweise „verschenkt" werden.

Vollständigkeit

Die Ausprägungen einer Variablen werden als vollständig bezeichnet, wenn die Variable geeignete Codes zur erschöpfenden Erfassung des Variablengegenstands enthält.

Das zweite Qualitätskriterium ist die Vollständigkeit der Ausprägungen einer Variablen. Bei der Formulierung der Variablenausprägungen ist darauf zu achten, dass die Codierer während der Feldarbeit im Untersuchungsmaterial nicht auf Ausprägungen stoßen, für die es keine entsprechenden Codes gibt. Häufig vorkommende Ausprägungen sind vielmehr vor Beginn der Feldarbeit zu identifizieren.

Tabelle 11 zeigt die erste bis dritte Fassung von insgesamt zwölf nach und nach verbesserten Fassungen der Themenvariable der Beispielstudie.[17] Die erste Fassung der Themenvariable weckte Zweifel, ob diese Ausprägungen gleichermaßen gut dazu geeignet sind, Pressemitteilungen wie auch Agentur- und Zeitungsbeiträge zu codieren. Außerdem stellte sich bei **Probecodierungen** heraus, dass Untersuchungseinheiten mit politischen oder gesellschaftlichen Themenbezügen nur schwer zuzuordnen waren. Die Ergänzung der elf inhaltlichen Variablenausprägungen um eine zwölfte, abstrakte Ausprägung „Sonstiges" erwies sich bereits ab der ersten Fassung als sinnvoll, denn damit konnten Sonderthemen wie Personalia der MPG zugeordnet werden.

Die zweite Fassung der Variablendefinition trug der Kritik an der ersten Fassung Rechnung. Die bestehenden Codes wurden um die Ausprägungen „Politik/Soziales" und „Wirtschaft" ergänzt, andere Ausprägungen wurden um zusätzliche Themenbereiche erweitert. Neue Probecodierungen zeigten jedoch, dass eine zusätzliche Abstraktionsebene nötig war, denn es blieb in der zweiten Fassung unklar, wie man Untersuchungseinheiten mit allgemeinen wissenschaftlichen Themenbezügen codieren sollte.

So wie es der zweiten Fassung teilweise an Abstraktion fehlte, so geriet die dritte Fassung der Themenvariable wiederum zu abstrakt: Die Ausprägung „Forschung/Wissenschaft" war zu unspezifisch formuliert und durch die Ausprägungen „Experten und Wissenschaftler" sowie „Akteure ohne expliziten Kontext" verloren die Ausprägungen der Themenvariable ihren exklusiven Charakter. Positives Kennzeichen der dritten Fassung war, dass sie nun erstmalig auch der Themenoperationalisierung entsprach (vgl. Kap. 7.2). Die Entwicklung hin zur dritten Fassung ist ein Beleg dafür, wie man die ursprünglich gefasste Operationalisierungsentscheidung aus dem Blick verlieren kann, wenn man sich bei der Variablendefinition ausschließlich am Untersuchungsmaterial orientiert.

---

17 Um den Entwicklungsprozess einer Variablendefinition für das Lehrbuch besser illustrieren zu können, haben wir zu Beginn den Studierenden des Forschungsseminars freie Hand bei Formulierung der ersten Fassungen der Themenvariable gelassen.

Tabelle 11: Entwicklung der Variable „Thema"

Erste Fassung		Zweite Fassung		Dritte Fassung	
Code	Ausprägung	Code	Ausprägung	Code	Ausprägung
1	Physik	1	Physik	10	Forschung/ Wissenschaft
2	Chemie	2	Chemie	20	Politisches System
3	Biologie	3	Biologie	30	Wirtschaft
4	Astronomie	4	Psychologie/ Pädagogik	40	Kunst/Kultur
5	Recht	5	Geologie/ Geographie	50	Medien
6	Medizin	6	Geschichte	60	Experten und Wissenschaftler
7	Mathematik	7	Mathematik	70	Akteure ohne expliziten Kontext
8	Anthropologie	8	Informatik	80	Sonstiges
9	Informatik	9	Linguistik/ Literatur/Kultur		
10	Kunstgeschichte	10	Politik/ Soziales		
11	Linguistik	11	Recht		
12	Sonstiges	12	Medizin/ Pharmazie		
		13	Wirtschaft		
		14	Sonstiges		

Ursprünglich sollten mit den beiden personenspezifischen Ausprägungen („Experten und Wissenschaftler" und „Akteure ohne expliziten Kontext") solche Untersuchungseinheiten besser zugeordnet werden, in denen ausschließlich eine einzelne Person und ihr Wirken thematisiert wurden.

7.4 Variablen und Variablenausprägungen

Damit wurde jedoch gegen eine wichtige Grundregel verstoßen: Es sollten niemals verschiedene Analysebereiche eines Codeplan in einer Variable „vermischt" werden (in diesem Fall: die „Themenanalyse" und die „Akteursanalyse"). Variablendefinitionen sollten stattdessen stets eindimensional formuliert sein. Die dritte Fassung unterschied sich von den beiden vorherigen Fassungen außerdem dadurch, dass die Codes nicht mehr einstellig sondern zweistellig definiert sind. Die zugrunde liegende Idee dieser Umstellung war, die abstrakten Themenbereiche im Zuge weiterer Probecodierungen und anschließender Revisionsschritte auszudifferenzieren.

Exklusivität

Die Ausprägungen einer Variablen werden als exklusiv bzw. trennscharf bezeichnet, wenn sich die Codes untereinander nicht überschneiden und es somit immer nur einen einzigen Code zur geeigneten Erfassung des Variablengegenstands gibt.

Liste 1 zeigt die endgültige Fassung der Themenvariable. Diese Fassung unterschied sich nochmals entscheidend von den oben beschrieben Fassungen:

- **Ausdifferenzierung des Wissenschaftsthemas**: Es wurde der vorher zu abstrakte Themenbereich „Wissenschaft" im pragmatischen Rückgriff auf die wissenschaftsgebietsspezifische Einteilung der MPG ausdifferenziert.[18] Neben dem übergeordneten Thema „Wissenschaft" sieht der Codeplan in dieser Fassung nun zusätzlich die Ausprägungen „Chemisch-physikalisch-technisch", „Biologisch-medizinisch", „Geistes-, Sozial-, Humanwissenschaftlich" und „Transdisziplinär" vor.[19]

---

[18] http://www.mpg.de/forschungsgebiete/index.html, abgerufen am 23.02.2009.
[19] Übergeordnete Themen wie „Wissenschaft" bezeichnet Rössler (2005: 127) als „Hauptthemen", untergeordnete Themen als „Nebenthemen"; vgl. hierfür auch Kolmer (1995).

- **Variablenerläuterung**: Der Codeplan enthielt in dieser Fassung einen Kommentar in Form einer Variablenerläuterung, die den Codierern dabei helfen sollte, das Thema der Untersuchungseinheit zu identifizieren. Die Entscheidung, welches Thema erfasst wird, sollten die Codierer unmittelbar nach dem Lesen der Überschrift und des ersten Absatzes der Untersuchungseinheit treffen.
- **Codierung von „Forschung/Wissenschaft"** (⇨ **weiter mit TH2**): Um bei der Auswertung – also nach Ablauf der Feldzeit – nicht auf Informationen verzichten zu müssen, waren die Codierer nach der Vergabe des allgemeinen Wissenschaftscodes angehalten, ihre Codierung in kurzen Worten zu begründen (TH2). Hätte sich herausgestellt, dass die differenzierten Codes 11-14 der Variable TH1 wider Erwarten doch nicht erschöpfend genug gewesen wären, hätte man mit etwas Zusatzaufwand diese qualitativen Begründungen der Codierer nachträglich codieren lassen können.
- **Codierung von „Transdisziplinär"** (⇨ **weiter mit TH3**): Es hatte sich auch herausgestellt, dass gewisse Untersuchungseinheiten nicht exklusiv einem wissenschaftlichen Themengebiet zugeordnet werden konnten (z.B. gab es im Rahmen der Stammzellforschung häufig transdiziplinäre Kooperationen zwischen Forschern den chemisch-physikalisch-technischen und biologisch-medizinischen Sektionen der MPG). Die möglichen Kombinationen transdisziplinärer Kooperationen bildeten die Ausprägungen der Variable TH3.

Filterregeln helfen prinzipiell, die Komplexität eines Codeplans zu reduzieren. Die Filterregeln machen allerdings die Dateneingabe während der Feldphase etwas komplizierter, da die Codierer die sogenannten Filtersprünge im Codeplan berücksichtigen müssen.

Bis zu dieser Fassung der Themenvariable sind von uns zwischendurch auch Überlegungen angestellt worden, ob es tatsächlich für die Beantwortung der Forschungsfragen sinnvoll ist, nur das zentrale Thema der Untersuchungseinheit zu erfassen (**Einfachcodierung**). Alternativ wäre es auch möglich gewesen, entweder mithilfe einer **Zweifachcodierung** ein Haupt- und ggf. mehrere Nebenthemen gesondert zu erfassen oder mithilfe einer **Mehrfachcodierung** parallel mehrere Themen pro Untersuchungseinheit zu erfassen (Bruns/Marcinkowski 1997: 344f.). Die Entscheidung, für welche Form der Variablendefinitionen man sich entscheidet – also: Einfach-, Zweifach- oder Mehrfachcodierung – hängt letztlich davon ab, welche Form am besten dazu beiträgt, die Forschungs-

7.4 Variablen und Variablenausprägungen 167

fragen zu beantworten. Alle drei Formen erlauben es, empirische Aussagen über die Themenverteilung zu machen. Jedoch nur die Codierung des zentralen Themas erlaubt empirische Aussagen über exklusive Themenschwerpunkte.

Liste 1: Endgültige Form der Themenvariable

TH1 Thema der Untersuchungseinheit

Die Themencodierung richtet sich immer nach dem Themenschwerpunkt der Untersuchungseinheit. Dieser ist der Überschrift bzw. dem ersten Absatz zu entnehmen. Bei Zeitungsbeiträgen: Hinweise zur korrekten Codierung kann auch die Rubrik geben.

1. Codierhilfe: Überschrift und ersten Absatz lesen, dann bitte sofort den Code für TH1 eintragen. Bitte nur in begründeten Ausnahmefällen den allgemeinen Code für „Forschung/ Wissenschaft" vergeben.

2. Codierhilfe: Die genaue Zuordnung der Themengebiete 11-13 kann unter http://www.mpg.de/instituteProjekteEinrichtungen/institutsauswahl/index.html überprüft werden.

10	Forschung/Wissenschaft	⇨ weiter mit TH2
11	Chemisch-physikalisch-technisch	⇨ weiter mit N1
12	Biologisch-medizinisch	⇨ weiter mit N1
13	Geistes-, Sozial-, Humanwissenschaftlich	⇨ weiter mit N1
14	Transdisziplinär	⇨ weiter mit TH3

Dieser Code soll nur vergeben werden, wenn es nicht möglich ist, eine Untersuchungseinheit exklusiv einem wissenschaftlichen Themengebiet zuzuordnen.

20	Politik	⇨ weiter mit N1
30	Wirtschaft	⇨ weiter mit N1
40	Gesellschaft (Bildung/Universitäten, Kunst, Kultur, Medien)	⇨ weiter mit N1
50	Human Touch	⇨ weiter mit N1

Hierunter fallen z.B. Zerstreuungsthemen (Prominenz, Klatsch usw.) oder Angstthemen (Kriminalität usw.).

60	Lebenswelt	⇨ weiter mit N1

Hierunter fallen alle privaten Themen mit Ratgeber- oder Verbraucherbezug.

70	Sport	⇨ weiter mit N1
80	(Selbst-)Thematisierung der MPG	⇨ weiter mit N1

Hierunter fallen die Personalia sowie allgemeine Informationen über die MPG.

99	Sonstiges	⇨ weiter mit N1

TH2 Begründung für Codierung (alphanumerisch)

TH3 Transdisziplinäres Thema (kooperierende Wissenschaftsbereiche)
1 Chemisch-physikalisch-technisch/biologisch-medizinisch
2 Chemisch-physikalisch-technisch/Geistes-, Sozial-, Humanwissenschaftlich
3 Biologisch-medizinisch/Geistes-, Sozial-, Humanwissenschaftlich

Nach Beendigung der Entwicklung des Codeplans wurde der erste von insgesamt drei Pretests durchgeführt (**Pretest-Phase**). In die endgültige Fassung der Themenanalyse sind alle Verbesserungsvorschläge, die sich noch aus den drei Pretests ergeben hatten, eingeflossen. Dies waren zwei zusätzliche Variablenerläuterungen und vier Codeerläuterungen.

7.5 Gütekriterien: Objektivität, Reliabilität und Validität

Was macht ein gutes Codebuch und das darin enthaltene Kategoriensystem einer Medienresonanzanalyse aus? Es sollte **objektiv**, **reliabel** und **valide** sein (vgl. allgemein Lienert/Raatz 1998).

> **Objektivität**
>
> Unter der Objektivität eines Untersuchungsinstruments versteht man den Grad der Unabhängigkeit der Ergebnisse vom Untersucher.

Das Untersuchungsinstrument der Beispielstudie wäre gemäß der genannten Definition wenig objektiv, wenn die Leser dieses Lehrbuchs bei Anwendung des Codeplans zu anderen Ergebnisse kämen als die Studierenden, die das Untersuchungsinstrument mit entwickelt und erstmalig angewendet haben.

Wie kann man dafür Sorge tragen, dass ein Codebuch einen hohen Objektivitätsgrad aufweist? Hohe **Objektivität** eines Untersuchungsinstruments kann man zum Beispiel durch einen hohen Standardisierungsgrad des Kategoriensystems gewährleisten. Der Standardisierungsgrad des Kategoriensystems ist hoch, wenn es viele Variablen enthält, bei denen die Codierer sich zwischen vorab definierten Variablenausprägungen entscheiden müssen. Müssen die Codierer hingegen das Thema eines Beitrags zum Beispiel mit eigenen Worten zusammenfassen, ist es schwerer, ein hohes Maß an Objektivität zu gewährleisten. Besonders gewissenhafte Codierer könnten das Thema einer Pressemitteilung oder eines Presseartikels überdurchschnittlich ausführlich mit eigenen Worten umreißen. In diesem Fall wäre die Themenerfassung der Medienresonanzanalyse abhängig vom einzelnen Codierer und somit wenig objektiv.

Neben einem hohen Standardisierungsgrad kann man außerdem versuchen, die Objektivität eines Untersuchungsinstruments zu gewährleisten, indem man durch ausführliche Erläuterungen im Codebuch sicherstellt, dass die Codierregeln intersubjektiv nachvollziehbar sind. Ausführlich kommentierte Codierregeln (inkl. Codierbeispiele) tragen maßgeblich dazu bei, dass ein medienresonanzanalytisches Codebuch objektiv ist.

> **Reliabilität**
>
> Unter der Reliabilität eines Untersuchungsinstrumensts versteht man den Grad seiner Zuverlässigkeit.

Ein Untersuchungsinstrument kann als vollkommen reliabel bezeichnet werden, wenn die Untersuchungsergebnisse zu 100 Prozent reproduzierbar sind. Folgende typische Fehler bei der Konzeption eines Untersuchungsinstruments können die Reliabilität negativ beeinflussen (Neuendorf 2002: 145f.):

- **Mangelhafte Präzision der Codierregeln**: Hierzu zählen unvollständige oder gar vollkommen fehlende Codeerläuterungen.
- **Mangelhafte Codiererschulung**: Eine Codiererschulung ist mangelhaft, wenn bei den Codierertreffen keine praktischen Codierübungen gemacht werden oder die Codiererschulung zu kurz ausfällt und somit die offenen Fragen einzelner Codierer zum Codebuch nicht beantwortet werden.
- **Überbeanspruchung der Codierer**: Eine Überbeanspruchung der Codierer kann zum Beispiel dadurch entstehen, dass die Codierer entweder sehr viele Variablen pro Untersuchungseinheit codieren müssen oder dass die Codierer überdurchschnittlich viele Untersuchungseinheiten erfassen müssen.

Der Grad der Reliabilität kann durch Zahlenwerte angegeben werden. Diese Zahlenwerte bezeichnet man als **Reliabilitätskoeffizienten**. Wenn die Untersuchungsanlage einer Medienresonanzanalyse vorsieht, dass die Codierung zweistufig erfolgt (die Codierer also das Untersuchungsmaterial hierarchisch zerlegen müssen, um z.B. innerhalb eines Texts zusätzlich spezielle Textelemente zu identifizieren), ist eine Unterscheidung von **Identifikationsreliabilität** und **Codierreliabilität** sinnvoll (vgl.

Rössler 2005: 189). In diesem Fall sieht ein „best-practice"-Reliabiliätstest so aus, dass für die Identifikationsreliablilität und für die Codierrealiabilität Reliabilitätskoeffizienten getrennt berechnet und dokumentiert werden.

Ein Reliabilitätstest funktioniert grundsätzlich immer nach dem **Prinzip der Messwiederholung**. Gibt es nur einen Codierer, besteht die Messwiederholung darin, dass man diesen das Untersuchungsmaterial zu einem kleinen Teil zweimal analysieren lässt. Hierbei überprüft man, ob die Genauigkeit des Codierers zu Beginn der Codierarbeiten die gleiche ist wie am Ende der Codierarbeiten (**Intra-Coderreliabilität**).

Sind an der Codierung einer Medienresonanzanalyse mehrere Codierer beteiligt, dann ist es möglich, den Reliabilitätstest so anzulegen, dass für jeden einzelnen Codierer die Intra-Coderreliabilität und für alle Codierer die Inter-Coderreliabilität berechnet werden kann. Aus Zeit- und Kostengründen sieht man bei mehreren Codierern von der Bestimmung der Intra-Coderreliabilität in der Regel ab und begnügt sich gemeinhin mit der Bestimmung der Inter-Coderreliabilität.

Intra-Coderreliabilität

Die Intra-Coderreliabilität einer Person zeigt an, ob diese Person über die Zeit hinweg die Codierregeln mit der gleichen Genauigkeit anwendet.

Inter-Coderreliabilität

Die Inter-Coderreliabilität bezeichnet den Grad der Übereinstimmung zwischen verschiedenen Codierern.

Bei der Bestimmung der Inter-Coderreliabilität findet das Prinzip der Messwiederholung auf eine andere Art und Weise seine Anwendung. Die wiederholte Messung erfolgt nicht – wie bei Bestimmung der Intra-Coderreliabilität – mit zeitlicher Verzögerung sondern zeitgleich. Die Prüfung der **Inter-Coderrealiabilität** meint, dass die beteiligten Codierer dasselbe Untersuchungsmaterial codieren, um den Grad der Übereinstimmung zwischen den verschiedenen Codierern zu bestimmen. Sieht ein Intercoder-Test zur Überprüfung der Coderreliabilität beispielsweise vor, dass 30 Artikel von je vier Codierern erfasst werden sollen, muss jeder Artikel somit viermal codiert werden. Die Bestimmung der Identifikationsreliabilität könnte ähnlich erfolgen: Für 30 Artikel sollen die vier Codierer entscheiden, ob das im Codebuch genannte Zugriffskriterium für diese Artikel gilt (d.h. die Artikel überhaupt einer Codierung unterzogen werden müssten) oder nicht.

Einige Lehrbuchautoren sind der Ansicht, dass man eine Medienresonanzanalyse, bei der der Entwickler des Codebuchs und der Codierer ein und dieselbe Person sind, nicht als Inhaltsanalyse sondern als „Expertenanalyse" bezeichnen sollte (Neuendorf 2002: 142). Da der „Experte" seine Codierregeln nicht an eine Codierergruppe vermitteln muss, sieht er sich möglicherweise gar nicht genötigt, die Codierregeln seines Codebuchs so explizit auszuformulieren wie sonst. Die Auffassung der Verfasser dieses Lehrbuchs ist hingegen, dass eine Medienresonanzanalyse mit nur einem einzigen Codierer auch als Inhaltsanalyse bezeichnet werden kann. Allerdings ist es in diesem Fall notwendig, den Grad der Intra-Coderreliabilität zu dokumentieren.

Von allen Gütekriterien kann man einzig die Reliabilität empirisch überprüfen. Die Zielsetzungen eines Reliabilitätstests lauten (vgl. Neuendorf 2002: 147f.):

- **Identifikation „problematischer" Variablen**: „Problematische" Variablen erfordern ggf. (a) zusätzliche Schulungen, (b) Umschreiben der Codieranweisungen bzw. Codeerläuterungen, (c) Zusammenfassen oder Erweitern der Variablenausprägungen der Variable oder (d) durch Zerlegen der „problematischen" Variable in zwei oder mehrere Variablen, um die Reliabilität einzelner Variablen zu verbessern.
- **Identifikation systematisch abweichenden Codiererverhaltens**: Wenn sich Codierer bei der Anwendung der Codierregeln systematisch von anderen unterscheiden, könnte man versuchen, durch zusätzliche Codiererschulungen diese Codierer zu trainieren. Hilft dies nicht, ist dieser Codierer von der Medienresonanzanalyse auszuschließen.[20]

---

20 Vor dem Ausschluss eines Codierers sollte jedoch unbedingt überprüft werden, wie hoch die Reliabilität zwischen dem verantwortlichen Forscher und den systematisch abweichenden Codierern ist. Schließlich kann nicht ausgeschlossen werden, dass die Mehrheit der Codierer systematisch „falsch" codiert und die systematisch abweichenden Codierer tatsächlich übereinstimmend mit dem Forscher codieren.

- **Identifikation mangelnder Exklusivität**: Systematische Messfehler können vermieden werden, wenn geprüft wird, ob sich einzelne Variablenausprägungen inhaltlich überschneiden.

Zur Durchführung eines Reliabilitätstests sind die übereinstimmenden und nicht übereinstimmenden Codierentscheidungen zu dokumentieren. Auf dieser Basis kann ein Reliabilitätskoeffizient berechnet werden. Angesichts der Vielzahl von berechenbaren Reliabilitätskoeffizienten gilt es zu entscheiden, welcher der Koeffizienten besonders gut zur Gütebeurteilung geeignet ist (vgl. zusammenfassend Lauf 2001; Kolb 2004, Krippendorff 2004a, 2004b, 2008).

In den Online-Zusatzmaterialien des Lehrbuchs sind die Durchführung eines Reliabilitätstests und die Berechnung von Reliabilitätskoeffizienten erläutert. Die Illustration in den Online-Zusatzmaterialien ist allerdings auf zwei besonders gängige und einen weniger gängigen Reliabilitätskoeffizienten beschränkt:

- Übereinstimmungskoeffizient ($r_Ü$)
- Holsti (r_H)
- Krippendorff's α ($r_α$)

In den Online-Zusatzmaterialien sind außerdem die Ergebnisse des Reliabilitätstests der Beispielstudie dokumentiert.

Alle Bemühungen um Reliabilität machen allerdings erst dann einen Sinn, wenn sichergestellt ist, dass mithilfe des entwickelten Codeplans tatsächlich auch das empirisch gemessen wird, was auch gemessen werden sollte. Im Gegensatz zur Reliabilitätsprüfung, die sich um die Sicherstellung der Reproduzierbarkeit von Codierungen einer Medienresonanzanalyse dreht, hinterfragt man bei der Validitätsprüfung die getroffenen Operationalisierungsentscheidungen. Die Einhaltung der in Kapitel 7.4 erläuterten Prinzipien der Variablenkonstruktion – Angemessenheit des Skalenniveaus einer Variablen sowie Vollständigkeit und Exklusivität der Variablenausprägungen – tragen wesentlich zur Sicherstellung der Validität eines Untersuchungsinstruments bei. Wenn sich im empirischen Ergebnis zeigt, dass bei einer Variable die Ausprägung „Sonstiges" überdurchschnittlich häufig codiert wurde, dann ist dies ein wichtiges Indiz dafür, dass bei der Variablenkonstruktion ein Fehler unterlaufen ist und

7.5 Gütekriterien: Objektivität, Reliabilität und Validität

man nicht alles gemessen hat, was man eigentlich messen wollte (vgl. Rössler 2005: 194f.). Weiterhin kann man die **Validität** des Untersuchungsinstruments prüfen, indem man die empirischen Ergebnisse einer Medienresonanzanalyse mit den empirischen Ergebnissen anderer, vergleichbarer Medienresonanzanalysen in Beziehung setzt.

> **Validität**
>
> Unter der Validität eines Untersuchungsinstruments versteht man seinen Gültigkeitsanspruch, d.h. es geht um die Frage, ob tatsächlich das gemessen wird, was gemessen werden soll.

Wichtig ist, dass man bei der Prüfung der Gütekriterien die Wechselwirkung zwischen Objektivität und Validität auf der einen Seite und zwischen Reliabilität und Validität auf der anderen Seite im Blick behält:

- **Objektivität ist eine notwendige Voraussetzung für Validität**: Wenn das Untersuchungsinstrument nicht unabhängig von den eingesetzten Codierern funktioniert, dann ist eine valide Messung nicht möglich.
- **Reliabilität ist eine notwendige Voraussetzung für Validität**: Je schlechter ein Reliabilitätstest ausfällt, desto geringer ist die Validität einzuschätzen. Wenn die Codierungen wenig reliabel sind, kann man nicht davon ausgehen, tatsächlich empirisch das gemessen zu haben, was man eigentlich theoretisch zu messen vor hatte.
- **Reliabilität ist keine hinreichende Voraussetzung für Validität**: Ein zufriedenstellender Reliabilitätstest ist keine Gewähr dafür, dass das Untersuchungsinstrument tatsächlich valide ist. Es könnte nämlich sein, dass man lediglich darin „erfolgreich" war, die Codierer zum reliablen, aber „falschen" Codieren anzuleiten.

Kapitelzusammenfassung

- Das Codebuch der Beispielstudie ist infolge mehrfacher Probecodierungen sowie dreier Pretests immer wieder revidiert worden.
- Das Codebuch integrierte durch Filterregeln sowohl die Variablen der Input- als auch der Output-Analyse.
- Objektivität bezeichnet den Grad der Unabhängigkeit der Ergebnisse vom Untersucher.
- Reliabilität bezeichnet den Grad der Zuverlässigkeit eines Untersuchungsinstruments.
- Validität bezeichnet den Gültigkeitsanspruch eines Untersuchungsinstruments.

Praxistipps

1. Gleich zu Beginn des Forschungsprozesses sollte sehr viel Zeit für die Entwicklung des Untersuchungsinstruments eingerechnet werden.
2. Jede Version und Revision des Codebuchs sollte sorgfältig dokumentiert werden.
3. Je größer die Zahl der Codierer ist, desto überproportional mehr steigen der Schulungsaufwand und der Aufwand für die Feldorganisation an.
4. Vor dem Beginn der Feldphase (und am besten auch noch einmal in Anschluss) sollte die Inter-Coderreliabilität bestimmt werden.
5. Eine gute Forschungspraxis zeichnet sich durch eine transparente Dokumentation der berechneten Reliabilitätswerte aus.

Literatur

Lauf 2001, Neuendorf 2002, Krippendorff 2004b

Bruns, Thomas/Marcinkowski, Frank (1997): Politische Information im Fernsehen. Eine Längsschnitt-Studie zur Veränderung der Politikvermittlung in Nachrichten und politischen Informationssendungen. Opladen: Leske u. Budrich.

Kolb, Steffen (2004): Verlässlichkeit von Inhaltsanalysedaten – Reliabilitätstest, Errechnen und Interpretieren von Reliabilitätskoeffizienten für mehr als zwei Codierer. In: Medien & Kommunikationswissenschaft 52(3), 335–354.

Kolmer, Christian (2000): Die Treuhandanstalt: eine Input-Output-Analyse zu Theorien der Nachrichtenauswahl. Bonn u.a.: InnoVatio-Verlag.

Krippendorff, Klaus (2004a): Content Analysis. An Introduction to Its Methodology. Thousand Oaks u.a.: Sage.

Krippendorff, Klaus (2004b): Reliability in Content Analysis. Some Common Misconceptions and Recommendations. In: Human Communication Research 30 (3), 411–433.

Krippendorff, Klaus (2008): Testing the Reliability of Content Analysis Data: What is Involved and Why. In: Krippendorff, Klaus/Bock, Mary A. (Hrsg.): The Content Analysis Reader. Thousand Oaks: Sage, 350–357.

Lauf, Edmund (2001): „96 nach Holsti". Zur Reliabilität von Inhaltsanalysen und deren Darstellung in kommunikationswissenschaftlichen Fachzeitschriften. In: Publizistik 46(1), 57–68.

Lienert, Gustav A./Raatz, Ulrich (1998): Testaufbau und Testanalyse. Weinheim: Beltz.

Lisch, Ralf/Kriz, Jürgen (1978): Grundlagen und Modelle der Inhaltsanalyse. Bestandsaufnahme und Kritik. Reinbek b. Hamburg: Rowohlt.

Luhmann, Niklas (1971): Politische Planung: Aufsätze zur Soziologie von Politik und Verwaltung. Opladen: Westdeutscher Verlag.

Mayntz, Renate/Holm, Kurt/Hübner, Peter (1978): Einführung in die Methoden der empirischen Soziologie. Opladen: Westdeutscher Verlag.

Neuendorf, Kimberly A. (2002): The content analysis guidebook. Thousand Oaks: Sage.

Rössler, Patrick (2005): Inhaltsanalyse. Konstanz: UVK/UTB.

8 Feldphase

In diesem Kapitel wird erläutert, wie man vor Beginn der Feldphase die Codiererschulung und die Pretests durchführen sollte. Anschließend wird erklärt, was bei der Bereitstellung des Untersuchungsmaterials zu Beginn der Feldphase zu beachten ist, was die Vor- und Nachteile unterschiedlicher Formen der Datenerfassung sind und was es allgemein bei der Organisation der Feldarbeit zu berücksichtigen gilt.

8.1 Vorbereitung der Feldphase: Codiererschulung und Pretest

Nach Beendigung der Entwicklungsphase des Untersuchungsinstruments beginnt die Pretest-Phase. In der Pretest-Phase kommt das bis dahin nur mithilfe vereinzelter „Trockenübungen" erprobte Untersuchungsinstrument erstmalig zum Einsatz, indem es alle künftigen Codierer probehalber anwenden.

> **Pretest**
>
> Beim inhaltsanalytischen Pretest werden die Aufgriffskriterien und Codierregeln des Codebuchs auf ihre Praxistauglichkeit hin überprüft.

Im inhaltsanalytischen Forschungsprozess ist dem Pretest üblicherweise eine Codiererschulung vorgeschaltet. Eine Codiererschulung umfasst mehrmalige Treffen zwischen Forscher und Codierer. Während dieser Treffen erläutert der Forscher die Aufgriffskriterien und Codierregeln des Codebuchs. Sinnvoll ist es ferner, wenn der Forscher und die Codierer ausgewählte Untersuchungseinheiten gemeinsam codieren, um sicherzustellen, dass zwischen ihnen Übereinstimmung besteht.[21] Zwischen den Treffen sollten am besten immer einige Probecodierungen durchgeführt

---

21 Ein Beispiel für eine vorbildliche Dokumentation der Übereinstimmung zwischen Forscher und Coder (in Form von Reliabilitätskoeffizienten) findet man bei Fretwurst (2008: 236).

werden. Beim ersten Pretest sollten die Codierer ca. zehn Untersuchungseinheiten codieren. Mehr Untersuchungseinheiten beim ersten Pretest zu codieren wäre nicht sinnvoll, da die Codierer anfangs sehr langsam codieren und sich erst nach und nach die nötige Sicherheit im Umgang mit dem Codebuch (z.b. Variablenabfolge oder Variablendefinitionen) gewinnen. Nicht selten werden bis zu drei Pretests durchgeführt, bis letzte Probleme in der Anwendung der Aufgriffskriterien und Codierregeln ausgeräumt sind. Vom ersten Pretest abgesehen sollte im Rahmen aller Pretests die Reliabilität bestimmt werden. Dies erhöht zwar den Durchführungs- und Auswertungsaufwand eines Pretests. Gleichzeitig bringt diese Form des Pretests quantifizierbare Ergebnisse mit sich, die es erlauben, den Erfolg der Codiererschulungen und Pretest-Nachbesprechungen mithilfe von Reliabilitätskoeffizienten auszudrücken.

Insgesamt wurden im Rahmen der Beispielstudie drei Pretests durchgeführt. Die drei Pretests ergaben, dass das Kapitel „Akteursanalyse" überarbeitet werden musste. Bei den Variablendefinitionen anderer Kapitel des Codebuchs wurden hingegen entweder nur Variablen- und Codeerläuterungen hinzugefügt oder diese präzisiert.

8.2 Bereitstellung des Untersuchungsmaterials

Der Codieraufwand bei einer Medienresonanzanalyse bemisst sich auch daran, in welcher Form den Codierern das Untersuchungsmaterial zur Verfügung gestellt wird. Kommerzielle Agenturen unterhalten oft spezielle Abteilungen, deren einzige Aufgabe es ist, das Untersuchungsmaterial (z.B. Zeitungsausschnitte, TV-Mitschnitte) für die Codierer aufzubereiten. Akademische Forschungsprojekte werden meist in enger Kooperation mit den Archiven einer Hochschulbibliothek durchgeführt. Im besten Fall werden den Codierern in der Bibliothek spezielle Arbeitsplätze eingerichtet oder wenigstens reserviert, sofern es nicht möglich ist, das Untersuchungsmaterial aus der Bibliothek auszuleihen. Im Rahmen der Beispielstudie wurde das Untersuchungsmaterial der Input-Analyse von der Homepage der MPG heruntergeladen und in Form von PDF-Dateien einzeln aufbereitet. Das Untersuchungsmaterial wurde gleichmäßig auf die 14 Codierer verteilt. Ziel war es, dass jeder Codierer möglichst eine gleiche Anzahl von MPG-Pressemitteilungen, Agentur- und Zeitungsbeiträgen innerhalb eines zusammenhängenden Zeitintervalls (z.B. die erste, zweite und dritte Märzwoche) bearbeiten konnte. Denn die Ausbildung von „Spezialcodierern" ist nicht mit dem Gütekriterium der Objektivität vereinbar. In der ersten Codierstufe –die die Erfassung der Eigenschaften der MPG-Pressemitteilungen sowie der Agentur- und Zeitungsbeiträge umfasste – hat jeder Codierer durchschnittlich 52 Untersuchungseinheiten codiert. In der zweiten Codierstufe – der Erfassung der Akteure – wurden pro Codierer im Durchschnitt 102 Akteure erfasst.

8.3 Datenerfassung während der Feldphase

Die Datenerfassung muss sorgfältig vom verantwortlichen Forscher vorbereitet werden. Es gibt zwei gängige Formen der Datenerfassung: das Eintragen der Codierentscheidungen in Erfassungsbögen aus Papier (vgl. Abb. 13) oder in eine elektronische Eingabemaske (vgl. Abb. 14). Die Vor- und Nachteile der beiden Verfahren werden im Folgenden erläutert.

- **Codieren mit Erfassungsbögen aus Papier**: Im Vergleich zur computergestützen Datenerfassung ist die Arbeit mit Erfassungsbögen vergleichsweise teuer, denn jedem Codierer muss eine ausreichend große Zahl an Erfassungsbögen bereitgestellt werden und außerdem ist es notwendig, alle Erfassungsbögen nach Abschluss der Feldarbeit abzutippen, damit der Forscher entsprechende statistische Berechungen durchführen kann. Vor dem Abtippen sollten alle Erfassungbögen manuell durchnummeriert werden, damit der Forscher bei einer nachträglichen Fehlerbereinigung etwaige Tippfehler auf einzelnen Bögen überhaupt identifizieren kann. Offensichtliche Tippfehler der Codierer sollten beim Abtippen nicht übernommen, sondern stattdessen sofort korrgiert werden.
- **Codieren anhand einer elektronischen Eingabemaske**: Die computergestützte Erfassung von Daten ist mittlerweiler gängiger Standard bei der inhaltsanalytischen Feldarbeit. Die einfachste Form der computergestützten Datenerfassung besteht darin, ein Tabellenkalkulationsprogamm wie zum Beispiel Microsoft EXCEL® zu benutzen und das Tabellenblatt so einzurichten, dass in der ersten Zeile pro Spalte ein Variablename (am besten trägt man in die erste Zeile nur das entsprechende Variablenkürzel ein) steht (vgl. Abb. 14). Diese einfache Form der computergestützten Dateneingabe

hat aber den Nachteil, dass auf diese Weise keine Filterregeln abgebildet werden können. Computerprogramme wie zum Beispiel SPSS Data Entry oder Web-Tools wie EFS Survey (vgl. Kaczmirek 2008) erlauben es, Filterregel abzubilden und durch Fehlermeldungen auf Tippfehler während der Dateneingabe aufmerksam zu machen.

Abbildung 13: Auszug aus dem Papiererfassungsbogen der Beispielstudie

E1	T1		T2	T3a	T3b
1	0	0	6 8	0 7	1 8	0 5

T3c	T4	P1
0	7	1 Deutsche Spitzenforschung in Südafrika

P2		P3	usw.
5	5	8	1

Abbildung 14: Auszug dem dem EXCEL®-Erfassungsbogen der Beispielstudie

	A	B	C	D	E	F	G	H	I	J
1	E1	T1	T2	T3a	T3b	T3c	T4	P1	P2	P3
2	1	68	7	18	5	7	1	Deutsche Spitzenforschung in Südafrika	558	1
3										
4										

Im Rahmen der Beispielstudie erfolgte die Dateneingabe mithilfe Dateneingabe-Software SPSS Data Entry.

8.4 Organisation der Feldarbeit

Um den Austausch der Codierer während der Feldphase sicherzustellen, wurde in der Beispielstudie eine projektspezifische Mailingliste eingerichtet. Mailing-Listen können bis zu einem gewissen Grad verhindern, dass sich bei Codierproblemen die Forscher und die Codierer nochmals treffen müssen. Für die Zeit der Feldarbeit sollten grundlegende Mailing-Regeln festgelegt werden.

- **Betreffzeile der E-Mail**: Es sollte abgesprochen werden, welche Informationen in der Betreffzeile enthalten sein müssen. Auf diese Weise kann man bereits anhand der Betreffzeile erkennen, was der Inhalt der E-Mail ist.
- **Nutzung der Archivfunktion vor E-Mail-Frage**: Bevor die Codierer eine E-Mail an die Mailing-Liste schicken, sollten sie das Mailing-Archiv durchsucht haben. Auf diese Weise lassen sich mehrfache E-Mails zur selben Frage vermeiden.
- **Problembeschreibung in der E-Mail**: Das Codierproblem sollte stets mit Verweis auf die entsprechende Textstelle im Codebuch beschrieben werden. Auf diese Weise werden die Codierer dazu angehalten, sich nochmals mit dem Codebuch auseinanderzusetzen.

Kapitelzusammenfassung

- Das Untersuchungsmaterial wurde in Form von PDF-Dateien über ein Content Management System zur Verfügung gestellt.
- Die Datenerfassung durch die Codierer erfolgte mithilfe der Dateneingabe-Software SPSS Data Entry.
- Für die Zeit der Feldphase wurde eine Mailing-Liste eingerichtet.

Praxistipps

1. Das Untersuchungsmaterial elektronisch bereitzustellen, spart Zeit, Vervielfältigungs- und Transportkosten.
2. Eine Datenerfassung mittels elektronischer Eingabemaske spart Transkriptionskosten und Zeit.
3. Die Koordination der Feldarbeit wird durch das Einrichten einer Mailing-Liste erleichtert.

Literatur

Kaczmirek, Lars (2008): Internet Survey Software Tools. In: Fielding, Nigel G./Lee, Raymond M./Blank, Grant (Hrsg.): The Sage Handbook of Online Research Methods. London: Sage, 236–254.

9 Ergebnisse

In diesem Kapitel werden zuerst die Rahmendaten der Beispielstudie vorgestellt. Anschließend werden die Forschungsfragen anhand ausgewählter Ergebnisse exemplarisch beantwortet.[22]

9.1 Berechnung der Ergebnisse

Die Berechnung der Ergebnisse besteht aus mehreren Teilschritten. Zuerst müssen die erfassten Daten in ein geeignetes Auswertungsprogramm eingelesen werden. Auf diese Weise entsteht eine Rohdatenmatrix, die anschließend auf Fehler (z.B. Tippfehler, Einhaltung der Filterregeln) kontrolliert werden muss. Da in vielen Fällen die Originalvariablen einen hohen Differenzierungsgrad aufweisen (die Themenvariable TH1 hat z.B. 13 Ausprägungen), ist es zum besseren Verständnis sinnvoll, die Originalvariablen zu recodieren und somit die Ergebnisse kompakter darzustellen. Die notwendigen Teilschritte der Datenauswertung sind aus Platzgründen in den Online-Zusatzmaterialien des Lehrbuchs in detaillierter Form erläutert.

9.2 Rahmendaten der Beispielstudie

Unter die Beschreibung der **Rahmendaten** einer Medienresonanzanalyse fallen Angaben zum Untersuchungsmaterial, zum verwendeten Untersuchungsinstrument, zur Definition der Grundgesamtheit, zur eingesetzten Stichprobentechnik, zur Art und Anzahl der Untersuchungseinheiten, zur Anzahl der Codierer und zur Reliabilität der Codierung.

In Abbildung 15 ist die Anzahl der Untersuchungseinheiten je Codierstufe dokumentiert.

---

22 Aus Platzgründen sind im Kapitel 9 nur ausgewählte Ergebnisse der Beispielstudie dokumentiert. Die komplette Ergebnisdarstellung steht in Präsentationsform auf der Homepage des VS-Verlags zum Abruf bereit: http://www.vs-verlag.de.

Abbildung 15: Untersuchungseinheiten der ersten und zweiten Codierstufe der Beispielstudie (Anzahl)

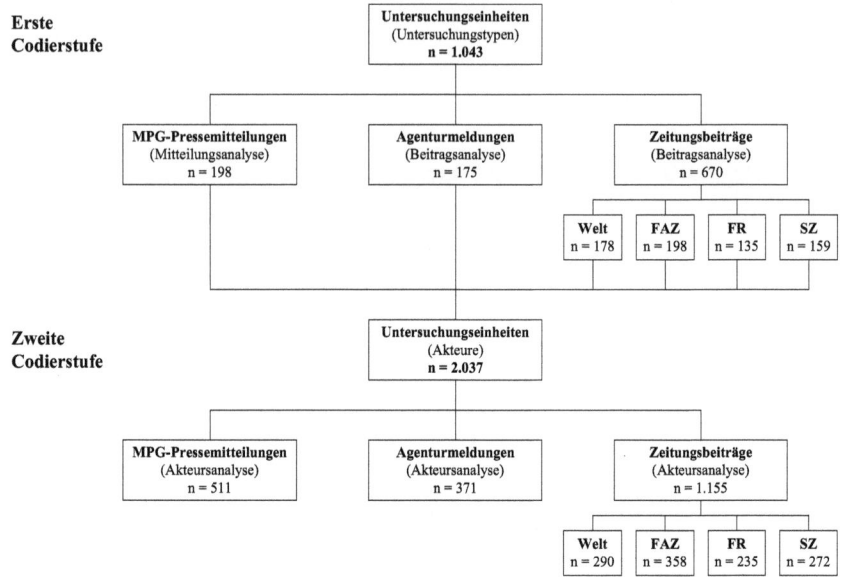

- Insgesamt wurden auf der ersten Codierstufe 1.043 Untersuchungseinheiten erfasst. Von diesen 1.043 Untersuchungseinheiten stammten 198 Untersuchungseinheiten aus der Input-Analyse (Mitteilungsanalyse) und 845 Untersuchungseinheiten aus der Output-Analyse (Beitragsanalyse). Im Rahmen der Beitragsanalyse wurden insgesamt 845 Untersuchungseinheiten erfasst (670 Zeitungsbeiträge und 175 Agenturmeldungen).
- Auf der zweiten Codierstufe wurden insgesamt 2.037 Akteure erfasst. Davon entfielen 1.155 Akteure auf Zeitungsbeiträge, 511 Akteure auf Pressemitteilungen und 371 Akteure auf Agenturmeldungen. Bei den 2.037 Akteuren handelt es sich allerdings aufgrund von Mehrfachnennungen gewisser Akteure in den Agenturmeldungen und Beiträgen in vier untersuchten Zeitungen de facto um weniger Einzelakteure.

Die Ergebnisse des Inter-Coderreliabilitätstests sind in detaillierter Form in den Online-Zusatzmaterialien des Lehrbuchs dokumentiert. Die Berechnung der Reliabilität zeigte, dass mit Hilfe des Untersuchungsinstruments die formalen Eigenschaften der Pressemitteilungen, Agenturmel-

9.2 Rahmendaten der Beispielstudie

dungen und Zeitungsbeiträgen sehr reliabel codiert werden konnten. Als unzufriedenstellend erwies sich allerdings die Reliabilität der Themencodierung sowie teilweise die Codierung der Nachrichtenfaktoren.

Aus Sicht der Praxis sind häufig neben dem eigentlichen Input-Output-Vergleich bereits rein deskriptive Ergebnisse von Interesse. Exemplarisch ist deshalb nachfolgend eine Häufigkeitsanalyse der MPG-Akteure dargestellt, die innerhalb der 670 untersuchten Zeitungsbeiträge erfasst worden sind.

Insgesamt wurden im Rahmen der Analyse der Zeitungsbeiträge 239 einzelne Akteure der MPG identifiziert. Abbildung 16 veranschaulicht, welche dieser 239 Akteure besonders häufig in den untersuchten Zeitungsbeiträgen vorkamen. Diese Abbildung ist mithilfe des **WWW-Tools Wordle** erstellt worden, das Häufigkeitsanteile anhand unterschiedlich großer Typographie visualisiert. In der untersuchten Zeitungsberichterstattung kam der MPG-Präsident, Peter Gruss, mit 23 Nennungen am häufigsten vor. Etwas weniger häufig als der MPG-Präsident, aber immer noch überdurchschnittlich häufig genannt wurden der Nobelpreisträger Gerhard Ertl vom Fritz-Haber-Institut in Berlin sowie Hans Schöler vom MPI für molekulare Biomedizin in Münster und Martin Claußen vom MPI für Meteorologie in Hamburg mit jeweils 16 Nennungen.

Abbildung 16: Meist genannte MPG-Wissenschaftler in der überregionalen Zeitungsberichterstattung im Jahr 2007 ($n_{Akteure} = 239$)

9.3 Zentrale empirische Ergebnisse

Die statistische Datenanalyse und die daraus resultierende Ergebnisdarstellung sollten stets an den Forschungsfragen oder Hypothesen einer Medienresonanzanalyse ausgerichtet sein (vgl. Kap. 4.3). Spezifische Standards für die Veröffentlichung von inhaltsanalytischen Forschungsergebnissen liegen – im Gegensatz zur Veröffentlichung von Umfrageergebnissen (vgl. Kaase 1999) – bislang nicht vor. Die begleitende Veröffentlichung durch eine Art von „methodischem Impressum" (Kaase 1999: 75), ist eine unverzichtbare Interpretationshilfe bei der Lektüre der empirischen Forschungsergebnisse.

Die erste Forschungsfrage der Beispielstudie lautete: In welchem Maß basiert die Berichterstattung über die MPG auf Informationen der MPG? Aus dieser Forschungsfrage wurde die PR-Induktion als theoretischer Begriff abgeleitet. Das empirische Maß für die PR-Induktion bezeichnen wir als Induktionsquotient.

Induktionsquotient

Der Induktionsquotient beschreibt den Anteil der durch PR-Informationen induzierten Berichterstattung an der Gesamtberichterstattung.

Die Forschungsliteratur zeigt, dass die PR-Induktion von Berichterstattung auf verschiedene Arten erzeugt werden kann: über Themen, über Akteure oder über die Bewertungen von Akteuren. Die Untersuchungsanlage der Beispielstudie erlaubte die Bestimmung des Ausmaßes der **Themeninduktion,** aber nur eine eingeschränkte Bestimmung der **Akteursinduktion**. Das Ausmaß der Akteursinduktion konnte nur eingeschränkt bestimmt werden, weil nicht alle Akteure pro Untersuchungseinheit erfasst worden sind (vgl. Kap. 5.3).

Wie bereits dargestellt, hat die MPG im Jahr 2007 insgesamt 198 Pressemitteilungen veröffentlicht. Abbildung 17 zeigt die Ergebnisse der Input-Output-Analyse, die nachfolgend erläutert werden, in zusammenfassender Form.

9.3 Zentrale empirische Ergebnisse 187

Abbildung 17: Ergebnis der Input-Output-Analyse (Anzahl und Prozent)

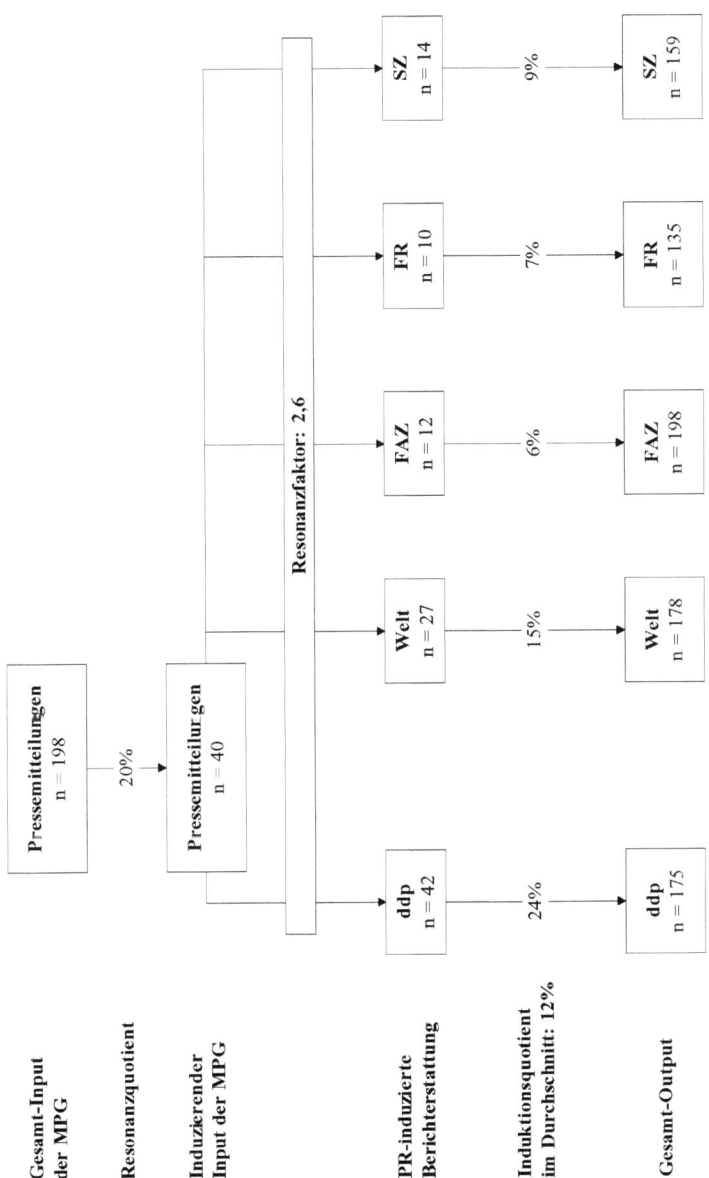

Der Abgleich zwischen den 198 Pressemitteilungen mit der Gesamtberichterstattung (175 Agenturmeldungen und 670 Zeitungsbeiträge = 845 Untersuchungseinheiten) zeigte, dass insgesamt 105 Untersuchungseinheiten über die MPG durch Pressemitteilungen der MPG im Jahr 2007 induziert worden sind. Um die 105 induzierten Untersuchungseinheiten überhaupt analytisch identifizieren zu können, wurde die Rohdatenmatrix zweimal neu sortiert, wobei beide Sortierungen auf dem Prinzip der zeitlichen Koinzidenz beruhten.

Da die Wissenschaftsberichterstattung vielfach anders als die Politikberichterstattung nicht in tagesaktuellen Zyklen, sondern teilweise in wochenaktuellen Zyklen veröffentlicht wird, wurde nachfolgend davon ausgegangen, dass zwischen der Veröffentlichung einer themen- oder akteursinduzierten Pressemitteilung der MPG und der entsprechenden Medienberichterstattung maximal bis zu sieben Tage liegen können.

- **Themeninduktion**: Bei der ersten Neusortierung ist die Rohdatenmatrix nach Datum und Thema sortiert worden. Mithilfe einer speziell erstellten Variable wurden die Agenturmeldungen und Zeitungsbeiträge gekennzeichnet, deren Themen mit dem Thema einer bis zu sieben Tage vorher von der MPG publizierten Pressemitteilung übereinstimmte. Es zeigte sich jedoch, dass die Reliabilität der Themencodierung relativ unzufriedenstellend ausgefallen war. Folglich sollte das Ausmaß der PR-Induktion nicht allein auf Basis der Themenvariable erfolgen. Aufgrund der unzuverlässigen Codierung der Themen besteht nämlich die Möglichkeit, dass das Thema eines induzierten Beitrags über die MPG und seiner zugrundeliegenden PR-Mitteilung nicht identisch codiert worden ist.
- **Akteursinduktion**: Angesichts der unzufriedenstellenden Reliabilität der Themencodierung wurde die Bestimmung des Ausmaßes der PR-Induktion ausgeweitet. Zusätzlich zum Ausmaß der Themeninduktion wurde das Ausmaß der Akteursinduktion bestimmt. Hierfür wurde die Rohdatenmatrix ein zweites Mal neu sortiert, und zwar nach Datum und nach Nachname des Akteurs. Auf Basis dieser Sortierung wurden ebenfalls mithilfe einer speziell erstellten Variable diejenigen Agenturmeldungen und Zeitungsbeiträge gekennzeichnet, in denen Akteure genannt waren, die mit den Akteuren einer bis zu sieben Tage vorher von der MPG publizierten Pressemitteilung übereinstimmten.

9.3 Zentrale empirische Ergebnisse

Die 105 PR-induzierten Beiträge über die MPG setzten sich aus 42 Agenturmeldungen und 63 Zeitungsbeiträgen zusammen. Bezieht man die 105 PR-induzierten Beiträge auf die Gesamtberichterstattung, so ergab sich im Durchschnitt ein **Induktionquotient** von zwölf Prozent. Das Ausmaß der PR-Induktion durch die MPG war in der untersuchten Agenturberichterstattung demnach größer als in der Zeitungsberichterstattung: Während die Agenturmeldungen zu 24 Prozent auf PR-Induktionen beruhten, betrug dieser Anteil bei den untersuchten Zeitungsbeiträgen im Durchschnitt nur neun Prozent. Die PR-induzierte Berichterstattung über die MPG basierte größtenteils sowohl auf einer Themeninduktion als auch auf einer Akteursinduktion. Nur jeweils 17 Untersuchungseinheiten basierten entweder auf einer reinen Themeninduktion oder Akteursinduktion.

Resonanzquotient

Der Resonanzquotient ist ein Maß für die Effizienz von PR-Informationen. Der Resonanzquotient beschreibt das Verhältnis zwischen der Zahl der PR-Informationen, die Berichterstattung induzieren, und der Zahl aller PR-Informationen.

Die zweite Forschungsfrage lautete: Wie hoch ist der Anteil der MPG-Pressemitteilungen, die mediale Resonanz erzeugen? Die Input-Output-Analyse ergab, dass die 105 themen- und/oder akteursinduzierten Agentur- und Zeitungsbeiträge über die MPG im Kern auf 40 Pressemitteilungen der MPG zurückgeführt werden konnten. Das Verhältnis von 40 induzierenden MPG-Pressemitteilungen zu allen im Jahr 2007 veröffentlichten 198 MPG-Pressemitteilungen entsprach einem **Resonanzquotient** von 20 Prozent. Von den 40 induzierenden MPG-Pressemitteilungen wirkten 25 Pressemitteilungen einfach induzierend und 15 Pressemitteilungen mehrfach induzierend.

Setzt man die 105 PR-induzierten Agentur- und Zeitungsbeiträge in Beziehung zu den 40 MPG-Pressemitteilungen, ergibt dies einen **Resonanzfaktor** von 2,6. Sprich: Eine induzierend wirkende Pressemitteilung der MPG zog innerhalb von sieben Tagen im Durchschnitt 2,6 Beiträge über die MPG in der untersuchten Berichterstattung nach sich.

>
> **Resonanzfaktor**
>
> Der Resonanzfaktor ist ein Maß für den Durchdringungsgrad von PR-Informationen. Der Resonanzfaktor beschreibt das Verhältnis der gesamten durch PR-Informationen induzierten Berichterstattung und der dieser Berichterstattung zugrunde liegenden Zahl an PR-Informationen.

Im Rahmen der zweiten Forschungsfrage waren zwei Unterfragen formuliert worden: Welche Pressemitteilungen erzeugen mediale Resonanz, welche Pressemitteilungen nicht? Welche Akteure und Institute der MPG weisen hohe Resonanzerfolge auf? Welche Wissenschaftsthemen erzeugen hohe Resonanzerfolge? Im Rahmen der Datenauswertung galt es herauszufinden, ob sich die induzierend wirkenden Pressemitteilungen im Hinblick auf intervenierende Variablen wie zum Beispiel das Thema, spezielle Nachrichtenfaktoren oder Akteursnennungen von den nicht induzierend wirkenden Pressemitteilungen unterschieden.

Vergleicht man 198 MPG-Pressemitteilungen mit Blick auf die untersuchten Nachrichtenfaktoren, dann zeigte sich, dass die Pressemitteilungen der MPG mit induzierender Wirkung einen leicht höheren Grad an Überraschung aufwiesen. In den induzierend wirkenden MPG-Pressemitteilungen wurden weniger häufig Nutzen oder Erfolg kenntlich gemacht. Stattdessen ging es in diesen Pressemitteilungen überdurchschnittlich häufig um Konflikte, Kontroversen und Probleme sowie um Schaden und Misserfolg. Außerdem zeichneten sich diese Pressemitteilungen durch einen vielfach höheren Grad an Tagesaktualität aus.

9.3 Zentrale empirische Ergebnisse

Tabelle 12: Nachrichtenfaktoren der MPG-Pressemitteilungen (Prozent)

Themenfeld[1]	Induzierende Pressemitteilungen	Nicht-induzierende Pressemitteilungen	Gesamt
	n = 40	n = 158	n = 198
Überraschung	88	82	83
Nutzen/Erfolg kommt vor	48	63	60
Großer Betroffenenkreis	33	30	31
Tagesaktuell	45	25	29
Konflikt/Kontroverse/ Problem	20	14	15
Räumliche Nähe zum Publikum	10	14	13
Personalisierung	10	15	11
Schaden/Misserfolg kommt vor	15	7	9
Kuriosität	3	6	5
Erwähnung von Prominenz	3	3	3

[1] Mehrfachnennungen

Tabelle 13 zeigt, dass sich die 40 induzierend wirkenden Pressemitteilungen der MPG in ihrer thematischen Zusammensetzung kaum von den restlichen 158 Pressemitteilungen unterschieden. Pressemitteilungen der MPG, die induzierend wirken, zeichnen sich lediglich durch etwas höhere Anteile an Forschungsthemen von allgemeinem Interesse bzw. an Themen aus dem Bereich der Geistes-, Sozial- und Humanwissenschaften aus.

Tabelle 13: Themen der MPG-Pressemitteilungen (Prozent)

Themenfeld	Induzierende Pressemitteilungen	Nicht-induzierende Pressemitteilungen	Gesamt
	n = 40	n = 158	n = 198
Forschung & Wissenschaft	79	78	79
Biologisch-medizinisch	*37*	*39*	*38*
Chemisch-physikalisch	*24*	*30*	*29*
Geistes-, sozial- und humanwissenschaftlich	*10*	*4*	*6*
Allgemein	*8*	*2*	*3*
Transdisziplinär	*0*	*3*	*3*
Selbstthematisierung der MPG	8	11	10
Gesellschaft	8	5	6
Politik & politisches System	5	3	3
Sonstiges	0	3	2
Gesamt	**100**	**100**	**100**

Anschließend galt es zu überprüfen, ob die induzierende Wirkung der 40 Pressemitteilungen durch spezifische Akteursnennungen zustande kam, die in den restlichen Pressemitteilungen der MPG nicht enthalten waren. Es zeigte sich, dass die PR-Induktion der MPG-Pressemitteilungen nicht auf den Akteurstyp zurückgeführt werden konnte: Induzierend wie nichtinduzierend wirkende Pressemitteilungen unterschieden sich nicht darin, wie häufig zum Beispiel der Präsident der MPG, Nobelpreisträger, die MPG als Institution oder einzelne Wissenschaftler genannt wurden. Berücksichtigte man allerdings im Rahmen dieser detaillierten Akteursanalyse die Position der einzelnen Wissenschaftler innerhalb der MPG-

9.3 Zentrale empirische Ergebnisse

Hierarchie, dann zeigte sich, dass Forscher ohne Leitungsaufgaben innerhalb der induzierend wirkenden Pressemitteilungen überrepräsentiert und Leiter von Arbeitsgruppen im Gegensatz dazu unterrepräsentiert waren.

Die dritte Forschungsfrage lautete: Welche Rolle spielen neben Pressemitteilungen andere Quellen? Tabelle 14 zeigt, dass in zwei Dritteln der untersuchten Berichterstattung über die MPG gar keine Quellen genannt waren. Nur jeder zehnte untersuchte Beitrag enthielt eine explizite Referenz zu einer MPG-Quelle, wobei der Anteil expliziter Referenzen in Agenturbeiträgen doppelt so hoch war wie in den Zeitungsbeiträgen über die MPG.

Tabelle 14: Quellen der MPG-Berichterstattung in den untersuchten Medien (Prozent)

Quellen	Agenturbeiträge	Zeitungsbeiträge	Gesamt
	n = 175	n = 670	n = 845
MPG-Quellen	14	7	9
Pressemitteilungen	*0*	*1*	*1*
Pressekonferenzen	*1*	*1*	*1*
Sonstige Quellen der MPG	*13*	*5*	*7*
Andere Quellen genannt	39	22	25
Keine Quelle genannt	47	71	66
Gesamt	**100**	**100**	**100**

Kapitelzusammenfassung

- Insgesamt wurden auf der ersten Codierstufe 198 MPG-Pressemitteilungen, 175 Agenturmeldungen und 670 Zeitungsbeiträge erfasst.
- Auf der zweiten Codierstufe wurden insgesamt 2.037 Akteure erfasst. Davon entfielen 1.155 Akteure auf Zeitungsbeiträge, 511 Akteure auf Pressemitteilungen und 371 Akteure auf Agenturmeldungen.
- In der untersuchten Zeitungsberichterstattung des Jahres 2007 kam der MPG-Präsident, Peter Gruss, mit 23 Nennungen am häufigsten vor.
- Die Input-Output-Analyse ergab einen durchschnittlichen Induktionquotient von zwölf Prozent.
- Das Verhältnis von 40 induzierenden MPG-Pressemitteilungen zu allen im Jahr 2007 veröffentlichten 198 MPG-Pressemitteilungen entsprach einem Resonanzquotient von 20 Prozent.
- Eine induzierend wirkende Pressemitteilung der MPG zog innerhalb von sieben Tagen im Durchschnitt 2,6 Beiträge über die MPG in der untersuchten Berichterstattung nach sich.
- Nur jeder zehnte untersuchte Beitrag enthielt eine explizite Referenz zu einer MPG-Quelle. Der Anteil explizit genannter MPG-Quellen war in Agenturbeiträgen doppel so hoch wie in den Zeitungsbeiträgen über die MPG.

Literatur

Kaase, Max (Hrsg.) (1999): Deutsche Forschungsgemeinschaft: Qualitätskriterien der Umfrageforschung. Berlin: Akademie-Verlag.

10 Bilanz der Beispielstudie

In diesem Kapitel werden zuerst noch einmal die zentralen empirischen Ergebnisse referiert. Anschließend werden die empirische Bilanz und der methodische Anspruch der Beispielstudie gegenübergestellt.

Die Berichterstattung über Wissenschaft, so die Ergebnisse der einschlägigen Forschung, basiert primär auf journalistischer Recherche in Fachzeitschriften und wissenschaftlichen Publikationen. Insgesamt muss auf der Grundlage dieser Forschungsergebnisse die Thematisierungsleistung durch Wissenschafts-PR geringer veranschlagt werden als beispielsweise die Thematisierung durch PR im Bereich der politischen Kommunikation. Diesen Befund bestätigt auch die hier vorgenommene Beispielstudie, eine Medienresonanzanalyse der Berichterstattung über die MPG.

Zunächst galt es herauszufinden, inwieweit die Öffentlichkeitsarbeit der MPG Einfluss auf die Berichterstattung über die MPG hatte. Hierzu wurde die komplette Berichterstattung über die MPG im Zeitraum zwischen dem 01. Januar 2007 und dem 31. Dezember 2007 der Nachrichtenagentur ddp sowie von vier überregionalen Qualitätszeitungen (FAZ, FR, SZ und Welt) analysiert. Diese Berichterstattung stellte den Output der Beispielstudie dar. Insgesamt flossen 175 Agenturmeldungen und 670 Zeitungsbeiträge in die Output-Analyse ein. Als Input wurden alle Pressemitteilungen der MPG aus dem Jahr 2007 ausgewertet. Dies waren insgesamt 198 PR-Mitteilungen.

Inwieweit basierte die Berichterstattung über die MPG auf diesem PR-Material? Insgesamt konnten 105 Beiträge über die MPG identifiziert werden, die durch eine vorab veröffentlichte MPG-Pressemitteilung induziert waren. Setzt man diese 105 Beiträge zu den insgesamt erfassten 175 Agentur- und 670 Pressebeiträgen über die MPG in Beziehung, ergibt sich ein **Induktionsquotient** von zwölf Prozent. Diese Quote wurde mittels eines Inferenzschlusses errechnet, wobei als Indikator für die PR-Induktion die zeitliche Nähe eines Beitrags zu einer Pressemitteilung galt.

Ein weiteres Erkenntnisinteresse der Studie war es, das Ausmaß an **Resonanz** zu bestimmen, das durch Presseinformationen der MPG in der Berichterstattung erzeugt wurde. Von den insgesamt 198 untersuchten Pressemitteilungen erzeugten 158 weder bei der Nachrichtenagentur ddp noch in der Zeitungsberichterstattung irgendeine Resonanz. Die 105 ermittelten Agentur- und Pressebeiträge lassen sich auf 40 MPG-Pressemitteilungen zurückführen. Setzt man diese 40 Pressemitteilungen mit induzierender Wirkung ins Verhältnis zu allen im Jahr 2007 veröffentlichten 198 MPG-Pressemitteilungen, ergibt dies einen **Resonanzquotient** von 22 Prozent. Mit anderen Worten: Von den 198 Pressemitteilungen fanden 158 Pressemitteilungen (78 Prozent) keine Verwendung in den untersuchten Medien.

Von den 40 MPG-Pressemitteilungen wirkten 25 Pressemitteilungen einfach induzierend und 15 Pressemitteilungen mehrfach induzierend. Wenn 40 MPG-Pressemitteilungen insgesamt 105 Agentur- und Presseberichte induzieren, entspricht dies einem **Resonanzfaktor** von 2,6. Das bedeutet: Im Durchschnitt folgen auf eine induzierende Pressemitteilung der MPG 2,6 Agentur- bzw. Zeitungsbeiträge.

Inwieweit die Medienberichterstattung auf PR-Informationen zurückgeht, hängt auch vom Einfluss intervenierender Variablen ab. So sind Nachrichtenfaktoren – etwa die Relevanz eines Themas oder die Prominenz von Personen – bedeutsame Faktoren, die einen Einfluss auf den journalistischen Umgang mit PR-Quellen haben könnten. Es ist plausibel anzunehmen, dass PR-Mitteilungen, auf die einer oder mehrere Nachrichtenfaktoren zutreffen, eher in die Medienberichterstattung übernommen werden als PR-Mitteilungen, auf die das nicht zutrifft. Finden sich im Rahmen der Beispielstudie empirische Belege, dass Nachrichtenfaktoren einen Einfluss auf die **Induktionswahrscheinlichkeit** haben? Partiell ist dies zu bejahen: Pressemitteilungen der MPG mit tagesaktuellen Bezügen und mit einer negativen Akzentuierung (z.B. durch Thematisierung von Konflikten, Kontroversen, Problemen oder Schaden) wirken mit höherer Wahrscheinlichkeit induzierend. Im Rahmen der vorgestellten Beispielstudie wurde eine Analyse der **Themeninduktion** und der **Akteursinduktion**, nicht aber der **Bewertungsinduktion** durchgeführt. Die Themeninduktion und die Akteursinduktion wurden nach dem Prinzip der zeitlichen Koinzidenz ermittelt: Wenn maximal sieben Tage nach dem Erscheinen einer MPG-Pressemitteilung das Thema oder ein in der Pressemitteilung genannter Akteur der MPG in einem der untersuchten Agentur- oder einem Pressebeiträge identifiziert werden konnte, wurde dies entweder als Themen- und/oder einer Akteursinduktion gewertet. Die empirische Analyse zeigte, dass induzierte Agenturmeldungen und Pressebeiträge mehrheitlich sowohl themen- als auch akteursinduziert sind.

Eine weitere zentrale Kenngröße, die im Rahmen der Beispielstudie ermittelt wurde, bezog sich auf die **Quellentransparenz**. Vorherige Studien zeigen, dass Presseinformationen häufig nicht explizit als zugrundeliegende Quelle der Medienberichterstattung ausgewiesen werden. Das liegt sicherlich auch daran, dass sich der Hinweis auf PR-Quellen häufig verliert, wenn Beiträge von Agenturen in die Medienberichterstattung übernommen wurden. In den untersuchten Agenturmeldungen und Zeitungsbeiträgen wurde nur in einem Prozent explizit auf die Pressemitteilung der Max-Planck-Gesellschaft als Berichterstattungsquelle hingewiesen. Was bedeutet dieses Ergebnis? Legen die Medien ihre Quelle nicht offen? Anhand der Beispielstudie kann diese Frage letztlich nicht beantwortet werden, weil die Untersuchungsanlage keine empirisch gesicherten Aussagen darüber zulässt, inwieweit die Pressemitteilungen über andere Wege – etwa über den idw – an die Medien gelangt sind und Quellenreferenzen möglicherweise auf diesem Wege verloren gegangen sind.

Die didaktisch motivierte Planung, Durchführung und Auswertung der vorgestellten Beispielstudie, die genannten methodischen Einschränkungen ihrer Untersuchungsanlage und die teilweise eingeschränkte Güte des Untersuchungsinstruments relativieren die oben vorgestellte Bilanz der empirischen Ergebnisse. Die zentralen empirschen Kenngrößen wären vermutlich anders ausgefallen, wenn zum Beispiel statt der MPG-Berichterstattung der Nachrichtenagentur ddp die MPG-Berichterstattung der Nachrichtenagenturen dpa und idw untersucht worden wäre. Die vorgelegten empirischen Befunde sollten deshalb nicht wie ein gewöhnlicher Ergebnisbericht einer Medienresonanzanalyse gelesen werden. Vielmehr sollten mit dem zweiten Teil des Lehrbuchs die vielen Teilschritte des Forschungsprozesses einer Medienresonanzanalyse detailliert dargestellt und erläutert werden.

Anhang: Codebuch

Technische Variablen

E1	**Eingabemodus**	
1	Neuen Text codieren	
2	Weiteren Akteur codieren	⇨ weiter mit AA0

T1   **Technische Nummer der Untersuchungseinheit (vierstellig)**
Die technische Nummer steht in der Kopfzeile der PDF-Datei.

T2   **Codierer**
01   Name von Codierer 1
…
14   Name von Codierer 14

T3a   **Datum: Tag (zweistellig)**
Bei Sperrfirsten ist das Datum der Sperrfrist zu codieren.

T3b   **Datum: Monat (zweistellig)**

T3c   **Datum: Jahr (zweistellig)**

T4	**Untersuchungstyp**	
1	Pressemitteilung	⇨ weiter mit P1
2	Zeitungsartikel	⇨ weiter mit Z1
3	Agenturbeitrag	⇨ weiter mit A1

Formale Gestaltung

P1   **Titel der Pressemitteilung**

P2   **Wortanzahl der Pressemitteilung**

P3	**Form der Pressemitteilung**	
1	Bericht	⇨ weiter mit Q5
2	Interview	⇨ weiter mit Q5
3	Servicemitteilung	⇨ weiter mit Q5

Z1   **Titel des Zeitungsbeitrags**

Z2   **Wortanzahl des Zeitungsbeitrag**

Z3	**Titel der Zeitung**	
1	FAZ	
2	SZ	
3	WELT	
4	FR	

Z4 **Paginierung (dreistellig)**

Z5 **Rubrik/Ressort des Zeitungsbeitrags**
1 Titelseite
2 Politik
3 Wirtschaft
4 Unternehmen
5 Lokales
6 Kultur (Feuilleton)
7 Wissenschaft
8 Seite 3
9 Medien
10 Vermischtes/Aus aller Welt
11 Sonstiges Ressort (u.a. Leserbriefe usw.)

Z6 **Genre/ Journalistische Form/ Stilform des Zeitungsbeitrags**
1 Meldung/ Kurznachricht/ Notiz
  Eine Meldung/ Kurznachricht/ Notiz ist die kürzeste Textform bei der in hierarchischer Abfolge das Wichtigste am Anfang steht. Sie stellt Vorgänge kurz und sachlich dar.
2 Bericht/ Nachrichtenbericht
  Ein Bericht ist eine Nachricht in ausführlicher Fassung. Er berichtet in sachlich-objektivem Stil über Ereignisse umfassender und vermittelt auch Details, Zusammenhänge, Vorgeschichte und Hintergründe.
3 Veranstaltungshinweis mit kurzem redaktionellen Text
4 Interview
5 Reportage
  Die Reportage ist ein tatsachenbetonter, aber persönlich gefärbter Erlebnisbericht. Sie ist eine lebendige journalistische Darstellungsform, führt den Leser an den Ort des Geschehens.
6 Kommentar/ Glosse/ Meinung/ Leitartikel
7 Dokumentation („1:1'-Wiedergabe eines Dokuments)
8 Leserbrief
9 Eigenständige Grafik
10 Sonstiges

Z7a **Urheber des Zeitungsbeitrags**
1 Zeitungsinterner Urheber (Name, Redaktion oder Kürzel) ⇨ weiter mit Q1
2 Nachrichtenagentur(en) ⇨ weiter mit Z7b
3 Gastautor ⇨ weiter mit Q1
4 Zeitungsinterner und zeitungsexterner Urheber (z.B. dpa usw.) ⇨ weiter mit Q1
5 Anderes Medium ⇨ weiter mit Q1
6 Nicht feststellbar/ keine Quelle ⇨ weiter mit Q1

Codebuch 201

Z7b	**ddp-Nennung**	
0	Nicht genannt	⇨ weiter mit Q1
1	Genannt	⇨ weiter mit Q1

A1   **Titel des Agenturbeitrags**

A2   **Wortanzahl des Agenturbeitrags**

A3   **Agenturdienst**
1. ddp Basisdienst
2. ddp Ratgeber- und Themendienste
3. ddp Landesdienste
4. ddp Dow Jones Wirtschaftsnachrichten
5. ddp Sportdienst
6. Sonstiges

A4	**Veranstaltungshinweis**	
0	Nein	⇨ weiter mit Q1
1	Ja	⇨ ENDE

Quellenanalyse

Q1	**Explizite Quellennennung**	
0	Keine Quelle genannt	⇨ Weiter mit Q5
1	Andere Quelle genannt (z.B. SPIEGEL, BamS)	⇨ Weiter mit Q5
2	Pressemitteilung der MPG	
3	Pressekonferenz der MPG	⇨ Weiter mit Q5
4	Andere MPG-Quelle genannt (z.B. MPG-Jahresbericht usw.)	⇨ Weiter mit Q5
5	Mehrere Quellen der MPG (u.a. Pressemitteilung der MPG)	

Q2	**Vorliegen einer Pressemitteilung als eine Quelle**	
0	Pressemitteilung als Quelle des Artikels liegt nicht vor	⇨ Weiter mit Q5
1	Pressemitteilung als Quelle des Artikels liegt vor	

Q3   **ID der Pressemitteilung (vierstellig)**

Q4   **Übereinstimmungsgrad**
1. Nahezu identischer Abdruck
2. Übernahme von der Pressemitteilung mit Kürzungen
3. Übernahme von der Pressemitteilung mit Zusatzrecherche
4. Übernahme von der Pressemitteilung mit Kürzungen und Zusatzrecherchen
5. Als Anlass: Nur thematische Gleichheit
6. Zusammenfassung mehrerer Pressemitteilungen

Q5	Link-Angabe

Codiert werden nur inhaltlich verwandte Links, die entweder im Text oder als bibliographische Angabe genannt werden und in Bezug zur MPG stehen.

0   Nein
1   Ja

Bildanalyse

B1	Grafik und/oder Foto vorhanden	
0	Nein	⇨ Weiter mit TH1
1	Ja	

B2	Quelle von Grafik und/oder Foto genannt
0	Nein
1	Ja

Themenanalyse

TH1   Thema der Untersuchungseinheit

Die Themencodierung richtet sich immer nach dem Themenschwerpunkt der Untersuchungseinheit. Dieser ist der Überschrift bzw. dem ersten Absatz zu entnehmen. Bei Zeitungsbeiträgen: Hinweise zur korrekten Codierung kann auch die Rubrik geben.

1. Codierhilfe: *Überschrift und ersten Absatz lesen, dann bitte sofort den Code für TH1 eintragen. Bitte nur in begründeten Ausnahmefällen den allgemeinen Code für „Forschung/ Wissenschaft" vergeben.*

2. Codierhilfe: *Die genaue Zuordnung der Themengebiete 11-13 kann man unter der URL http://www.mpg.de/instituteProjekteEinrichtungen/institutsauswahl/index.html überprüfen.*

10	Forschung/Wissenschaft	⇨ weiter mit TH2
11	Chemisch-physikalisch-technisch	⇨ weiter mit N1
12	Biologisch-medizinisch	⇨ weiter mit N1
13	Geistes-, Sozial-, Humanwissenschaftlich	⇨ weiter mit N1
14	Transdisziplinär	⇨ weiter mit TH3

Dieser Code soll nur vergeben werden, wenn es nicht möglich ist, eine Untersuchungseinheit exklusiv einem wissenschaftschaftlichen Themengebiet zuzuordnen.

20	Politik	⇨ weiter mit N1
30	Wirtschaft	⇨ weiter mit N1
40	Gesellschaft (Bildung/Universitäten, Kunst, Kultur, Medien)	⇨ weiter mit N1
50	Human Touch	⇨ weiter mit N1

Hierunter fallen z.B. Zerstreuungsthemen (Prominenz, Klatsch usw.) oder Angstthemen (Kriminalität usw.).

60	Lebenswelt	⇨ weiter mit N1

Hierunter fallen alle privaten Themen mit Ratgeber- oder Verbraucherbezug.

70	Sport	⇨ weiter mit N1
80	(Selbst-)Thematisierung der MPG	⇨ weiter mit N1

Hierunter fallen die Personalia sowie allgemeine Interna der MPG.

99	Sonstiges	⇨ weiter mit N1

Codebuch 203

TH2   **Begründung für Codierung (alphanumerisch)**

TH3   **Transdisziplinäres Thema (kooperierende Wissenschaftsbereiche)**
1   Chemisch-physikalisch-technisch/ biologisch-medizinisch
2   Chemisch-physikalisch-technisch/ Geistes-, Sozial-, Humanwissenschaftlich
3   Biologisch-medizinisch/ Geistes-, Sozial-, Humanwissenschaftlich

Nachrichtenfaktoren

Die Codierung der Nachrichtenfaktoren soll mit Blick auf das in TH1 codierte „Thema" der Untersuchungseinheit erfolgen. Ein Nachrichtenfaktor sollte deshalb nur dann codiert werden, wenn das journalistische Zuschreibungsmerkmal – bezogen auf das Thema – dominierenden Charakter hat, d.h. der Nachrichtenfaktor die Untersuchungseinheit maßgeblich prägt.

N1   **Konflikt/Kontroverse/Problem**
0   Kommt nicht vor
1   Kommt vor

N2   **Überraschung**
Überraschend ist ein Ereignis, das nicht ankündbar ist oder das bestehenden Erwartungen widerspricht. Geringe Überraschung ist der Normalfall.
0   Keine Überraschung/ankündbar
      Eröffnungen, Jahrestagungen, Jubiläen
1   Geringe Überraschung
      Ereignis passiert nicht ankündbar. Aus dem Text geht aber nicht hervor, dass spezifische Erwartungen bestanden, denen dieses Ereignis widerspricht.
2   Große Überraschung
      Ereignis widerspricht den Erwartungen. Es spielt keine Rolle, ob das Ereignis ankündbar ist. Die Untersuchungseinheit muss einen Hinweis auf die Erwartungswidrigkeit enthalten (z.B. „überraschend", „unerwartet" usw.).

N3   **Kuriosität**
Gemeint sind Ereignisse, die eindeutig als Kuriosität erkennbar sind (z.B. rothaariger Neandertaler).
0   Trifft nicht zu
1   Trifft zu

N4   **Aktualität**
Codiert wird der Beitragsanlass – also das auslösende Ereignis oder Pseudoereignis, i.d.R. explizit genannt, wie z.B. Pressekonferenz, Datumsnennung.
0   Trifft nicht zu/Nicht festzustellen
1   Tagesaktuell (+/- 24 Std.)
2   Wochenaktuell (+/- 7 Tage)
3   Weniger als wochenaktuell (>/< 7 Tage)

N5 Nutzen/Erfolg

Unter Nutzen werden solche Ereignisse codiert, deren positive Folgen im Beitrag explizit dargestellt werden (Indikatoren: „Fortschritt", „positive Entwicklung", „besser", „mehr", „Einigung" oder sinngemäße Entsprechungen dieser Begriffe). Diese Ereignisse können sich auf materielle, ideelle und existenzielle Sachverhalte beziehen. Es muss ein Objekt, das den Nutzen hat, thematisiert werden.

0   Kein tatsächlicher/potentieller Nutzen/Erfolg kommt vor
1   Tatsächlicher/potentieller Nutzen/Erfolg kommt vor

N6 Schaden/Misserfolg

Unter Schaden werden Ereignisse codiert, deren negative Folgen im Beitrag explizit dargestellt werden. Diese Ereignisse können sich auf materielle, ideelle und existenzielle Sachverhalte beziehen. Es muss ein Objekt, das den Schaden hat, thematisiert werden.

0   Kein tatsächlicher/potentieller Schaden/Misserfolg kommt vor
1   Tatsächlicher/potentieller Schaden/Misserfolg kommt vor

N7 Personalisierung
0   Sachthemendominanz
1   Personendominanz
2   Personendominanz inklusive Privatthemen

N8 Prominenz

Unter Prominenz wird der Grad der Bekanntheit einer namentlich erwähnten Person verstanden, unabhängig von ihrer politischen und/ oder wirtschaftlichen Macht. Prominenz bezieht sich auf alle Akteure, die im Zusammenhang mit dem Thema auftreten. Es wird nur die Person mit der höchsten Prominenz codiert. Werden in einem Beitrag mehrere Gleichprominente erwähnt, so wird die erstgenannte Person codiert.

0   Keine Prominenz ⇨ weiter mit N9
1   Prominenz
    Auf nationaler oder internationaler Ebene bekannte prominente und semi-prominente Persönlichkeiten z.B. aus Sport, Kultur, Politik oder Unterhaltung.

N8a Name des Prominenten (alphanumerisch)

N9 Räumliche Nähe zum Rezipienten

Unter räumlicher Nähe wird die geographische Entfernung zwischen dem Ereignis und den Rezipienten verstanden. Internationale/ globale Ereignisse (z.B. Weltklimakonferenz auf Bali usw.) werden aufgrund ihres geringen regionalen Bezugs als „Keine räumliche Nähe" codiert.

0   Keine räumliche Nähe
1   Räumliche (regionale) Nähe

Codebuch 205

N10 Betroffenheit/Reichweite

Unter der Reichweite eines Ereignisses wird die Anzahl der Personen verstanden, die direkt von ihm betroffen sind (sein werden/waren/sein könnten) und explizit in der Untersuchungseinheit benannt werden. Reichweite wird unabhängig davon codiert, ob ein Ereignis tatsächlich oder möglich ist.

0 Nicht genannt
1 Geringer Betroffenenkreis
   Gering betroffen sind Einzelpersonen, kleinere Gruppen (z.B. eine Familie, auch Preis-Empfänger bei Preisverleihungen); einzelne oder mehrere mittlere bis große Personengruppen (z.B. Schulen, einzelne Betriebe, Vereine); gesellschaftliche Untergruppen (z.B. Arbeiter, Wissenschaftler, Studenten, Krankheitsgruppen)
2 Großer Betroffenenkreis
   Ein großer Betroffenenkreis wird codiert, wenn mindestens eine gesellschaftliche Untergruppe genannt ist und diese Information den Artikel deutlich prägt (z.B. Überschrift „80% der Krebskranken kann geholfen werden").

N11a Gesellschaftliches Mega-Thema

0	Kein Mega-Thema	⇨ Weiter mit AA0
1	Stammzellforschung	⇨ Weiter mit AA0
2	Klimawandel	⇨ Weiter mit AA0
3	Alterung der Gesellschaft	⇨ Weiter mit AA0
4	Sonstiges	⇨ Weiter mit NF11b

N11b Sonstiges gesellschaftliches Mega-Thema (alphanumerisch)

Akteursanalyse

Es werden maximal fünf Akteure codiert: Es werden maximal drei MPG-Akteure und maximal zwei externe Akteure erfasst („3/2"-Regel). Beispiel: Wenn eine Untersuchungseinheit zwei MPG-Akteure enthält und zehn externe Akteure, dann werden insgesamt (trotzdem) nur 4 Akteure codiert (genauer: die beiden MPG-Akteure und die beiden erstgenannten „Akteure B").

1. Akteurspezifische Identifikationsregel: Wird Peter Gruss in der Untersuchungseinheit als namentlich genannt, wird seine Person an erster Stelle codiert. Es können dann noch zwei weitere MPG-Akteure erfasst werden („Präsidenten-Regel")..

2. Akteurspezifische Identifikationsregel: Die max. drei MPG-Akteure werden in chronologischer Nennungsfolge erfasst (Ausnahme: „Präsidenten-Regel").

AA0 Name des Akteurs (alphanumerisch)

AA1	**Allgemeine Akteurszuordnung**	
1	Präsident der MPG (Peter Gruss)	⇨ weiter mit AA3
2	Max-Planck-Gesellschaft	⇨ weiter mit AA3
3	MPG-Nobelpreisträger	⇨ weiter mit AA1b
	Übt ein Nobelpreisträger weitere Funktionen innerhalb der MPG aus (z.B. Institutsdirektor), wird er trotzdem als Nobelpreisträger erfasst.	
4	Max Planck-Institut (MPI) und dessen Akteure	⇨ weiter mit AA1b
5	Sonstiger MPG-(Einzel-)Akteur	⇨ weiter mit AA1b
6	Externer Akteur	⇨ weiter mit A10a
	Ein externer Akteur gehört nicht der MPG an und steht in einer Aussagen- oder Handlungsinteraktion zu einem MPG-Akteur, einem MPI oder dem MPG allgemein.	

AA1b	**MPG-Akteurszuordnung allgemein**	
1	Konkrete Einzelperson	⇨ weiter mit AA1c
2	Forscher allgemein / Arbeitsgruppe allgemein	⇨ weiter mit AA2
3	MPI allgemein	⇨ weiter mit AA2

AA1c	**MPG-Einzelperson**	
1	Einzelforscher eines Instituts	
2.	Leiter einer Arbeitsgruppe	
3	Direktor eines Instituts	
4	Vizepräsident	
5	Sonstige	

AA2	**Zugehörigkeit des (ehemaligen) Akteurs zu einer Einrichtung der MPG**
	– siehe Liste 2 –

AA3	**Thematischer Kontext der Nennung des MPG-Akteurs**	
10	Forschung/ Wissenschaft	⇨ weiter mit AA5
11	Chemisch-physikalisch-technisch	⇨ weiter mit AA5
12	Biologisch-medizinisch	⇨ weiter mit AA5
13	Geistes-, Sozial-, Humanwissenschaftlich	⇨ weiter mit AA5
14	Transdisziplinär	⇨ weiter mit AA4
20	Politik	⇨ weiter mit AA5
30	Wirtschaft	⇨ weiter mit AA5
40	Gesellschaft (Bildung/Universitäten, Kunst, Kultur, Medien)	⇨ weiter mit AA5
50	Human Touch	⇨ weiter mit AA5
60	Lebenswelt	⇨ weiter mit AA5
70	Sport	⇨ weiter mit AA5
80	Selbstthematisierung	⇨ weiter mit AA5
99	Sonstiges	⇨ weiter mit AA5

Codebuch 207

AA4 Transdisziplinärer Themenkontext (kooperierende Wissenschaftsbereiche)
1 Chemisch-physikalisch-technisch/ biologisch-medizinisch
2 Chemisch-physikalisch-technisch/ Geistes-, Sozial-, Humanwissenschaftlich
3 Biologisch-medizinisch/ Geistes-, Sozial-, Humanwissenschaftlich

AA5 Bewertung des MPG-Akteurs durch Journalisten
0 Keine Bewertung ⇨ weiter mit AA6
1 Eindeutig negative Bewertung ⇨ weiter mit AA5b
2 Ausgewogene Bewertung ⇨ weiter mit AA5b
3 Eindeutig positive Bewertung ⇨ weiter mit AA5b

AA5b Nennung der Bewertung (alphanumerisch)

AA6 MPG-Akteur als Aussageträger
0 MPG-Akteur ist kein Aussageträger ⇨ Ende: weitere Akteure?
1 MPG-Akteur ist Aussageträger (wird direkt oder indirekt zitiert)

AA7 Aussageobjekt, auf das sich der MPG-Akteur bezieht
0 Kein Aussagenobjekt vorhanden ⇨ Ende: weitere Akteure?
1 Einzelakteur
2 Gruppe
3 Korporativer Akteur (Organisation/ Institution/ Einrichtung/ Körperschaft)

AA8 Systemzugehörigkeit des Aussageobjektes
10 Forschung/ Wissenschaft
20 Politik
30 Wirtschaft
40 Gesellschaft (Bildung/Universitäten allgemein, Kunst, Kultur, Medien)
50 Human Touch
60 Lebenswelt
70 Sport
80 MPG
99 Sonstiges

AA9 Bewertung des Aussageobjektes durch MPG-Akteur
0 Keine Bewertung ENDE: weitere Akteure?
1 Eindeutig negative Bewertung ⇨ weiter mit AA9b
2 Ausgewogene Bewertung ⇨ weiter mit AA9b
3 Eindeutig positive Bewertung ⇨ weiter mit AA9b

AA9b Nennung der Bewertung (alphanumerisch) ENDE: Weitere Akteure?

AA10a Akteurs-Typ
1 Einzelakteur
2 Gruppe (z.B. Wissenschaftler)
3 Korporativer Akteur (Organisation/ Institution/ Einrichtung/ Körperschaft)

AA10b Systemzugehörigkeit des im Hinblick auf die MPG „handelnden" Akteurs
10 Forschung/ Wissenschaft
20 Politik
30 Wirtschaft
40 Gesellschaft (Bildung/Universitäten allgemein, Kunst, Kultur, Medien)
50 Human Touch
60 Lebenswelt
70 Sport
99 Sonstiges

AA11 MPG-Akteur, auf den Bezug genommen wird
1 Präsident der MPG Peter Gruss
2 Direktor eines Instituts
3 Einzelforscher eines Instituts/ Leiter einer Arbeitsgruppe/ Arbeitsgruppe
4 Nobelpreisträger
5 Max-Planck-Gesellschaft
6 Max-Planck-Institut
7 Sonstiger MPG-Akteur

AA11b Zugehörigkeit des (ehemaligen) Akteurs zu einer Einrichtung der MPG
  – siehe Liste 2 –

AA12	Bewertung des MPG-Akteurs	
0	Keine Bewertung	ENDE: weitere Akteure?
1	Eindeutig negative Bewertung	⇨ weitere mit AA12b
2	Ausgewogene Bewertung	⇨ weitere mit AA12b
3	Eindeutig positive Bewertung	⇨ weitere mit AA12b

AA12b	Nennung der Bewertung (alphanumerisch)	ENDE: weitere Akteure?

BE1 Bemerkung zur eigenen Codierung (alphanumerisch)

Codebuch

Liste 2:   Einrichtungen der MPG

1	Max-Planck-Gesellschaft
2	MPI für evolutionäre Anthropologie, Leipzig
3	MPI für Astronomie, Heidelberg
4	MPI für Astrophysik, Garching
5	Bibliotheca Hertziana - MPI für Kunstgeschichte, Rom, Italien
6	MPI für Bildungsforschung, Berlin
7	MPI für bioanorganische Chemie, Mülheim an der Ruhr
8	MPI für Biochemie, Martinsried
9	MPI für Biogeochemie, Jena
10	MPI für molekulare Biomedizin (Max-Planck-Institut für vaskuläre Biologie), Münster
11	MPI für Biophysik, Frankfurt am Main
12	MPI für biophysikalische Chemie (Karl-Friedrich-Bonhoeffer-Institut), Göttingen
13	MPI für Chemie (Otto-Hahn-Institut), Mainz
14	MPI für demografische Forschung, Rostock
15	MPI für Dynamik komplexer technischer Systeme, Magdeburg
16	MPI für Dynamik und Selbstorganisation, Göttingen
17	MPI für Eisenforschung GmbH, Düsseldorf
18	MPI für experimentelle Endokrinologie, Hannover
19	MPI für Entwicklungsbiologie, Tübingen
20	MPF für Enzymologie der Proteinfaltung, Halle/Saale
21	MPI für ethnologische Forschung, Halle/Saale
22	MPI für Evolutionsbiologie, Plön
23	MPI für Festkörperforschung, Stuttgart
24	Friedrich-Miescher-Laboratorium für biolog. Arbeitsgruppen in der MPG, Tübingen
25	Fritz-Haber-Institut der MPG, Berlin
26	MPI für Geistiges Eigentum, München
27	MPI Gemeinschaftsgüter, Bonn
28	MPI für molekulare Genetik, Berlin
29	MPI zur Erforschung multireligiöser und multiethnischer Gesellschaften, Göttingen
30	MPI für Gesellschaftsforschung, Köln
31	MPI für Gravitationsphysik (Albert-Einstein-Institut), Golm
32	MPI für Gravitationsphysik, Teilinstitut Hannover (Albert-Einstein-Institut), Hannover
33	MPI für Herz- und Lungenforschung (W. G. Kerckhoff-Institut), Bad Nauheim
34	MPI für Hirnforschung, Frankfurt/Main
35	MPI für Immunbiologie, Freiburg
36	MPI für Infektionsbiologie, Berlin
37	MPI für Informatik, Saarbrücken
38	MPI für Kernphysik, Heidelberg
39	MPI für Kognitions- und Neurowissenschaften, Leipzig
40	MPI für Kohlenforschung, Mülheim an der Ruhr
41	MPI für Kolloid- und Grenzflächenforschung, Potsdam-Golm
42	Kunsthistorisches Institut in Florenz - MPI, Florenz, Italien
43	MPI für biologische Kybernetik, Tübingen
44	MPI für Mathematik, Bonn
45	MPI für Mathematik in den Naturwissenschaften, Leipzig
46	MPI für experimentelle Medizin, Göttingen
47	MPI für medizinische Forschung, Heidelberg
48	MPI für Metallforschung, Stuttgart

49	MPI für Meteorologie, Hamburg
50	MPI für marine Mikrobiologie, Bremen
51	MPI für terrestrische Mikrobiologie, Marburg
52	MPI für Mikrostrukturphysik, Halle (Saale)
53	MP Arbeitsgruppen für strukturelle Molekularbiologie am DESY, Hamburg
54	MPI für Neurobiologie, Martinsried
55	MPI für neurologische Forschung, Köln
56	MPI für chemische Ökologie, Jena
57	MPI für Ökonomik, Jena
58	MPI für Ornithologie (zuvof: Max-Planck-Forschungsstelle für Ornithologie), Seewiesen
59	MPI für molekulare Pflanzenphysiologie, Potsdam
60	MPI für Physik (Werner-Heisenberg-Institut), München
61	MPI für extraterrestrische Physik, Garching
62	MPI für Chemische Physik fester Stoffe, Dresden
63	MPI für Physik komplexer Systeme, Dresden
64	MPI für molekulare Physiologie, Dortmund
65	MPI für Plasmaphysik, Garching
66	MPI für Polymerforschung, Mainz
67	MPI für ausländ. und internat. Privatrecht, Hamburg
68	MPI für Psychiatrie (Deutsche Forschungsanstalt für Psychiatrie), München
69	MPI für Psycholinguistik, Nijmegen, Niederlande
70	MPI für Quantenoptik, Garching
71	MPI für Radioastronomie, Bonn
72	MPI für europäische Rechtsgeschichte, Frankfurt/Main
73	MPI für Softwaresysteme, Kaiserslautern, Saarbrücken
74	MPI für Sonnensystemforschung, Katlenburg-Lindau
75	MPI Sozialrecht, München
76	MPI für ausländ. und internat. Strafrecht, Freiburg
77	MPI für ausländisches öffentliches Recht und Völkerrecht, Heidelberg
78	MPI für Wissenschaftsgeschichte, Berlin
79	MPI für molekulare Zellbiologie und Genetik, Dresden
80	MPI für Züchtungsforschung, Köln
99	Sonstiges

Journalismus

Udo Branahl
Medienrecht
Eine Einführung
6., akt. Aufl. 2009. ca. 320 S. Br.
ca. EUR 29,90
ISBN 978-3-531-16558-5

Beatrice Dernbach
Die Vielfalt des Fachjournalismus
Ein wissenschaftlich-praktisches Handbuch
2008. ca. 280 S. Br. ca. EUR 22,90
ISBN 978-3-531-15158-8

Beatrice Dernbach / Thorsten Quandt (Hrsg.)
Spezialisierung im Journalismus
2009. ca. 280 S. Br. ca. EUR 29,90
ISBN 978-3-531-16255-3

Susanne Fengler / Sonja Kretzschmar (Hrsg.)
Innovationen im Journalismus
2009. ca. 180 S. (Kompaktwissen Journalismus) Br. ca. EUR 19,90
ISBN 978-3-531-15450-3

Jürgen Friedrichs / Ulrich Schwinges
Das journalistische Interview
3. Aufl. 2009. ca. 330 S. Geb. ca. EUR 29,90
ISBN 978-3-531-16701-5

Hans J. Kleinsteuber
Radio
Eine Einführung
2009. ca. 280 S. Br. ca. EUR 22,90
ISBN 978-3-531-15326-1

Josef Kurz / Daniel Müller / Joachim Pötschke / Horst Pöttker / Martin Gehr
Stilistik für Journalisten
2., überarb. Aufl. 2009. ca. 480 S. Br. ca. EUR 34,90
ISBN 978-3-531-33434-9

Christoph Moss (Hrsg.)
Die Sprache der Wirtschaft
2009. ca. 220 S. Br. ca. EUR 24,90
ISBN 978-3-531-16004-7

Christoph Neuberger / Christian Nuernbergk / Melanie Rischke (Hrsg.)
Journalismus im Internet
Profession – Partizipation – Technisierung
2009. ca. 250 S. Br. ca. EUR 29,90
ISBN 978 3 531-15767-2

Erhältlich im Buchhandel oder beim Verlag.
Änderungen vorbehalten. Stand: Januar 2009.

www.vs-verlag.de

VS VERLAG FÜR SOZIALWISSENSCHAFTEN

Abraham-Lincoln-Straße 46
65189 Wiesbaden
Tel. 0611.7878-722
Fax 0611.7878-400

Public Relations / Werbung

Horst Avenarius / Günter Bentele (Hrsg.)
Selbstkontrolle im Berufsfeld Public Relations
Reflexionen und Dokumentation
2009. ca. 250 S. Br. ca. EUR 29,90
ISBN 978-3-531-16310-9

Robert Deg
Basiswissen Public Relations
Professionelle Presse- und Öffentlichkeitsarbeit
3. Aufl. 2007. 192 S. Br. EUR 19,90
ISBN 978-3-531-15522-7

E.W. Mänken
Mitarbeiterzeitschriften noch besser machen
Kritik und Ratschläge
aus der Praxis für die Praxis
2., durchges. Aufl. 2009. 223 S.
mit 60 Abb. Br. EUR 29,90
ISBN 978-3-531-16293-5

Juliana Raupp / Jens Vogelgesang
Medienresonanzanalysen
Eine Einführung in Theorie und Praxis
2009. ca. 200 S. Br. ca. EUR 19,90
ISBN 978-3-531-16000-9

Ulrike Röttger (Hrsg.)
PR-Kampagnen
Über die Inszenierung von Öffentlichkeit
4., überarb. Aufl. 2009. ca. 380 S.
Br. ca. EUR 34,90
ISBN 978-3-531-16228-7

Ulrike Röttger
Public Relations – Organisation und Profession
Öffentlichkeitsarbeit als Organisationsfunktion. Eine Berufsfeldstudie
2. Aufl. 2009. ca. 390 S. (Organisationskommunikation. Studien zu Public Relations/Öffentlichkeitsarbeit und Kommunikationsmanagement) Br. ca. EUR 39,90
ISBN 978-3-531-33496-7

Ulrike Röttger (Hrsg.)
Theorien der Public Relations
Grundlagen und Perspektiven der PR-Forschung
2., akt. und erw. Aufl. 2009. 320 S.
mit 18 Abb. u. 4 Tab. Br. EUR 29,90
ISBN 978-3-531-15519-7

Klaus Schönbach
Verkaufen, Flirten, Führen
Ein kleines Lehrbuch der persuasiven Kommunikation
2009. ca. 160 S. Br. ca. EUR 14,90
ISBN 978-3-531-16595-0

Erhältlich im Buchhandel oder beim Verlag.
Änderungen vorbehalten. Stand: Januar 2009.

www.vs-verlag.de

VS VERLAG FÜR SOZIALWISSENSCHAFTEN

Abraham-Lincoln-Straße 46
65189 Wiesbaden
Tel. 0611.7878-722
Fax 0611.7878-400

MIX
Papier aus verantwortungsvollen Quellen
Paper from responsible sources
FSC® C105338

If you have any concerns about our products,
you can contact us on
ProductSafety@springernature.com

In case Publisher is established outside the EU,
the EU authorized representative is:
**Springer Nature Customer Service Center GmbH
Europaplatz 3, 69115 Heidelberg, Germany**

Printed by Libri Plureos GmbH
in Hamburg, Germany